Training Klassenarbeiten

Lambacher Schweizer

Mathematik für Gymnasien

Klasse **7**

erarbeitet von
Heinz Peisch

Ernst Klett Verlag
Stuttgart • Leipzig

1. Auflage

1 9 8 7 6 | 14 13 12

Alle Drucke dieser Auflage sind unverändert und können im Unterricht nebeneinander verwendet werden.
Die letzte Zahl bezeichnet das Jahr des Druckes.

Autor: Heinz Peisch
Redaktion: Katja Biallaß, Markus Hanselmann

Herstellung / Satz: SMP Oehler, Remseck
Illustrationen: Uwe Alfer, Waldbreitbach; Christine Lackner-Hawighorst, Ittlingen
Bildkonzept Umschlag: Soldankommunikation, Stuttgart
Umschlagfotografie: Getty Images, Digital Vision; Photonica Amana, Steven Pützer
Reproduktion: Meyle + Müller Medien Management, Pforzheim
Druck: Medienhaus Plump, Rheinbreitbach

Printed in Germany
ISBN 978-3-12-734075-4

9 783127 340754

Inhaltsverzeichnis

Dinge, die wir lernen müssen, bevor wir sie tun können,
lernen wir, indem wir sie tun.
Aristoteles
Beginnen wir mit dem Training!

Liebe Schülerin, lieber Schüler,

diese Sammlung von Mathematik-Arbeiten wird dir helfen, dich zielgerichtet auf bevorstehende Mathematik-Klassenarbeiten vorzubereiten.

Vermutlich hast du dich bisher schon mithilfe deines Mathematikbuches und deines Hefts auf Klassenarbeiten vorbereitet. Das solltest du auch zukünftig tun. Dein neues Trainingsbuch bietet dir weitere Möglichkeiten der Vorbereitung, insbesondere das Üben mit realistisch gestellten Klassenarbeiten.

Willst du für eine bevorstehende Klassenarbeit üben, so suchst du im Inhaltsverzeichnis das entsprechende Kapitel heraus. Zu jedem Thema findest du vier Übungsarbeiten. Anhand der ausführlichen Lösungen kannst du dich kontrollieren und deine Leistung bewerten.
Die drei Jahrgangsarbeiten am Ende des Buches dienen der Überprüfung des Gelernten am Schuljahresende.

Folgende Seiten und Abschnitte helfen dir beim Lösen und Verstehen der Klassenarbeiten:
Pinboard – Jedes Kapitel beginnt mit einer Doppelseite *Pinboard*. Hier kannst du die wichtigsten mathematischen Sachverhalte nachlesen. Die richtige Anwendung der Inhalte und Regeln wird dir in Beispielen vorgeführt.
Bist du sicher? – Mit den einfachen Aufgaben in *Bist du sicher?* kannst du ausprobieren, ob du den Stoff des Kapitels verstanden hast. Die Lösungen dazu findest du auf der gleichen Seite. Diesen Kurztest solltest du vor der ersten Klassenarbeit bearbeiten.
Tipps – Die erste Klassenarbeit eines Kapitels enthält *Tipps* zu den gestellten Aufgaben. Diese Tipps solltest du nutzen, wenn du Probleme hast, die Lösung zu finden.
Bei anderen Klassenarbeiten sind Lerntipps aufgeführt, die du ausprobieren kannst. Sie helfen dir zum Beispiel mit Ideen bei der Lösung von Text- oder Geometrieaufgaben.
Lösungen – Bei den ersten beiden Arbeiten eines Kapitels werden nicht nur die *Lösungen* notiert.
In kursiver Schrift werden auch Erklärungen angeboten, Denkanstöße formuliert und alternative Lösungen dargestellt. Wenn du eine Teilaufgabe nicht gelöst hast, kannst du diese kursiven Texte als Lernhilfe nutzen, um nun vielleicht doch noch die Aufgabe selbstständig zu Ende zu führen.

Alle Arbeiten in diesem Buch sind für eine Arbeitszeit von 45 Minuten gedacht.

Bevor du dich an die Arbeit machst, lies bitte in aller Ruhe die nächsten Seiten durch. Dort findest du weitere Hinweise, wie du erfolgreich mit diesem Buch arbeiten kannst.

Wenn du Anregungen und Wünsche hast oder gar Fehler findest, so lass mich dies wissen, damit diese gegebenenfalls in späteren Auflagen berücksichtigt werden können.

Du wirst dieses Buch nicht wie ein Jugendbuch in einem Zuge durchlesen können. Es wird dir ein Lernbegleiter sein und du wirst mit ihm arbeiten. Lesen allein genügt nicht! Ich weiß: Arbeiten ist nicht immer das reine Vergnügen. Konzentriertes Lernen ist manchmal mühevoll, kann aber auch sehr viel Spaß bringen. Jede Reise beginnt mit einem ersten Schritt. Mache dich auf den Weg!

Ich wünsche dir beim Arbeiten mit dieser Aufgabensammlung Freude und guten Erfolg!

Heinz Peisch

Es werden mehr Menschen durch Übung tüchtig
als durch Naturanlage.

Demokrit

Sehr geehrte Eltern,

die vorliegende Sammlung von Klassenarbeiten soll Ihrem Kind die Vorbereitung auf Mathematik-Klassenarbeiten erleichtern.

Dieses Trainingsbuch will den oft geäußerten Wunsch nach realistischen Übungsarbeiten bedienen.
Die vier zu jedem der sechs Gebiete bereitgestellten Klassenarbeiten sind so konzipiert, dass sie Ihrem Kind angemessenes Trainingsmaterial bieten. Lücken oder Ungenauigkeiten können anhand ausführlicher Musterlösungen festgestellt werden. Damit lässt sich der Leistungsstand Ihres Kindes einschätzen. Erkannte Lücken können auf dieser Basis noch vor der Klassenarbeit gefüllt werden. Wer weiß, was er (noch) nicht weiß bzw. nicht genau genug weiß, hat schon einen großen Lernschritt nach vorne gemacht.

Ermuntern Sie Ihr Kind dazu, regelmäßig zu lernen. Eine gute Vorbereitung beginnt nicht erst wenige Tage vor der Klassenarbeit. Damit Ihr Kind ungestört 45 Minuten lang an einer Übungsarbeit trainieren kann, sollten Sie dafür sorgen, dass ein ruhiger und gut beleuchteter Arbeitsplatz zur Verfügung steht.

Freuen Sie sich mit Ihrem Kind über seine Lernerfolge, sprechen Sie aber auch offen über auftretende Schwierigkeiten. Sie können zusammen mit Ihrem Kind überlegen, welche Arbeits- und Lernmethoden hilfreich sein könnten und ihm dabei helfen, diese auszuprobieren. Weitere Anregungen erhalten Sie auch im Gespräch mit der Lehrerin bzw. dem Lehrer Ihres Kindes. Ermutigen Sie Ihr Kind und loben Sie die Anstrengungen, die es unternimmt, um sich auf eine Klassenarbeit vorzubereiten oder schwierige Gebiete zu erschließen.

Wenn diese Aufgabensammlung als Ergänzung zum Unterricht und Erweiterung des Lehrbuchs konsequent durchgearbeitet wird, dann sollte der Erfolg nicht ausbleiben und die Anstrengung Ihres Kindes wird sich in besseren Noten niederschlagen.

Heinz Peisch

Wie du dich mit diesem Buch auf eine Klassenarbeit vorbereiten kannst!

Vorbereitung

Kläre das Thema der nächsten Klassenarbeit (Lehrerin bzw. Lehrer fragen!)

Welches Lehrbuchkapitel, welche Seitenzahlen, welche Aufgaben?

Lies die Seiten „Pinboard“ genau durch.

Teste dich mit den Aufgaben in „Bist du sicher?“

Diese Seiten sind zum Aufwärmen gedacht.
Hier findest du alle wichtigen Informationen für das betreffende Kapitel!
Achte auf die Beispiele!
Nutze die Testaufgaben und deren Lösungen.

War der Test leicht für dich?

Probleme?
Kläre, was dir noch Schwierigkeiten macht!
Frage deine Lehrerin oder deinen Lehrer, wenn du nicht weiter weißt.

Suche dir einen ruhigen und hellen Arbeitsplatz.

Richte alle Arbeitsmaterialien einsatzbereit her.

Klassenarbeit

Du hast 45 Minuten Arbeitszeit.

Lies die ausgewählte Klassenarbeit genau durch und bearbeite sie.

Beachte die Tipps.

Schreibe Uhrzeiten zum Arbeitsbeginn und Arbeitsende oben auf das Blatt!
Trage die Lösungen in ein Heft ein!
Keine Schmierzettel!
Schreibe sauber und übersichtlich!
Denke auch an Antwortsätze!

Jetzt kannst du eine Pause machen!

Verbesserung

Korrigiere deine Lösung anhand der Lösungsvorschläge.

Schreibe mit roter Farbe „r“ oder „f“ an die Zwischenergebnisse!
Gib dir die entsprechenden Verrechnungspunktezahlen!
Ziehe für Rechenfehler einen Punkt, für Schreibfehler einen halben Punkt ab!
Kontrolliere auch Zwischenschritte, nicht nur Endergebnisse!

Benote deine Leistung und fülle den Arbeitsplan Seite 10 f. aus.

Versuche bei Unklarheiten, die angegebenen Lösungen zu verstehen.

Achte auch auf die Lerntipps bei manchen Klassenarbeiten oder Lösungen!
Die ersten beiden Klassenarbeiten zu jedem Kapitel enthalten kursiv geschrieben zusätzliche Hilfestellungen: Lösungshinweise, Denkanstöße, alternative Lösungen, usw.

Du hast lange gearbeitet. Jetzt hast du eine Belohnung verdient.

Lernen auf die Klassenarbeit: Richtig oder falsch? Was meinst du dazu?

Nicht jeden Fehler muss man selbst machen. Etliche der folgenden Äußerungen sind falsch. Finde die falschen Antworten heraus und markiere sie mit einem roten „f". Achte darauf, dass du nicht selbst diese Fehler machst. Was meinst du?

		r	f
1	Die letzten drei Tage vor einer Klassenarbeit lerne ich täglich mindestens vier bis fünf Stunden.		
2	Neuen Lernstoff wiederhole ich möglichst am gleichen Tag anhand meines Heftaufschriebs und des Schulbuchs.		
3	Am Morgen vor einer Klassenarbeit spare ich mir das Frühstück. Stattdessen wiederhole ich noch einmal den Lernstoff.		
4	Für Mathematik muss man nicht begabt sein. Vieles kann man einfach lernen und durch konsequentes Üben auch problemlos beherrschen.		
5	Am Abend vor der Klassenarbeit lerne ich, bis mir die Augen zufallen. Mehr kann man wirklich nicht tun.		
6	Wenn ich eine Stunde lang ununterbrochen Mathematik gelernt habe, darf ich mich auch belohnen (Freunde treffen, Fußballspielen, Radfahren, Lesen).		
7	Ich nehme mir lieber kleinere Arbeitspensen vor, halte diese aber ganz konsequent und regelmäßig ein.		
8	Wenn ich meine Lieblings-Jeans trage, kann ich mich am besten konzentrieren. Ich werde sie auch bei der Klassenarbeit anziehen.		
9	„In Mathe war ich immer schlecht." Das ist kein Naturgesetz. Wenn ich regelmäßig und konzentriert arbeite, kann ich auch gute Noten in Mathematik erreichen.		
10	Wenn ich Fehler gemacht habe, versuche ich herauszufinden, woran das liegt: Regel oder Formel nicht gelernt? Flüchtigkeitsfehler? Schreibfehler?		
11	Beim Vergleich von Hausaufgabenergebnissen merke ich mir nur, was ich nicht richtig gemacht habe. Ein „f" für „falsche Lösung" im Heft würde mich stören.		
12	Im Unterricht mache ich regelmäßig mit. Das ist schon die halbe Miete. Dann brauche ich daheim kaum noch pauken.		
13	Mein Arbeitsplatz ist ordentlich aufgeräumt. Alle nötigen Hilfsmittel (Bleistifte, Radiergummi, Zirkel, Geodreieck, Bücher) liegen einsatzbereit an ihrem Platz.		
14	Ich habe für mich herausgefunden, dass ich von 15 Uhr bis 17 Uhr optimal lernen kann. Diese Zeit versuche ich daher auch gut zu nutzen.		
15	Wenn ich mich ehrlich und gründlich vorbereitet habe, brauche ich vor einer Klassenarbeit keine Angst zu haben. Alles muss ich ja gar nicht wissen.		
16	Wenn ich etwas nicht verstanden habe, lese ich im Schulbuch die entsprechenden Sachverhalte gründlich mit allen Beispielen nach.		
17	Bei Schwierigkeiten versuche ich zunächst einfachere Aufgaben zu lösen. Dabei überlege ich genau, wie ich vorgehe.		
18	Manchmal ist es sinnvoll, wenn ich meine Lehrerin oder meinen Lehrer frage, ob ich etwas richtig verstanden habe.		
19	Es ist mir wichtig, dass ich immer ganz genau weiß, was richtig oder falsch ist. Umso besser, wenn ich auch noch weiß, warum etwas falsch ist.		
20	Bei meiner Vorbereitung versuche ich mir vorzustellen, welche Aufgaben ich als Lehrer bei der nächsten Klassenarbeit stellen würde.		
21	Mein Arbeitsplatz ist optimal: Telefon und Fernbedienung für den CD-Player in Reichweite. Das ist ein richtig gutes Arbeitsklima.		
22	Es hilft mir, wenn ich mir einen Arbeitsplan in meinem Kalender mache, der nicht nur für den nächsten Tag gilt, sondern über einige Wochen angelegt ist.		
23	Meine Freundin lernt besonders gut zwischen 17 Uhr und 19 Uhr. Dann muss ich mich halt auch ihrer Lernzeit anpassen, sonst sehe ich sie ja kaum.		
24	Ich kann allein alles am besten lernen. Andere würden mich beim Lernen doch nur ablenken.		

Du hast sicher herausgefunden, dass die Äußerungen mit den Nummern 1, 3, 5, 11, 21, 23, 24 falsch sind. Ich nenne dir einige Gründe dafür.

1. Es ist besser, regelmäßig in kleineren Portionen und mit Pausen zu lernen. Der Lernstoff lässt sich dann auch leichter merken. Plane dein Lernen langfristig. Dann kann auch einmal etwas Unvorhergesehenes dazwischen kommen, ohne dass dein ganzer Terminplan zusammenbricht.
3. Du solltest rechtzeitig vor jeder Prüfung mit dem Lernen aufhören. Du wirst ohnehin vor lauter Aufregung nichts mehr in deinen Kopf bekommen. Zudem ist ein gutes und in Ruhe eingenommenes Frühstück eine hervorragende Grundlage für das Denken und Lernen am Vormittag.
5. Doch, man kann mehr tun. Du solltest unter allen Umständen gut ausgeruht in die Klassenarbeit gehen. Wenn du müde bist, wird dein Gehirn ohnehin nicht mehr allzu viel Lernstoff aufnehmen. Gehe lieber rechtzeitig zu Bett und schlafe.
11. Wer lernt, macht Fehler. Das ist keine Schande. Du musst ja ein Supergedächtnis haben, wenn du dir das alles merken wolltest. Schreibe „f" hin, und zwar mit roter Farbe, damit du die Fehlerstellen gut erkennen kannst. Du wirst dann nicht vergessen, an dieser Stelle nachzuarbeiten. Natürlich schreibst du auch „r" hin, wenn deine Lösung stimmt. Du wirst sehen: Die Anzahl der „r" nimmt im Laufe der Zeit zu.
21. Ein optimaler Arbeitsplatz zum Lernen sieht anders aus. Entferne alles, was dich beim Lernen stören oder ablenken könnte. Dazu gehört auch das Telefon, das sicher im ungünstigsten Moment läuten wird. Du wolltest effizient lernen, also weg damit. Sorge dafür, dass du eine ordentliche Beleuchtung am Arbeitsplatz hast, weil du mit gutem Licht nicht so schnell ermüdest.
23. Jeder hat seinen eigenen Lernrhythmus. Wenn du die für dich beste Lernzeit herausgefunden hast, dann arbeite auch konsequent in dieser Zeit. Deine Freundin hat dafür sicher Verständnis. Ihr werdet dennoch genügend gemeinsame Freizeit verbringen können.
24. Es gibt gewisse Dinge, die man am besten alleine lernt. Dazu gehören Gegenstände, die man einfach pauken muss (Formeln, Regeln) sowie das erste Durcharbeiten eines Lehrtextes oder von Beispielen. Andererseits gibt es Etliches, was man besser zu zweit erledigt: gegenseitiges Abfragen und Kontrollieren, dem Lernpartner Gelerntes erklären oder vormachen und auf dessen Fragen eingehen.

Wähle deine drei Top-Tipps aus und schreibe sie in eigenen Worten noch mal auf.
Probiere sie bei der nächsten Arbeit aus.

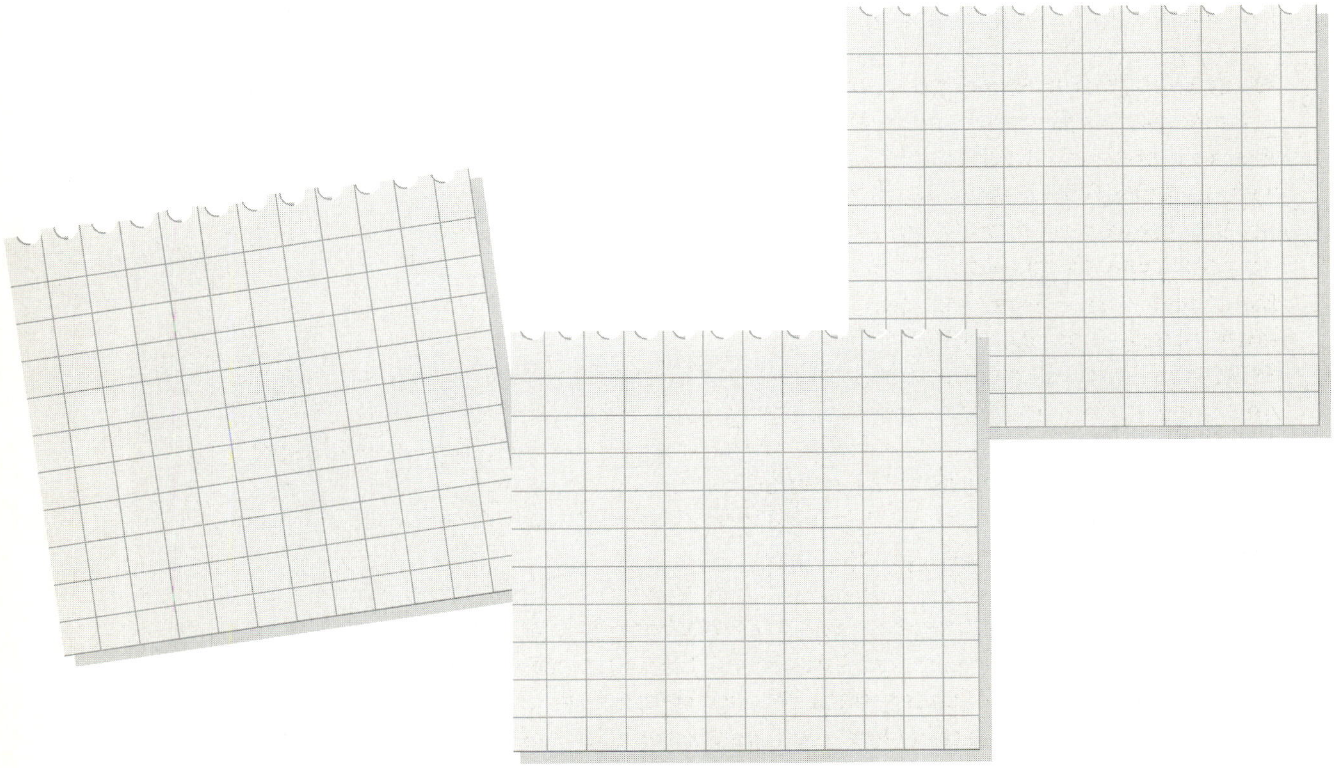

Dein Arbeitsplan

In der untenstehenden Tabelle kannst du eintragen, wann du die jeweilige Klassenarbeit bearbeitet hast, wie viele Verrechnungspunkte du dabei erreichen konntest und welcher Note dies entsprechen würde. Für die Umrechnung von Verrechnungspunkten in eine Note gilt:

Verrechnungspunkte (VP)	0-4	5-6	7-8	9-10	11-12	13-14	15-16	17-18	19-20	21-22	23-24
Note	6	5-6	5	4-5	4	3-4	3	2-3	2	1-2	1

Bei halben Verrechnungspunkten darfst du auf die nächste volle Punktzahl aufrunden. Wenn du also 18,5 Verrechnungspunkte erreicht hast, gibst du dir die Note 2.

Wenn dir nicht alle Lösungen gelungen sind, dann solltest du sorgfältig die Aufgabennummern vermerken, bei denen Unklarheiten aufgetreten sind. Versuche diese Fragen dann mithilfe des Lehrbuchs, deines Heftes oder auch deiner Mitschüler rasch zu klären. In Zweifelsfällen kannst du deine Lehrerin oder deinen Lehrer fragen.

Mit der Tabelle behältst du den Überblick: Wo sind offene Fragen? Welche Arbeiten kannst du noch schreiben? Was ist geklärt und verstanden?

Übungsarbeit	Tag der Bearbeitung	Ergebnis in VP	Note	Unklarheiten bei folgenden Aufgaben	Unklarheiten geklärt?
Beispiel	21.02.07	20	2	Nr. 2a, Nr. 2b	ja, 22.02.07
Prozente und Zinsen					
Klassenarbeit 1.1					
Klassenarbeit 1.2					
Klassenarbeit 1.3					
Klassenarbeit 1.4					
Häufigkeiten und Wahrscheinlichkeiten					
Klassenarbeit 2.1					
Klassenarbeit 2.2					
Klassenarbeit 2.3					
Klassenarbeit 2.4					
Zuordnungen					
Klassenarbeit 3.1					
Klassenarbeit 3.2					
Klassenarbeit 3.3					
Klassenarbeit 3.4					

Übungsarbeit	Tag der Bearbeitung	Ergebnis in VP	Note	Unklarheiten bei folgenden Aufgaben	Unklarheiten geklärt?
Terme und Gleichungen					
Klassenarbeit 4.1					
Klassenarbeit 4.2					
Klassenarbeit 4.3					
Klassenarbeit 4.4					
Beziehungen in geometrischen Figuren					
Klassenarbeit 5.1					
Klassenarbeit 5.2					
Klassenarbeit 5.3					
Klassenarbeit 5.4					
Systeme linearer Gleichungen					
Klassenarbeit 6.1					
Klassenarbeit 6.2					
Klassenarbeit 6.3					
Klassenarbeit 6.4					
Jahrgangsarbeiten					
Jahrgangsarbeit 1					
Jahrgangsarbeit 2					
Jahrgangsarbeit 3					

Pinboard – Prozente und Zinsen

Der Prozentbegriff

Definitionen	Beispiele
Die Angabe p% bedeutet $\frac{p}{100}$ (einer Zahl oder Größe). Man liest „p Prozent". p% heißt Prozentsatz. Die Zahl p allein heißt Prozentzahl. Die Angabe p‰ bedeutet $\frac{p}{1000}$. Man liest „p Promille".	$1\,\% = \frac{1}{100}$ $5\,\% = \frac{5}{100} = \frac{1}{20}$ $0{,}3\,\% = \frac{0{,}3}{100} = \frac{3}{1000}$ $125\,\% = \frac{125}{100} = \frac{5}{4}$ $33\frac{1}{3}\,\% = \frac{100}{3}\,\% = \frac{100}{3} \cdot \frac{1}{100} = \frac{1}{3}$ $15\,‰ = \frac{15}{1000} = \frac{3}{200}$ $0{,}8\,‰ = \frac{0{,}8}{1000} = \frac{8}{10\,000} = \frac{1}{1250}$

Prozentwert und Grundwert

Definitionen	Beispiele
Der Grundwert G ist diejenige Zahl (Größe) von der ein gewisser Prozentsatz berechnet werden soll. Der Prozentwert W ist diejenige Zahl (Größe), die man nach Berechnung des Prozentsatzes p% von G erhält.	Bestimme 30% von 5 m. G = 5 m; p% = 30%; W = 30% von 5 m $= \frac{30}{100}$ von 5 m $= \frac{3}{2}$ m
Folgerungen	**Beispiele**
Berechnung von W aus p und G W = p% von G $W = p\% \cdot G$ $W = \frac{p}{100} \cdot G$	Geg.: Prozentsatz p% = 2,5% Grundwert G = 600 € Ges.: Prozentwert W Lös.: $W = \frac{p}{100} \cdot G$ $W = \frac{2{,}5}{100} \cdot 600\,€$ $W = 15\,€$
Berechnung von G aus W und p $W = \frac{p}{100} \cdot G$ $W \cdot 100 = p \cdot G$ $\frac{W}{p} \cdot 100 = G$ $G = \frac{W}{p} \cdot 100$	Geg.: Prozentsatz p% = 8% Prozentwert W = 32 dm Ges.: Grundwert G Lös.: $G = \frac{W}{p} \cdot 100$ $G = \frac{32\,dm}{8} \cdot 100$ $G = 400\,dm$
Berechnung von p aus W und G $W = \frac{p}{100} \cdot G$ $W \cdot 100 = p \cdot G$ $\frac{W}{G} \cdot 100 = p$ $p = \frac{W}{G} \cdot 100$	Geg.: Grundwert G = 64 kg Prozentwert W = 8 kg Ges.: Prozentzahl p Lös.: $p = \frac{W}{G} \cdot 100$ $p = \frac{8\,kg}{64\,kg} \cdot 100$ $p = 12{,}5$

Fußballersprüche!

„Zwei Chancen, ein Tor! Das nenne ich eine hundertprozentige Chancenauswertung."
„In den letzten beiden Heimspielen haben wir kein Tor gegen diesen Gegner erzielt, heute aber schon zwei. Das ist eine Steigerung um 200%!"
„90% aller Schiedsrichter sind saubere Leute, und die fünf Prozent, die die Regeln nicht beachten, die muss man finden und aussortieren."

Motto

Nicht die Aufgaben sollen einem über den Kopf wachsen, sondern der Kopf soll über den Aufgaben wachsen.

Eine knifflige Entscheidung?

Zwei Händler haben das gleiche Produkt zum gleichen Preis im Angebot. Nach einiger Zeit erhöht der erste Händler den Preis um p% und senkt ihn nach einer Woche wieder um q%. Der zweite Händler senkt den Preis zuerst um q% und erhöht später wieder um p%.
Bei welchem Händler ist dieses Produkt jetzt günstiger?

Kleines Lexikon der Fachbegriffe

Begriff	Bedeutung
Guthaben (Kapital)	Geldbetrag, der zu einem bestimmten Zinssatz bei einer Bank angelegt ist
Darlehen (Kapital)	Geldbetrag, der zu einem bestimmten Zinssatz von einer Bank geliehen ist
Zins (Guthabenzins)	Leihgebühr der Bank an den Geldgeber für die Überlassung von Geld
Zins (Darlehenszins)	Leihgebühr des Schuldners an die Bank für die Überlassung von Geld
Zinssatz	Prozentsatz, mit dem ein Kapital verzinst wird (oft: Jahreszinssatz)
Zinseszins	Zinsen auf die Zinsen für ein Kapital im nächsten Berechnungszeitraum
Mehrwertsteuer	Steueraufschlag auf Waren und Dienstleistungen
Nettopreis	Preis einer Ware oder Dienstleistung vor dem Aufschlag der Mehrwertsteuer
Bruttopreis	Preis einer Ware oder Dienstleistung nach dem Aufschlag der Mehrwertsteuer
Rabatt	Preisnachlass beim Kauf einer Ware
Skonto	Preisnachlass bei Barzahlung der Ware
Bruttogewicht	Gewicht einer Ware mit Verpackung
Nettogewicht	Gewicht einer Ware ohne Verpackung
Tara	Gewicht der Verpackung allein

Prozentuale Veränderungen

Definitionen	Beispiele
Wächst eine Größe um p %, so spricht man von einer prozentualen Zunahme.	Die Preiserhöhung für eine Ware um 3,2 % bedeutet eine prozentuale Zunahme.
Verringert sich eine Größe um p %, so spricht man von einer prozentualen Abnahme.	Eine Preissenkung um 20 % bei einem Sonderverkauf ist eine prozentuale Abnahme.

Folgerungen	Beispiele
Die prozentuale Zunahme ergibt sich durch Berechnung des Prozentwerts W bei einem Prozentsatz p % von einem Grundwert G. Prozentuale Zunahme: $W = \frac{p}{100} \cdot G$ Der Endwert ergibt sich durch Addition der Zunahme zum Grundwert. Endwert: $G + W = G + \frac{p}{100} \cdot G = G \cdot \left(1 + \frac{p}{100}\right)$	Geg.: Nettopreis einer Ware $G = 720{,}00$ € Aufschlag der Mehrwertsteuer $p\,\% = 19\,\%$ Ges.: Endpreis Lös.: $G + W = G \cdot \left(1 + \frac{p}{100}\right)$ $= 720\,€ \cdot \left(1 + \frac{19}{100}\right)$ $= 720\,€ \cdot 1{,}19$ $= 856{,}80\,€$
Entsprechendes gilt bei prozentualer Abnahme. Endwert: $G - W = G - \frac{p}{100} \cdot G = G \cdot \left(1 - \frac{p}{100}\right)$	Geg.: Einwohnerzahl einer Stadt $G = 123\,000$ Abnahme der Bevölkerung $p\,\% = 0{,}4\,\%$ Ges.: Neue Einwohnerzahl Lös.: $G - W = G \cdot \left(1 - \frac{p}{100}\right)$ $= 123\,400 \cdot \left(1 - \frac{0{,}4}{100}\right)$ $= 123\,400 \cdot 0{,}996$ $\approx 122\,906$
Nimmt ein Grundwert G zuerst um p_1 % zu und dann bezogen auf den neuen Endwert noch einmal um p_2 %, so erhält man den Endwert: $G \cdot \left(1 + \frac{p_1}{100}\right) \cdot \left(1 + \frac{p_2}{100}\right)$ Entsprechendes gilt bei zwei Abnahmen um p_1 % und um p_2 %: $G \cdot \left(1 - \frac{p_1}{100}\right) \cdot \left(1 - \frac{p_2}{100}\right)$	Was bedeutet wohl nun $G \cdot \left(1 + \frac{p_1}{100}\right) \cdot \left(1 - \frac{p_2}{100}\right)$ $G \cdot \left(1 - \frac{p_1}{100}\right) \cdot \left(1 + \frac{p_2}{100}\right)$?

Der kleine Unterschied!

„Eine Katastrophe! Bei der letzten Wahl hatte die Partei noch 40 % aller Stimmen erreicht," weiß Knobelix, „diesmal sind es nur noch 36 %."
„Nur 4 % zu verlieren ist doch kein Drama", meint Knobelinchen.
„Wieso 4 %? Die Partei hat 10 % aller Stimmen verloren!" ereifert sich Knobelix.

Prozentsätze gesucht!

Welche Flächenanteile sind gefärbt?

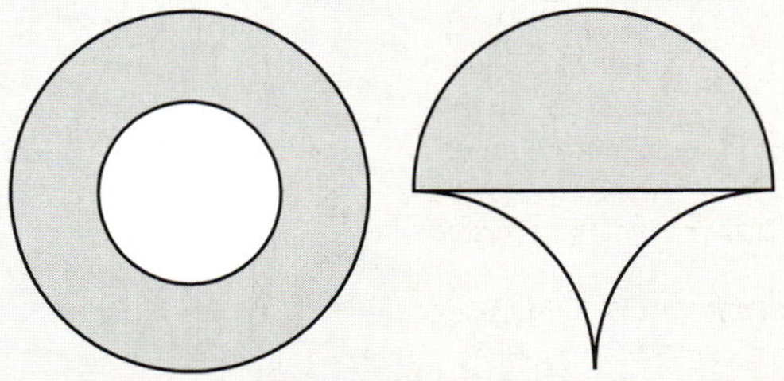

Vorsicht Falle!

Unterscheide:
Eine Abnahme **um** 20 % bedeutet, dass noch 80 % des Anfangswerts vorhanden sind!
Eine Abnahme **auf** 20 % bedeutet, dass noch 20 % des Anfangswerts vorhanden sind!
Eine Zunahme von 100 € auf 200 € ist eine Zunahme **um** 100 % oder eine Zunahme **auf** 200 %!

Bist du sicher?

1 Schreibe in Prozent bzw. als gekürzten Bruch.
a) $\frac{13}{25}$ b) $\frac{51}{50}$ c) $\frac{9}{250}$ d) $\frac{72}{125}$ e) 14 % f) 120 % g) 12,5 % h) 0,3 %

2 Ergänze in der Tabelle die fehlenden Werte.

	a)	b)	c)	d)	e)	f)
Grundwert	350	240 m		48 m²	21 dm³	
Prozentsatz	6 %		16 %	12 %		15 %
Prozentwert		12 m	0,800 kg		630 cm³	18 min

3 a) Wie viel Zinsen erhält man für ein Guthaben von 1200,00 € bei einem Jahreszinssatz von 1,25 %?
b) Welches Guthaben ergibt bei einem Zinssatz von 2,5 % in einem Jahr 320,00 € Zinsen?
c) Ein Guthaben von 8400,00 € bringt in einem Jahr 134,40 € Zinsen. Wie hoch ist der Zinssatz?
d) Ein Kapital von 5000,00 € wird fünf Jahre lang mit einem Zinssatz von 3,5 % angelegt. Wie groß ist das Kapital am Ende der Laufzeit (wenn anfallende Zinsen immer mitverzinst werden)?

4 a) Im Sonderverkauf wird eine Ware um 60 % im Preis reduziert. Wie viel Prozent des ursprünglichen Preises kostet die Ware jetzt? Um wie viel Prozent war der ursprüngliche Preis höher als der neue Preis?
b) Eine Autofirma erhöht die Preise für ein bestimmtes Modell um 3,2 %. Wie viel Rabatt müsste ein Käufer erhalten, wenn er nur den ursprünglichen Preis bezahlen wollte?

Lösungen

1 a) 52 % b) 102 % c) 3,6 % d) 57,6 % e) $\frac{7}{50}$ f) $\frac{6}{5}$ g) $\frac{1}{8}$ h) $\frac{3}{1000}$ **2** a) 21 b) 5 % c) 5 kg d) 5,76 m² e) 3 % f) 2 h **3** a) 15,00 € b) 12800,00 € c) 1,6 % d) 5938,43 €
4 a) 40 % des ursprünglichen Preises; 150 % höher als der neue Preis. b) Etwa 3,1 % Rabatt.

Anfangszeit: ____________________ + 45 Minuten → Abgabe: ____________________

1 (1,5 + 1,5 + 2 VP)

a) Schreibe als Bruchzahl: 12 %; 150 %; 0,2 %

b) Schreibe in Prozent: 0,64; $\frac{3}{8}$; 1,2

c) 1 Promille (1 ‰) bedeutet 0,1 %. Schreibe in Promille: 5 %; 0,02 %; $\frac{1}{1000}$

2 (3 + 3 VP)

a) Petra braucht zum Streichen ihres Zimmers 4,50 Liter Farbe aus einem 12-Liter-Eimer. Ihr Bruder benötigt 80 % des Rests.
Wie viel Prozent der Farbe haben beide zusammen verbraucht?

b) Der Benzintank eines Autos ist bei Fahrtbeginn zu 75 % gefüllt. Nach längerer Fahrt sind noch 30 % des Benzins bei Fahrtbeginn im Tank. Beim anschließenden Volltanken passen 62 Liter in den Tank.
Wie groß ist das Fassungsvermögen des Tanks?

3 (8 VP)

Überprüfe die folgenden Behauptungen und kreuze wahr (w) oder falsch (f) an. Entnimm alle erforderlichen Informationen der Abbildung. Begründe deine Antworten.

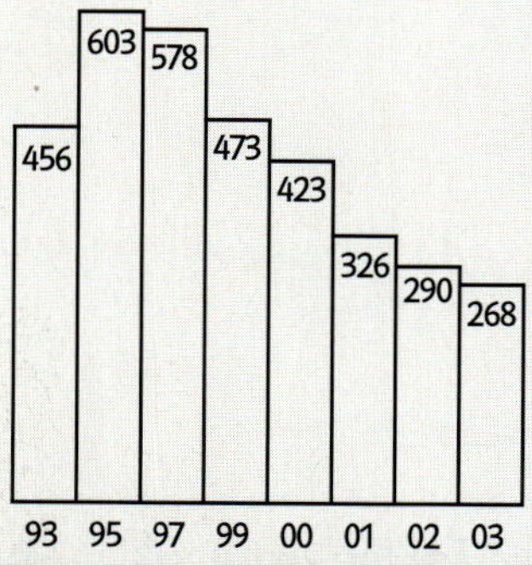

Der Wohnungsbau schrumpft

Fertigstellungen in Deutschland in 1000		
Im Jahr 2003	268	Veränderungen gegenüber 2002 (in %)
Einfamilienhäuser	132	−2,5
Zweifamilienhäuser	33	−11,4
Eigentumswohnungen	41	−15,6
Mietwohnungen in Mehrfamilienhäusern	30	−5,8
Ausbauten (Dachgeschoss u. a.)	27	−8,6

Behauptungen	w	f
1. Im Jahr 1997 wurden über 100% mehr Wohnungen gebaut als 2003.		
2. Im Jahr 2003 waren knapp 50% aller Wohnungen Einfamilienhäuser.		
3. Im Jahr 2002 wurden mehr als 135 000 Einfamilienhäuser gebaut.		
4. Im Jahr 2003 sind etwa 57% weniger Wohnungen fertig gestellt worden als im Jahr 2000.		
5. Im Jahr 2002 gab es mehr Ausbauten als Mietwohnungen in Mehrfamilienhäusern.		

4 (5 VP)

Bei einer Internet-Auktion ersteigert ein Händler 800 Bücher für 600,00 €.
Er kann die Hälfte davon mit einem Gewinn von 40 % auf den durchschnittlichen Einkaufspreis je Buch, 200 Bücher mit einem Gewinn von 20 % und die übrigen mit einem Verlust von 10 % verkaufen.
Wie viel Prozent hat er an diesem Geschäft verdient?

Lerntipps

zu Aufgabe 4

Du brauchst nicht den Einkaufspreis eines einzelnen Buches auszurechnen!
Wie hoch ist der Einkaufspreis für die Hälfte der Bücher?
Ein Gewinn von p% auf den Einkaufspreis E führt zum Verkaufspreis V von $V = E + p\,\%$ von $E = E + \frac{p}{100} \cdot E$.
Ein Verlust von p% ergibt den Verkaufspreis $V = E - \frac{p}{100} \cdot E$.

Anfangszeit: ______________ + 45 Minuten → Abgabe: ______________

1 (1,5 + 1,5 + 1,5 + 1,5 VP)
Ergänze die in der Tabelle fehlenden Eintragungen.

	Laptop	Pkw	Kinokarte	Monatskarte
Alter Preis in €	1299,00	37500,00		37,10
Rabatt in %	15		20	
Rabatt in €		4875,00		
Neuer Preis in €			8,00	35,62

2 (4 + 2 VP)
Das skizzierte Kreisdiagramm informiert über ein Dorf mit 4320 Einwohnern, davon 25 % mehr Frauen als Männer.
a) Wie viele Mädchen, Frauen und Männer leben in diesem Dorf?
b) Um wie viel Prozent ist der Anteil der männlichen Gemeindemitglieder kleiner als der Anteil der weiblichen?

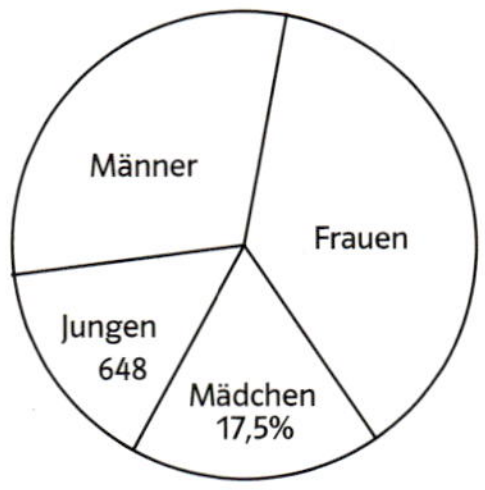

3 (3 + 2 + 2 + 1 VP)
Eine Bausparkasse bietet ihren Kunden eine Geldanlage an, deren Verzinsung durch die nebenstehende Abbildung beschrieben wird.
a) Wie entwickelt sich ein Anfangskapital von 20 000 € im Laufe von sechs Jahren?
b) Um wie viel Prozent ist das Anfangskapital insgesamt angewachsen?
Wie viel Prozent des Endkapitals macht der angelegte Geldbetrag aus?
c) Ein Kunde hat nach drei Jahren einen Betrag von 13 461,05 € auf dem Konto.
Wie viel Geld hatte er angelegt?
d) Um wie viel Prozent erhöht sich der Zinssatz vom dritten auf das vierte Jahr?

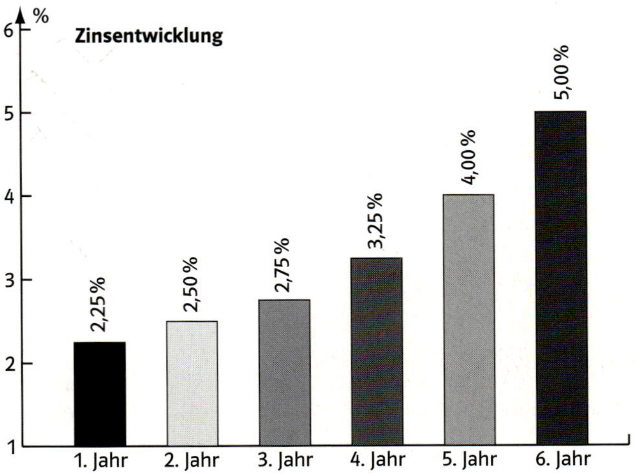

4 (2 + 2 VP)
a) Beim Verkauf eines Artikels verdient ein Händler 20 % des Verkaufspreises.
Wie hoch war sein Preisaufschlag?
b) Bei einem anderen Artikel beträgt der Preisaufschlag 20 %.
Wie viel Prozent des Verkaufspreises ist dieser Preisaufschlag?

Lerntipps

Texte genau lesen!
Achte bei Aufgaben zur Prozentrechnung ganz genau auf die verwendeten Formulierungen und deren Bedeutung.

Text	Zunahme/Abnahme	Neuer Wert
G nimmt um 5% zu.	$\frac{5}{100}$ von G = $\frac{5}{100} \cdot G = 0{,}05 \cdot G$	$G + 0{,}05 \cdot G = 1{,}05 \cdot G$
G wächst auf 130%.	$\frac{30}{100}$ von G = $\frac{30}{100} \cdot G = 0{,}30 \cdot G$	$G + 0{,}30 \cdot G = 1{,}30 \cdot G$
G verringert sich um 13%.	$\frac{13}{100}$ von G = $\frac{13}{100} \cdot G = 0{,}13 \cdot G$	$G - 0{,}13 \cdot G = 0{,}87 \cdot G$
G nimmt auf 13% ab.	$\frac{87}{100}$ von G = $\frac{87}{100} \cdot G = 0{,}87 \cdot G$	$G - 0{,}87 \cdot G = 0{,}13 \cdot G$

Klassenarbeit 1.3

Anfangszeit: ____________________ + 45 Minuten → Abgabe: ____________________

1 (2 + 1 + 1 + 1 VP)

a) Wie viel Prozent der Orchestermitglieder spielen Violine bzw. Querflöte?

b) Welcher Prozentsatz der Orchestermitglieder spielt kein Streichinstrument?

c) Mit Beginn des nächsten Schuljahres scheiden zwei Querflötenspielerinnen altershalber aus. Um wie viel Prozent hat die Anzahl der Querflöten im Orchester abgenommen?

d) Der Musiklehrer behauptet: „16,2 % unserer Orchestermitglieder sind schon länger als sechs Jahre dabei." Zeige, dass er nicht Recht haben kann.

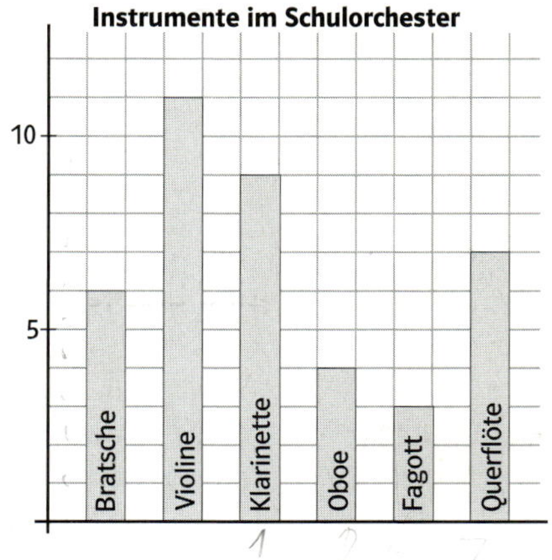

2 (7 VP)

Beurteile unter Verwendung der nebenstehenden Abbildung die folgenden Behauptungen. Kreuze wahr (w) oder falsch (f) an. Begründe deine Antworten.

Behauptung	w	f
1. Von 1970 bis 2004 ist der PKW-Bestand auf mehr als 300% gewachsen.		
2. In den Jahren 1990 bis 1995 hat der Bestand um etwas weniger als 25% zugenommen.		
3. Im Jahr 2004 hatten etwa 36,7 Millionen Fahrzeuge einen Benzinmotor.		
4. Im Jahr 1970 hatten mehr Fahrzeuge einen Benzinmotor als 2004.		
5. Der Prozentsatz der Dieselfahrzeuge ist von 1970 bis 2004 um 15,3 % gestiegen.		

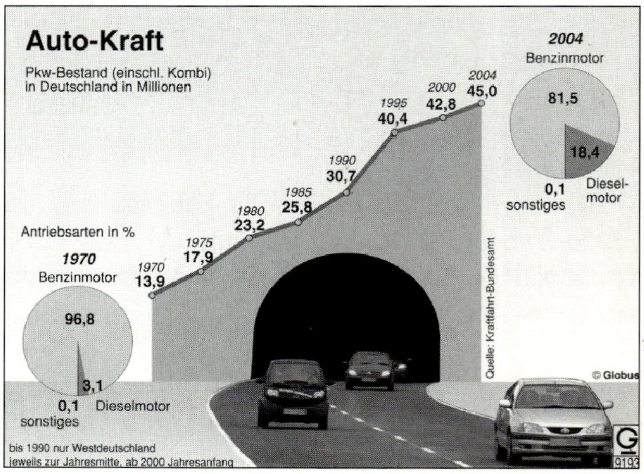

3 (5 + 2 + 2 VP)

Ein Möbelgeschäft bietet seinen Kunden folgende Zahlungsmöglichkeiten an:

1. Bei Anzahlung von 30 % des Warenwerts bei Bestellung gilt der an der Ware befindliche Preis.
2. Bei Anzahlung von 50 % des Warenwerts bei Bestellung werden auf die Anzahlung 2 % Rabatt gewährt.
3. Bei Anzahlung von 80 % des Warenwerts bei Bestellung werden 2 % Rabatt auf den Warenwert gewährt.

Der Rabatt verringert die Anzahlung. Der Restbetrag ist jeweils bei der Lieferung zu bezahlen.

a) Deine Eltern bestellen Möbel für 7520 €.
Berechne für jede Variante den insgesamt zu zahlenden Preis.

b) Ein anderer Kunde, der die zweite Zahlungsvariante wählt, zahlt für seine Möbel 2548 € bei Bestellung. Wie viel muss er bei Lieferung noch bezahlen?

c) Ein dritter Kunde bestellt nach der dritten Variante und zahlt 2652 € bei Bestellung. Welchen Warenwert hat seine Bestellung?

4 (3 VP)

Bei einem Rechteck wird eine Seitenlänge um 20 % verkleinert, die andere Seitenlänge um 30 % vergrößert. Um wie viel Prozent verändert sich dabei der Flächeninhalt des Rechtecks?

Klassenarbeit 1.4

Anfangszeit: ______________ + 45 Minuten → Abgabe: ______________

1 (3 + 1 + 1 + 2 + 1 VP)
Eine Volkshochschule befragt die 1707 Teilnehmer an den Veranstaltungen eines Halbjahres nach ihrem Alter. Es ergibt sich die folgende Tabelle:

Alter in Jahren	a < 18	18 ≦ a < 25	25 ≦ a < 35	35 ≦ a < 50	50 ≦ a < 65	a ≧ 65
Teilnehmerzahl	360	174	473	349	160	58

a) Wie viel Prozent der Teilnehmer sind dies jeweils? Runde auf 0,1%.
b) Wie viel Prozent der Teilnehmer machten keine Angabe zum Alter?
c) 81,1% aller Teilnehmer sind weiblich.
Wie viele weibliche Teilnehmer sind das?
d) 37% der Teilnehmer der jüngsten Altersklasse belegen einen Computerkurs.
Wie viel Prozent der gesamten Teilnehmerzahl sind dies?
e) In der Altersklasse von 25 bis 35 Jahren nehmen 72 Frauen und 27 Männer an Computerkursen teil.
Wie hoch ist der Anteil der Frauen an diesen Computerkursen?

2 (1 + 2 VP)
Das Kreisdiagramm zeigt die monatlichen Ausgaben von Familie Alt.
a) Welcher Prozentsatz wird gespart?
b) Wie hoch ist das Monatseinkommen, wenn die Miete und die Mietnebenkosten 885,50 € betragen?

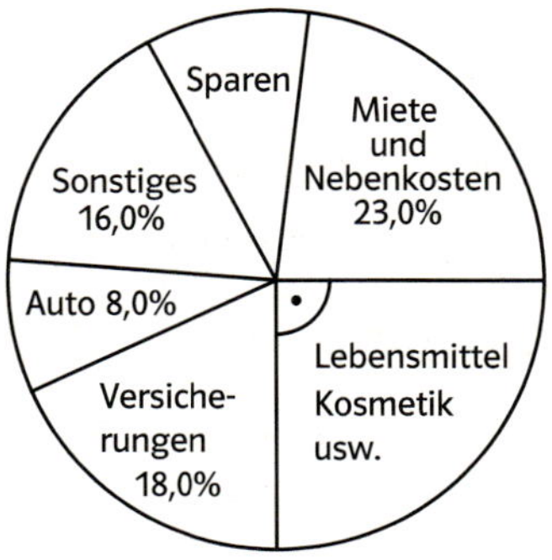

3 (4 VP)
Anna will sich ein Mountainbike kaufen. Sie vergleicht verschiedene Angebote für das gewünschte Modell.
Angebot 1: Im Versandhauskatalog wird das Rad für 289,00 Euro angeboten. Die Kosten für Verpackung und Versand betragen 14,00 Euro.
Angebot 2: Der Fahrradhändler im Ort kann das Rad bestellen. Im Katalog seines Großhändlers wird als empfohlener Verkaufspreis (noch ohne Mehrwertsteuer von 19%) 259,00 Euro genannt.
Der Händler gewährt auf den Endpreis 2% Skonto.
Angebot 3: Ein Kaufhaus bietet bei einer Rabattaktion 20% auf alle Waren an. Das Mountainbike ist mit 379,00 Euro ausgezeichnet.
Wo ist das Mountainbike am günstigsten?

4 (1 + 2 + 2 VP)
Eine Drogeriemarktkette wirbt mit nebenstehender Anzeige.
a) Trifft die behauptete Preisreduzierung um 37% zu?
b) Woran erkennt man, dass die Flasche im Sonderangebot einen Liter Kernol enthält?
Sind 33% mehr Inhalt in der Flasche?
c) Paul: „Kernol ist insgesamt um 70% günstiger geworden!"
Sandra: „Das stimmt nicht! Kernol ist um mehr als 100% günstiger geworden."
Was meinst du?

5 (4 VP)
Frische Pilze bestehen zu 92% ihrer Masse aus Wasser. Trocknet man 5 kg frische Pilze, so nimmt ihr Wasseranteil auf 60% ab.
Um wie viel Prozent hat das Gewicht der frischen Pilze abgenommen?

Klassenarbeit 1.1

1 (1,5 + 1,5 + 2 VP)

a) *Beachte: 1% = $\frac{1}{100}$. Kürze die erhaltenen Brüche soweit wie möglich.*

$12\,\% = \frac{12}{100} = \frac{3}{25}$

$150\,\% = \frac{150}{100} = \frac{3}{2}$

$0{,}2\,\% = \frac{0{,}2}{100} = \frac{2}{1000} = \frac{1}{500}$

b) *Schreibe die Dezimalzahlen zuerst als Bruch mit dem Nenner 100. Bei Bruchzahlen erweitere so, dass der Nenner 10, 100, 1000, 10000 usw. wird.*

$0{,}64 = \frac{64}{100} = 64\,\%$

$\frac{3}{8} = \frac{375}{1000} = \frac{37{,}5}{100} = 37{,}5\,\%$

$1{,}2 = \frac{120}{100} = 120\,\%$

c) $5\,\% = 50\,‰$

$0{,}02\,\% = 0{,}2\,‰$

$\frac{1}{1000} = 1\,‰$

2 (3 + 3 VP)

a) Nachdem Petra 4,5 Liter Farbe verbraucht hat, bleibt ein Rest von 7,5 Litern.

Verbrauch des Bruders: 80% von 7,5 l = $\frac{80}{100} \cdot 7{,}5\,l = 6\,l$

Gesamter Farbverbrauch: 4,5 l + 6 l = 10,5 l

Prozentsatz p%:

Der Grundwert ist G = 12 l, der Prozentwert ist W = 10,5 l. Daher gilt:

$p = \frac{W}{G} \cdot 100$

$p = \frac{10{,}5\,l}{12\,l} \cdot 100$

$p = 87{,}5$

Beide haben zusammen 87,5% der Farbe verbraucht.

b) *Beachte, dass du zuerst 30% von 75% des Fassungsvermögens des Tanks berechnen musst. Der Unterschied zum Fassungsvermögen entspricht der getankten Benzinmenge.*

Grundwert ist das unbekannte Fassungsvermögen des Tanks: $G_1 = V$

Prozentsatz: $p_1\,\% = 75\,\%$

Prozentwert:

$W_1 = \frac{p_1}{100} \cdot G$

$W_1 = \frac{75}{100} \cdot V$

$W_1 = \frac{3}{4} \cdot V$

Neuer Grundwert: $G_2 = \frac{3}{4} \cdot V$

Neuer Prozentsatz: $p_2\,\% = 30\,\%$

Neuer Prozentwert:

$W_2 = \frac{p_2}{100} \cdot G_2$

$W_2 = \frac{30}{100} \cdot \frac{3}{4} \cdot V$

$W_2 = \frac{9}{40} \cdot V$

Der Tank ist somit vor dem Volltanken noch zu $\frac{9}{40}$ gefüllt. Die getankte Benzinmenge entspricht daher $\frac{31}{40}$ des Fassungsvermögens des Tanks.

$\frac{31}{40} \cdot V = 62\,l$

$V = 62\,l : \frac{31}{40}$

$V = 62\,l \cdot \frac{40}{31}$

$V = 80\,l$

Der Tank fasst 80 l.

3 (8 VP)

Achte zuerst auf richtige Ablesung der Anzahl von Wohnungsfertigstellungen im Säulendiagramm. Beispielsweise erkennst du, dass im Jahr 1993 noch 456 000 Wohnungen fertiggestellt wurden.
Kläre bei jeder Behauptung genau, welche Zahl der Grundwert ist, auf den die angegebenen Prozentsätze bezogen werden.
Runde die Rechenergebnisse sinnvoll.

Behauptungen	w	f
1. Im Jahr 1997 wurden über 100% mehr Wohnungen gebaut als 2003.	x	
2. Im Jahr 2003 waren knapp 50% aller Wohnungen Einfamilienhäuser.	x	
3. Im Jahr 2002 wurden mehr als 135 000 Einfamilienhäuser gebaut.	x	
4. Im Jahr 2003 sind etwa 57% weniger Wohnungen fertig gestellt worden als im Jahr 2000.		x
5. Im Jahr 2002 gab es mehr Ausbauten als Mietwohnungen in Mehrfamilienhäusern.		x

Begründungen

1. Grundwert ist die Anzahl der Wohnungen im Jahr 2003, also 268 000 Wohnungen. Im Jahr 1997 waren es 578 000. Dies sind mehr als doppelt so viele Wohnungen wie 2003.
2. Im Jahr 2003 waren von 268 000 Wohnungen 132 000 Wohnungen in Einfamilienhäusern. Dies sind etwas weniger als die Hälfte, also knapp 50% aller Wohnungen.
3. Der Prozentwert ist die Anzahl der Einfamilienhäuser im Jahr 2003: W = 132 000.
Da dies 2,5% weniger sind als 2002, entspricht dies einem Prozentsatz von 97,5% der Anzahl im Jahr 2002 (Grundwert). Daher:

$G = \frac{W}{p} \cdot 100$

$G = \frac{132\,000}{97{,}5} \cdot 100$

$G \approx 135\,385$

Dies sind mehr als 135 000 Einfamilienhäuser.

4. Würde die Behauptung zutreffen, so wären 2003 weniger als halb so viele Wohnungen wie im Jahr zuvor gebaut worden. Dies ist aber nicht der Fall, denn die Hälfte von 423 000 ist 211 500. Tatsächlich wurden aber 268 000 Wohnungen gebaut.
5. Grundwerte sind die Anzahlen im Jahr 2002. Bei Mietwohnungen in Mehrfamilienhäusern ist eine Abnahme von 5,8 % angegeben. Der Prozentwert $W_1 = 30\,000$ gehört also zum Prozentsatz $p_1\% = 94{,}2\%$. Für den Grundwert G_1 gilt:

$G_1 = \frac{W_1}{p_1} \cdot 100$

$G_1 = \frac{30\,000}{94{,}2} \cdot 100$

$G_1 \approx 31\,847$

Bei den Ausbauten ist eine Abnahme von 8,6 % angegeben. Der Prozentwert $W_2 = 27\,000$ gehört also zum Prozentsatz $p_2\% = 91{,}4\%$.
Für den Grundwert G_2 gilt:

$G_2 = \frac{W_2}{p_2} \cdot 100$

$G_2 = \frac{27\,000}{91{,}4} \cdot 100$

$G_2 \approx 29\,540$

Da $G_2 < G_1$ gilt, ist die Behauptung falsch.

4 (5 VP)
Der Aufgabentext spricht vom „durchschnittlichen Einkaufspreis je Buch." Du kannst daher davon ausgehen, dass die Hälfte der Bücher auch die Hälfte des Einkaufspreises kosten. Entsprechend kosten die 200 Bücher, die mit einem Gewinn von 20 % verkauft werden, ein Viertel des Einkaufspreises.
Die Hälfte der Bücher, also 400 Bücher, hat den Händler die Hälfte des Preises gekostet. Dies sind 300,00 €.
Der Gewinn aus dem Verkauf dieser Bücher beträgt 40 % von 300,00 €, also 120,00 €. Der Verkaufserlös aus diesen 400 Büchern ist somit 420,00 €.
Für 200 Bücher, also einem Viertel der Bücher, hat er ein Viertel des Preises gezahlt. Das sind 150,00 €.
Der Gewinn aus dem Verkauf dieses Teils ist 20 %, das sind 30,00 €. Der Verkaufserlös ist folglich 180,00 €.
Der Verlust beim Verkauf der übrigen 200 Bücher mit einem Einkaufswert von 150,00 € beträgt 10 %. Dies sind 15,00 €. Der Verkaufserlös ist 135,00 €.
Gesamterlös:
420,00 € + 180,00 € + 135,00 € = 735,00 €
Verdienst:
735,00 € − 600,00 € = 135,00 €
Der Einkaufspreis ist der Grundwert: G = 600,00 €.
Der Verdienst ist der Prozentwert: W = 135,00 €.

Für den Prozentsatz erhält man:

$p = \frac{W}{G} \cdot 100$

$p = \frac{135\,€}{600\,€} \cdot 100$

$p = 22{,}5$

Der Händler hat 22,5 % verdient.

Klassenarbeit 1.2

1 (1,5 + 1,5 + 1,5 + 1,5 VP)

	Laptop	Pkw	Kinokarte	Monatskarte
Alter Preis in €	1299,00	37500,00	**10,00**	37,10
Rabatt in Prozent	15	**13**	20	**4**
Rabatt in €	**194,85**	4875,00	**2,00**	**1,48**
Neuer Preis in €	**1104,15**	**32625,00**	8,00	35,62

Begründungen

Laptop

Grundwert: $G = 1299{,}00\,€$

Prozentsatz: $p\,\% = 15\,\%$

Prozentwert: $W = G \cdot \frac{p}{100} = 1299{,}00\,€ \cdot \frac{15}{100} = 194{,}85\,€$

Neuer Preis: $1299{,}00\,€ - 194{,}85\,€ = 1104{,}15\,€$

Pkw

Grundwert: $G = 37\,500{,}00\,€$

Prozentwert: $W = 4875{,}00\,€$

Prozentsatz: $p = \frac{W}{G} \cdot 100\,\% = \frac{4875{,}00\,€}{37\,500\,€} \cdot 100\,\% = 13\,\%$

Neuer Preis: $37\,500{,}00\,€ - 4875{,}00\,€ = 32\,625{,}00\,€$

Kinokarte

Prozentsatz: $p\,\% = 80\,\%$

Prozentwert: $W = 8{,}00\,€$

Grundwert: $G = \frac{W}{p} \cdot 100 = \frac{8{,}00\,€}{80} \cdot 100 = 10{,}00\,€$

Rabatt: $10{,}00\,€ - 8{,}00\,€ = 2{,}00\,€$

Monatskarte

Grundwert: $G = 37{,}10\,€$

Prozentwert: $W = 35{,}62\,€$

Prozentsatz: $p\,\% = \frac{W}{G} \cdot 100\,\% = \frac{35{,}62\,€}{37{,}10\,€} \cdot 100\,\% \approx 96\,\%$

Rabatt: $37{,}10\,€ - 35{,}62\,€ = 1{,}48\,€$

2 (4 + 2 VP)

a) *Aus der bekannten Gesamtzahl der Einwohner und dem Prozentsatz für die Mädchen kannst du die Anzahl der Mädchen ermitteln. Damit weißt du auch, wie viele Frauen und Männer zusammen im Dorf wohnen.*
Wie viele Frauen gibt es, wenn M Männer im Dorf wohnen?

Anzahl der Mädchen

Grundwert: $G = 4320$

Prozentsatz: $p\,\% = 17{,}5\,\%$

Prozentwert: $W = G \cdot \frac{p}{100} = 4320 \cdot \frac{17{,}5}{100} = 756$

Anzahl der Jungen und Mädchen zusammen:
$648 + 756 = 1404$

Anzahl der Männer und Frauen zusammen:
$4320 - 1404 = 2916$

Anzahl der Männer:
Die Anzahl der Männer sei M. Die Anzahl der Frauen ist um 25 %, also ein Viertel, größer.
Daher gibt es $\frac{5}{4} \cdot M$ Frauen.

Folglich: $M + \frac{5}{4} \cdot M = 2916$

$\frac{9}{4} \cdot M = 2916$

$M = 2916 : \frac{9}{4}$

$M = 1296$

Die Anzahl der Frauen sei F:

$F = \frac{5}{4} \cdot M$

$F = \frac{5}{4} \cdot 1296$

$F = 1620$

Alternative
Für die Anzahl der Frauen gilt:

$F = 2916 - M$

$F = 2916 - 1296$

$F = 1620$

b) Anzahl der Jungen und Männer zusammen:
$A = 648 + 1296$
$A = 1944$

Anzahl der Mädchen und Frauen zusammen:
$B = 756 + 1620$
$B = 2376$

Grundwert: $G = 2376$ (weibliche Einwohner)

Prozentwert: $W = 1944$ (männliche Einwohner)

Prozentsatz: $p\,\% = \frac{W}{G} \cdot 100\,\% = \frac{1944}{2376} \cdot 100\,\% \approx 81{,}8\,\%$

Das Dorf hat etwa 18,2 % weniger männliche als weibliche Einwohner.

Alternative
Anteil der weiblichen Einwohner

Grundwert: $G = 4320$ *(Einwohnerzahl)*

Prozentwert: $W = 2376$ *(weibliche Einwohner)*

Prozentsatz: $p\,\% = \frac{W}{G} \cdot 100\,\% = \frac{2376}{4320} \cdot 100\,\% = 55\,\%$

Der Anteil der männlichen Einwohner ist daher 100 % – 55 %, also 45 %.

Grundwert: $G = 55\,\%$ *(Prozentsatz der weiblichen Einwohner)*

Prozentwert: $W = 45\,\%$ *(Prozentsatz der männlichen Einwohner)*

Prozentsatz: $p\,\% = \frac{W}{G} \cdot 100\,\% = \frac{45\,\%}{55\,\%} \cdot 100\,\% \approx 81{,}8\,\%$

Das Dorf hat folglich etwa 18,2 % weniger männliche als weibliche Einwohner.

3 (3 + 2 + 2 + 1 VP)

a) Das Kapital am Ende des ersten Jahres besteht aus dem angelegten Guthaben G, das 100 % entspricht, und den Zinsen, also 2,25 % von G. Zusammen beträgt das Kapital 102,25 % des angelegten Guthabens.
Man erhält also das Kapital nach einem Jahr durch Multiplikation von 20 000 € mit 1,0225.
Multipliziert man dieses Ergebnis mit 1,025, so erhält man entsprechend das Kapital nach zwei Jahren usw.

Anzahl n der Jahre	Zinssatz	Kapital nach n Jahren
1	2,25%	20450,00€
2	2,50%	20961,25€
3	2,75%	21537,68€
4	3,25%	22237,66€
5	4,00%	23127,17€
6	5,00%	24283,52€

Bemerkung
Die Berechnung erfolgt mit der vollen Taschenrechnergenauigkeit. Die Zwischenergebnisse sind auf Cent gerundet.
Wenn du nicht die Kapitalien am Ende eines jeden Jahres wissen willst, sondern dich nur für das Endkapital nach sechs Jahren interessierst, dann kannst du die Rechnung in einem Schritt erledigen.
Für das Endkapital K ergibt sich nach sechs Jahren bei den angegebenen Zinssätzen:
$K = G \cdot 1{,}0225 \cdot 1{,}025 \cdot 1{,}0275 \cdot 1{,}0325 \cdot 1{,}04 \cdot 1{,}05$
$K = 20\,000\,€ \cdot 1{,}21417618\ldots$
$K = 24\,283{,}52\,€$
b) Grundwert: G = 20 000,00 € (Anfangskapital)
Prozentwert: W = 24 283,52 € (Endkapital)
Prozentsatz:
$p\,\% = \frac{W}{G} \cdot 100\,\% = \frac{24\,283{,}52\,€}{20\,000\,€} \cdot 100\,\% \approx 121{,}4\,\%$
Das Kapital ist um etwa 21,4% angewachsen.
Grundwert: G = 24 283,52 € (Endkapital)
Prozentwert: W = 20 000,00 € (Anfangskapital)
Prozentsatz:
$p\,\% = \frac{W}{G} \cdot 100\,\% = \frac{20\,000{,}00\,€}{24\,283{,}52\,€} \cdot 100\,\% \approx 82{,}4\,\%$
Der angelegte Betrag macht etwa 82,4% des Endkapitals aus.
c) Nach dem ersten Jahr wird aus dem unbekannten Grundwert G (Anfangskapital) das 1,0225-fache von G. Nach dem zweiten Jahr wird daraus das 1,025-fache, also $(G \cdot 1{,}0225) \cdot 1{,}025$, nach dem dritten Jahr daraus wieder das 1,0275-fache, somit $G \cdot 1{,}0225 \cdot 1{,}025 \cdot 1{,}0275$.
Bedingung:
$G \cdot 1{,}0225 \cdot 1{,}025 \cdot 1{,}0275 = 13\,461{,}05\,€$
$G = \frac{13\,461{,}05\,€}{1{,}0225 \cdot 1{,}025 \cdot 1{,}0275}$
$G = 12\,500{,}00\,€$
Der Kunde hatte 12 500,00 € angelegt.
d) Grundwert: G = 2,75% (Zinssatz im dritten Jahr)
Prozentwert: W = 3,25% (Zinssatz im vierten Jahr)
Prozentsatz: $p\,\% = \frac{W}{G} \cdot 100\,\% = \frac{3{,}25\,\%}{2{,}75\,\%} \cdot 100\,\% \approx 118{,}2\,\%$
Der Zinssatz hat sich um etwa 18,2% erhöht.
Unterscheide davon: Der Zinssatz hat sich von 2,75% auf 3,25% erhöht. (Dies ist eine Erhöhung um 0,50 Prozentpunkte.)

4 (2 + 2 VP)
Diese Fragestellung ist eine häufige Fehlerquelle.
In Teilaufgabe a) beziehen sich die 20% auf den Verkaufspreis als Grundwert.
In Teilaufgabe b) beziehen sich die 20% auf den Einkaufspreis als Grundwert.
a) Grundwert: $G_1 = V$ (Verkaufspreis)
Prozentsatz: $p_1\,\% = 20\,\%$ (Aufschlag)
Prozentwert:
$W_1 = G_1 \cdot \frac{p_1}{100}$
$W_1 = V \cdot \frac{20}{100}$
$W_1 = 0{,}2 \cdot V$
Der Preis der Ware war vor dem Aufschlag $0{,}8 \cdot V$.
Dies ist jetzt der neue Grundwert.
Grundwert: $G_2 = 0{,}8 \cdot V$ (ursprünglicher Preis)
Prozentwert: $W_2 = 0{,}2 \cdot V$ (Aufschlag)
Prozentsatz:
$p_2\,\% = \frac{W_2}{G_2} \cdot 100\,\%$
$p_2\,\% = \frac{0{,}2 \cdot V}{0{,}8 \cdot V} \cdot 100\,\%$
$p_2\,\% = 25\,\%$
Der Preisaufschlag war 25%.
b) Grundwert: $G_1 = E$ (Einkaufspreis)
Prozentsatz: $p_1\,\% = 20\,\%$ (Aufschlag)
Prozentwert:
$W_1 = G_1 \cdot \frac{p_1}{100}$
$W_1 = E \cdot \frac{20}{100}$
$W_1 = 0{,}2 \cdot E$
Nach dem Preisaufschlag kostet die Ware $1{,}2 \cdot E$.
Dies ist jetzt der neue Grundwert.
Grundwert: $G_2 = 1{,}2 \cdot E$ (Verkaufspreis)
Prozentwert: $W_2 = 1 \cdot E$ (Einkaufspreis)
Prozentsatz:
$p_2\,\% = \frac{W_2}{G_2} \cdot 100\,\%$
$p_2\,\% = \frac{1 \cdot E}{1{,}2 \cdot E} \cdot 100\,\%$
$p_2\,\% \approx 83{,}3\,\%$
Der Preisaufschlag beträgt etwa 16,7%.

Bemerkung
Oft ist ein einfaches Zahlenbeispiel hilfreich:
Wenn ein Artikel für 100 € verkauft wird und der Händler 20% davon verdient, so ist der Einkaufspreis 80 €. Schlägt er auf 80 € aber 20% auf, so ist der Verkaufspreis 96 €.

Manchmal hilft auch ein Bild zur Veranschaulichung:
Verkaufspreis

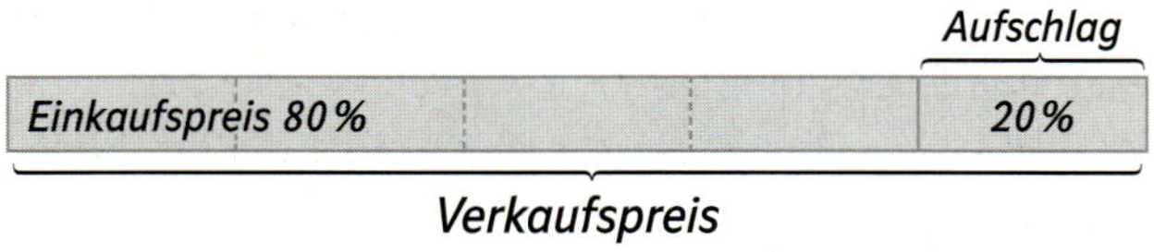

Aufschlag: 20% vom Verkaufspreis, $\frac{1}{5}$ des Verkaufspreises

Verkaufspreis

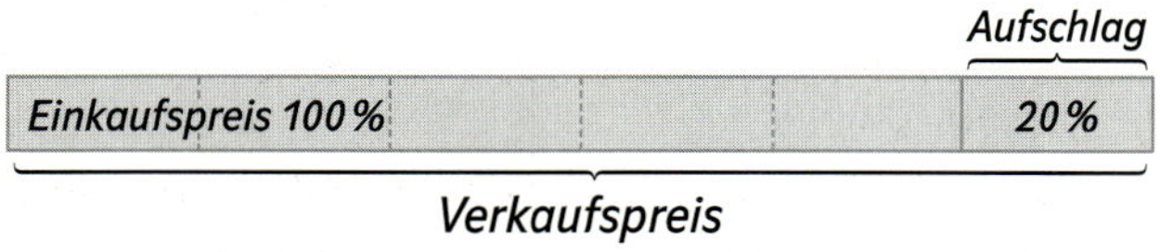

Aufschlag 20% vom Einkaufspreis, $\frac{1}{6}$ des Verkaufspreises. Dies sind etwa 16,7%.

Klassenarbeit 1.3

1 (2 + 1 + 1 + 1 VP)

a) Insgesamt gibt es 6 + 11 + 9 + 4 + 3 + 7 = 40 Orchestermitglieder.

Anteil der Violinspieler: $\frac{11}{40} = \frac{275}{1000} = \frac{27,5}{100} = 27,5\,\%$

Anteil der Querflötenspieler: $\frac{7}{40} = \frac{175}{1000} = \frac{17,5}{100} = 17,5\,\%$

b) Klarinette, Oboe, Fagott und Querflöte sind keine Streichinstrumente und werden zusammen von 23 Orchestermitgliedern gespielt.

Ihr Anteil beträgt: $\frac{23}{40} = \frac{575}{1000} = \frac{57,5}{100} = 57,5\,\%$

c) Grundwert: G = 7 (ursprüngliche Zahl der Querflöten)

Prozentwert: W = 2 (Anzahl der ausgeschiedenen Querflöten)

Prozentsatz:

$p\,\% = \frac{W}{G} \cdot 100\,\%$

$p\,\% = \frac{2}{7} \cdot 100\,\%$

$p\,\% \approx 28,6\,\%$

Die Anzahl der Querflöten hat um etwa 28,6 % abgenommen.

d) Grundwert: G = 40 (Anzahl der Orchestermitglieder)

Prozentsatz: $p\,\% = 16,2\,\%$

Prozentwert:

$W = G \cdot \frac{p}{100}$

$W = 40 \cdot \frac{16,2}{100}$

$W = 6,48$

Der behauptete Prozentsatz kann nicht stimmen, da er zu einer Personenanzahl führt, die keine natürliche Zahl ist.

2 (7 VP)

Behauptung	w	f
1. Von 1970 bis 2004 ist der PKW-Bestand auf mehr als 300% gewachsen.	x	
2. In den Jahren 1990 bis 1995 hat der Bestand um etwas weniger als 25% zugenommen.		x
3. Im Jahr 2004 hatten etwa 36,7 Millionen Fahrzeuge einen Benzinmotor.	x	
4. Im Jahr 1970 hatten mehr Fahrzeuge einen Benzinmotor als 2004.		x
5. Der Prozentsatz der Dieselfahrzeuge ist von 1970 bis 2004 um 15,3 % gestiegen.		x

Begründungen

1. Behauptung

Der Bestand wächst von 13,9 Millionen Fahrzeugen im Jahr 1970 auf 45,0 Millionen im Jahr 2004 an.

Dies ist eine Zunahme auf mehr als das Dreifache (13,9 Millionen · 3 = 41,7 Millionen < 45,0 Millionen), d.h. auf mehr als 300%.
Die Behauptung ist wahr.
2. Behauptung
Der Bestand im Jahr 1990 ist 30,7 Millionen Fahrzeuge. 25% von 30,7 Millionen sind 7,675 Millionen. 30,7 Millionen + 7,675 Millionen = 38,375 Millionen. Bei einer Zunahme um weniger als 25% wären im Jahr 1995 also weniger als 38,375 Millionen Fahrzeuge vorhanden. Tatsächlich sind es mehr, nämlich 40,4 Millionen Fahrzeuge.
Die Behauptung ist falsch.
3. Behauptung
81,5% der Fahrzeuge im Jahr 2004 hatten einen Benzinmotor. 81,5% von 45,0 Millionen sind $\frac{81,5}{100} \cdot 45$ Millionen. Dies sind etwa 36,7 Millionen.
Die Behauptung ist wahr.
4. Behauptung
96,8% aller Fahrzeuge hatten im Jahr 1970 einen Benzinmotor. 96,8% von 13,9 Millionen sind $\frac{96,8}{100} \cdot 13,9$ Millionen. Dies sind etwa 13,5 Millionen und damit weniger als 36,7 Millionen Fahrzeuge.
Die Behauptung ist falsch.
5. Behauptung
1970 waren 3,1% aller Fahrzeuge Dieselfahrzeuge, 2004 waren es 18,4%. Dies ist eine Zunahme auf mehr als das Fünffache, also sicher kein Zuwachs um 15,3%.
Die Behauptung ist falsch.

3 (5 + 2 + 2 VP)
a) Variante 1
Hier ist der volle Preis zu zahlen, also 7520 €.
Variante 2
Es werden 50% des Warenwerts anbezahlt. Dies sind $\frac{50}{100} \cdot 7520\,€ = 3760\,€$. Der Rabattsatz auf diese Anzahlung beträgt $p_2\% = 2\%$.
Nachlass:

$W_2 = G_2 \cdot \frac{p_2}{100}$

$W_2 = 3760\,€ \cdot \frac{2}{100}$

$W_2 = 75{,}20\,€$

Gesamtpreis: 7520,00 € − 75,20 € = 7444,80 €
Der Gesamtpreis beträgt 7444,80 €.
Variante 3
Es werden 80% des Warenwerts anbezahlt. Dies sind $\frac{80}{100} \cdot 7520{,}00\,€ = 6016{,}00\,€$.
Der Rabattsatz auf den Warenwert beträgt $p_3\% = 2\%$.
Nachlass:

$W_3 = G_3 \cdot \frac{p_3}{100}$

$W_3 = 7520\,€ \cdot \frac{2}{100}$

$W_3 = 150{,}40\,€$

Gesamtpreis: 7520,00 € − 150,40 € = 7369,60 €
Der Endpreis beträgt 7369,60 €.
b) Bei Bestellung werden 2548 € bezahlt. Der Nachlass war 2% der Anzahlung. Zum Prozentwert W = 2548 € gehört also der Prozentsatz p% = 98%.
Anzahlung:

$G = \frac{W}{p} \cdot 100$

$G = \frac{2548\,€}{98} \cdot 100$

$G = 2600\,€$

Da die Anzahlung 50% des Warenwerts beträgt, muss der Kunde bei Lieferung noch 50% zahlen, also 2600,00 €.
c) Bei Bestellung werden 2652 € bezahlt. Dies sind 78% des Warenwerts, da er 2% Nachlass erhält. Zum Prozentwert W = 2652 € gehört also der Prozentsatz p% = 78%.
Warenwert:

$G = \frac{W}{p} \cdot 100$

$G = \frac{2652\,€}{78} \cdot 100$

$G = 3400\,€$

Die Bestellung hat daher den Wert 3400,00 €.

4 (3 VP)
Das ursprüngliche Rechteck habe die Seitenlängen a_1 und b_1 und den Flächeninhalt $A_1 = a_1 \cdot b_1$.
Das neue Rechteck hat dann die Seitenlängen:

$a_2 = a_1 - \frac{20}{100} \cdot a_1 = 0{,}8 \cdot a_1$

$b_2 = b_1 + \frac{30}{100} \cdot b_1 = 1{,}3 \cdot b_1$

Flächeninhalt des neuen Rechtecks:

$A_2 = a_2 \cdot b_2$

$A_2 = (0{,}8 \cdot a_1) \cdot (1{,}3 \cdot b_1)$

$A_2 = (0{,}8 \cdot 1{,}3) \cdot (a_1 \cdot b_1)$

$A_2 = 1{,}04 \cdot (a_1 \cdot b_1)$

$A_2 = 1{,}04 \cdot A_1$

Der neue Flächeninhalt ist um 4% größer als der ursprüngliche Flächeninhalt.
Bemerkungen
Es kann hilfreich sein, wenn du für deine Überlegung zunächst konkrete Maße des Rechtecks wählst, etwa $a_1 = 200$ m, $b_1 = 100$ m. Dann kannst du die neuen Seitenlängen $a_2 = 160$ m und $b_2 = 130$ m leicht ermitteln und die Flächeninhalte der beiden Rechtecke berechnen.
Die allgemeine Überlegung zeigt aber, dass das Ergebnis unabhängig von den gewählten Maßen ist.

Klassenarbeit 1.4

1 (3 + 1 + 1 + 2 + 1 VP)
a) Der Grundwert ist jeweils die gesamte Teilnehmerzahl G = 1707.
Die in den einzelnen Altersklassen angegebenen Teilnehmerzahlen sind die Prozentwerte.
Für die Prozentzahlen gilt jeweils $p = \frac{W}{G} \cdot 100$.
Damit erhält man der Reihe nach:

$p_1 = \frac{360}{1707} \cdot 100 = 21{,}089\ldots \approx 21{,}1$

$p_2 = \frac{174}{1707} \cdot 100 = 10{,}193\ldots \approx 10{,}2$

$p_3 = \frac{473}{1707} \cdot 100 = 27{,}709\ldots \approx 27{,}7$

$p_4 = \frac{349}{1707} \cdot 100 = 20{,}445\ldots \approx 20{,}4$

$p_5 = \frac{160}{1707} \cdot 100 = 9{,}373\ldots \approx 9{,}4$

$p_6 = \frac{58}{1707} \cdot 100 = 3{,}397\ldots \approx 3{,}4$

Alter in Jahren	Teilnehmerzahl	Prozentzahl
a < 18	360	21,1
18 ≦ a < 25	174	10,2
25 ≦ a < 35	473	27,7
35 ≦ a < 50	349	20,4
50 ≦ a < 65	160	9,4
a ≧ 65	58	3,4

b) Es gilt: $p_1 + p_2 + p_3 + p_4 + p_5 + p_6 = 92{,}2$
92,2 % aller Teilnehmer machten eine Altersangabe.
Folglich gaben 7,8 % der Teilnehmer ihr Alter nicht an.
Alternative
Man kann auch alle in der Tabelle vorkommenden Teilnehmerzahlen addieren. Dies sind 1574 Teilnehmer von 1707 Teilnehmern. Der Anteil der Teilnehmer, die eine Altersangabe machten, ist folglich $\frac{1574}{1707} = 0{,}922\ldots$
Dies sind etwa 92,2 %.
c) Gesamtzahl der Teilnehmer: G = 1707.
Davon sind p % = 81,1 % weiblich.
Anzahl der weiblichen Teilnehmer:

$W = \frac{G}{100} \cdot p$

$W = \frac{1707}{100} \cdot 81{,}1$

$W = 1384{,}377$

Somit sind 1384 Teilnehmer weiblich.
d) Teilnehmerzahl der jüngsten Altersklasse: $G_1 = 360$.
Davon belegen p % = 37% einen Computerkurs.
Anzahl der Teilnehmer am Computerkurs:

$W = \frac{G_1}{100} \cdot p$

$W = \frac{360}{100} \cdot 37$

$W = 133{,}2$

In dieser Altersklasse besuchen 133 Teilnehmer einen Computerkurs.
Anzahl der Teilnehmer: G = 1707.
Anzahl der Teilnehmer der jüngsten Altersklasse am Computerkurs: W = 133.
Prozentsatz:

$p = \frac{W}{G} \cdot 100$

$p = \frac{133}{1707} \cdot 100$

$p = 7{,}791\ldots$

Dies sind etwa 7,8 % aller Teilnehmer.
e) Gesamtzahl der Teilnehmer an Computerkursen in dieser Altersklasse: G = 72 + 27 = 99.
Anzahl der Frauen: W = 72.
Prozentsatz:

$p = \frac{W}{G} \cdot 100$

$p = \frac{72}{99} \cdot 100$

$p = 72{,}727\ldots$

Somit sind etwa 72,7 % der Teilnehmer Frauen.

2 (1 + 2 VP)
a) Ein Viertel der gesamten Ausgaben entfallen auf Lebensmittel, Kosmetik, usw. Dies sind 25 %.
Prozentsatz, der gespart wird:
100 % − (23 % + 25 % + 18 % + 8 % + 16 %)
= 100 % − 90 %
= 10 %
b) Miete und Mietnebenkosten entsprechen p % = 23 % des Monatseinkommens. Der Prozentwert ist W = 855,50 €.
Grundwert:

$G = \frac{W}{p} \cdot 100$

$G = \frac{885{,}50\,€}{23} \cdot 100$

$G = 3850\,€$

Das Monatseinkommen beträgt 3850,00 €.

3 (4 VP)
Angebot 1
Gesamtpreis: 289,00 € + 14,00 € = 303,00 €
Beim Versandhaus müsste Anna 303,00 € zahlen.
Angebot 2
Grundwert: G = 259,00 €
(Preis ohne Mehrwertsteuer)
Prozentsatz: p % = 119 %
Prozentwert:

$W = \frac{G}{100} \cdot p$

$W = \frac{259\,€}{100} \cdot 119$

$W = 308{,}21\,€$

Inklusive Mehrwertsteuer kostet das Mountainbike 308,21 €.
Grundwert: G = 308,21 €
Prozentsatz: p % = 98 %

Prozentwert:

$W = \frac{G}{100} \cdot p$

$W = \frac{308{,}21\,€}{100} \cdot 98$

$W = 302{,}05\,€$

Der Endpreis beim Fahrradhändler beträgt 302,05 €.
Angebot 3
Grundwert: G = 379,00 €
Prozentsatz: p % = 80 %
Prozentwert:

$W = \frac{G}{100} \cdot p$

$W = \frac{379\,€}{100} \cdot 80$

$W = 303{,}20\,€$

Im Kaufhaus müsste Anna 303,20 € zahlen.
Das Angebot beim Fahrradhändler am Ort ist das günstigste.

4 (1 + 2 + 2 VP)
a) Grundwert: G = 1,59 € (ursprünglicher Preis)
Prozentwert: W = 0,99 € (reduzierter Preis)
Prozentsatz:

$p\,\% = \frac{W}{G} \cdot 100\,\%$

$p\,\% = \frac{0{,}99\,€}{1{,}59\,€} \cdot 100\,\%$

$p\,\% \approx 62{,}3\,\%$

Der reduzierte Preis beträgt etwa 62,3 % des ursprünglichen Preises. Die Preisreduzierung entspricht daher etwa 37,7%.
Die Behauptung ist wahr.
b) In runder Klammer ist der Preis von 0,99 € für eine Literflasche angegeben. Da die angebotene Flasche tatsächlich 0,99 € kostet, muss sie einen Liter Kernol enthalten.
Grundwert: G = 750 ml (ursprünglicher Inhalt)
Prozentwert: W = 1000 ml (neuer Inhalt)
Prozentsatz:

$p\,\% = \frac{W}{G} \cdot 100\,\%$

$p\,\% = \frac{1000\,ml}{750\,ml} \cdot 100\,\%$

$p\,\% \approx 133{,}3\,\%$

Die Flasche enthält also etwa 33,3 % mehr Inhalt.
Die Behauptung ist wahr.
c) Hier ist es zweckmäßig, die Preise für die gleiche Menge, z. B. ein Milliliter zu vergleichen!
Ursprünglicher Preis je Milliliter:
1,59 € : 750 = 0,00212 €
Neuer Preis je Milliliter
0,99 € : 1000 = 0,00099 €
Grundwert: G = 0,00212 € (alter Preis)
Prozentwert: W = 0,00099 € (neuer Preis)
Prozentsatz:

$p\,\% = \frac{W}{G} \cdot 100\,\%$

$p\,\% = \frac{0{,}00099\,€}{0{,}00212\,€} \cdot 100\,\%$

$p\,\% \approx 46{,}7\,\%$

Der neue Preis je Milliliter beträgt nur noch etwa 46,7 % des ursprünglichen. Der alte Preis ist also um mehr als 53 % reduziert worden.
Die Aussage von Paul ist daher falsch.
Die Aussage von Sandra kann gar nicht stimmen, denn eine Abnahme um 100 % würde bedeuten, dass die Ware umsonst abgegeben würde.

5 (4 VP)
Grundwert: G = 5 kg (frische Pilze)
Prozentsatz: p % = 92 % (Wasseranteil)
Prozentwert:

$W = \frac{G}{100} \cdot p$

$W = \frac{5\,kg}{100} \cdot 92$

$W = 4{,}6\,kg$

Frische Pilze vom Gewicht 5 kg enthalten 4,6 kg Wasser. Der eigentliche Pilzanteil ist lediglich 0,4 kg. Wenn der Wasseranteil nach der Trocknung 60 % beträgt, dann macht der reine Pilzanteil von 0,4 kg noch 40 % aus. Somit entsprechen 0,1 kg noch 10 % und 1 kg folglich 100 %.
Nach dem Trocknen hat man also noch 1 kg Pilze.
Grundwert: G = 5 kg (frische Pilze)
Prozentwert: W = 1 kg (getrocknete Pilze)
Prozentsatz:

$p\,\% = \frac{W}{G} \cdot 100\,\%$

$p\,\% = \frac{1\,kg}{5\,kg} \cdot 100\,\%$

$p\,\% = 20\,\%$

Das Gewicht der Pilze hat auf 20 % des ursprünglichen Gewichts, also um 80 % abgenommen.

Pinboard – Häufigkeiten und Wahrsch

Absolute und relative Häufigkeit

Definition

Wenn man ein Zufallsexperiment n-mal durchführt und dabei n_1-mal das Ergebnis E_1, n_2-mal das Ergebnis E_2, usw. erhält, so nennt man die Zahlen n_1, n_2, usw. die absoluten Häufigkeiten für die Ergebnisse E_1, E_2, usw.
Absolute Häufigkeiten sind also Anzahlen.
Addiert man alle absoluten Häufigkeiten, so erhält man die Gesamtzahl der Ergebnisse des Zufallsexperiments.

Definition

Wenn man die absolute Häufigkeit n_1 mit der ein Ergebnis E_1 aufgetreten ist, durch die Gesamtzahl n der Ergebnisse des Zufallsexperiments teilt, dann nennt man den Quotienten $\frac{n_1}{n}$ die relative Häufigkeit des Ergebnisses E_1.
Entsprechendes gilt für die anderen Ergebnisse.
Die relative Häufigkeit ist also der Anteil der entsprechenden Anzahl an der Gesamtzahl.
Addiert man alle relativen Häufigkeiten, so erhält man 1.

Beispiel

Beim 30-maligen Werfen eines normalen Spielwürfels erhält man die folgenden Ergebnisse.

Ergebnis	1	2	3	4	5	6
Absolute Häufigkeit	5	7	7	4	3	4
Relative Häufigkeit	$\frac{5}{30}=\frac{1}{6}$	$\frac{7}{30}$	$\frac{7}{30}$	$\frac{4}{30}=\frac{2}{15}$	$\frac{3}{30}=\frac{1}{10}$	$\frac{4}{30}=\frac{2}{15}$

„Ich weiß genug über Wahrscheinlichkeit, um ausrechnen zu können, wie oft ich in diesem Monat fernsehen darf."

Aus der Zeitung

„Fuhr vor einigen Jahren noch jeder zehnte Autofahrer zu schnell, so ist es mittlerweile heute nur noch jeder fünfte. Doch auch fünf Prozent sind zu viele, und so wird weiterhin kontrolliert, und die Schnellfahrer haben zu zahlen."

Zusammenfassen von Ergebnissen

Summenregel

Manchmal fasst man mehrere Ergebnisse eines Zufallsexperiments zu einem einzigen neuen Ergebnis zusammen.
Man berechnet die Wahrscheinlichkeit für dieses neue Ergebnis, indem man die Wahrscheinlichkeiten für die Einzelergebnisse addiert.

Beispiel

Wie groß ist die Wahrscheinlichkeit dafür, beim Werfen mit einem normalen Spielwürfel eine Zahl kleiner als 3 zu erhalten?
Das neue Ergebnis tritt genau dann ein, wenn eine „1" oder eine „2" geworfen wird.
Die Wahrscheinlichkeiten für das Werfen einer „1" bzw. einer „2" sind jeweils $\frac{1}{6}$. Eine Zahl kleiner als 3 wird daher mit der Wahrscheinlichkeit $\frac{1}{6}+\frac{1}{6}=\frac{1}{3}$ geworfen.

Wahrscheinlichkeit

Definition

Wenn man ein Zufallsexperiment sehr oft wiederholt, dann kann man häufig erkennen, welchen Anteil an allen Ergebnissen man für ein bestimmtes Ergebnis erwarten kann. Diese erwartete Zahl heißt Wahrscheinlichkeit des Ergebnisses.
Wahrscheinlichkeiten gibt man als Bruchzahl, als Dezimalzahl oder als Prozentsatz an.
Oft kann man diesen Anteil bereits durch die Festlegung der Versuchsanordnung des Zufallsexperiments erkennen.

Beispiele

Beim Werfen einer Münze wird man erwarten, dass in der Hälfte aller Fälle „Kopf" oben liegt und in der anderen Hälfte „Zahl".
Man sagt: Die Wahrscheinlichkeit für „Kopf" ist $\frac{1}{2}$ oder 0,5 oder 50 %.
Bei der tatsächlichen Durchführung des Zufallsexperiments wird man mit zunehmender Anzahl der Versuche erkennen, dass sich die relativen Häufigkeiten für „Kopf" bzw. „Zahl" dem Wert 0,5 annähern.
Beim Drehen des Glücksrads wird man erwarten, dass man in etwa einem Sechstel der Fälle die Zahl 1, in einem Viertel der Fälle die Zahl 2 und in sieben Zwölftel aller Fälle die Zahl 3 erhält.
Man sagt, die Wahrscheinlichkeit für das Eintreffen des Ergebnisses 1 ist $\frac{1}{6}$, für das Eintreffen des Ergebnisses 2 ist $\frac{1}{4}$ und für das Eintreffen des Ergebnisses 3 ist $\frac{7}{12}$.

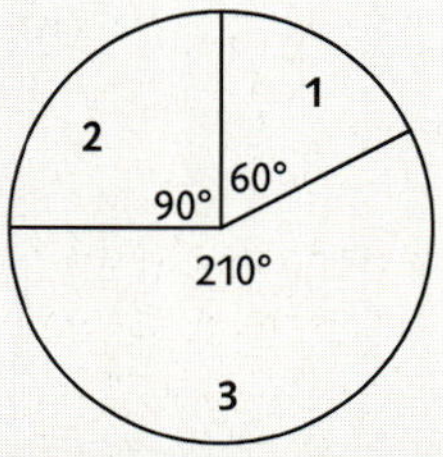

Das Ziegenproblem

In einer Fernsehsendung ist als Hauptpreis ein Auto vorgesehen. Der Gewinner wird vor eine Wand mit drei Türen geführt. Hinter einer dieser Türen steht das Auto, hinter den anderen beiden Türen je eine Ziege. Der Gewinner darf nun eine dieser drei Türen auswählen. Hat er seine Wahl getroffen, öffnet der Moderator eine der anderen beiden Türen, hinter der eine Ziege steht. Jetzt muss der Spieler entscheiden: Soll er bei seiner zuerst gewählten Tür bleiben oder aufgrund dieser neuen Information die dritte Tür wählen?
Wie würdest du dich entscheiden?
Kannst du deine Entscheidung begründen?
Aber Vorsicht: Eine vorschnelle Antwort ist meist falsch!
Tipp: Du kannst das Spiel mit Spielkarten und einem Würfel simulieren!

Mehrstufige Zufallsversuche – die Pfadregel

Definition

Wenn man ein Zufallsexperiment mehrmals wiederholt und nicht jedes einzelne Ergebnis sondern die Abfolge all dieser Einzelergebnisse als Ergebnis betrachtet, so spricht man von einem mehrstufigen Zufallsexperiment.
Ein mehrstufiges Zufallsexperiment kann mit Hilfe eines Baumdiagramms beschrieben werden. An den einzelnen Zweigen des Baumes notiert man die Wahrscheinlichkeiten für die Einzelergebnisse. Das Ergebnis eines mehrstufigen Experiments kann dann am Ende eines Weges (Pfades) entlang der Zweige notiert werden.

Pfadregel

Die Wahrscheinlichkeit für das Ergebnis eines mehrstufigen Zufallsexperiments erhält man durch Multiplikation aller Wahrscheinlichkeiten entlang des zugehörigen Pfades.

Beispiel

Peter trifft bei einem Freiwurf im Basketball-Spiel mit einer Wahrscheinlichkeit von 70% den Korb. Im Laufe eines Spiels führt er drei Freiwürfe aus.
Mit welcher Wahrscheinlichkeit trifft er dreimal?
Mit welcher Wahrscheinlichkeit trifft er nur beim zweiten Mal?
Mit welcher Wahrscheinlichkeit trifft er zweimal?

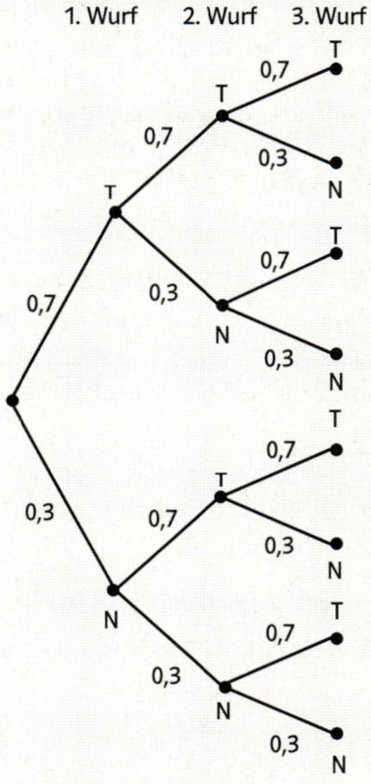

Ergebnis	Wahrscheinlichkeit
TTT	$p(TTT) = 0{,}7 \cdot 0{,}7 \cdot 0{,}7$
TTN	$p(TTN) = 0{,}7 \cdot 0{,}7 \cdot 0{,}3$
TNT	$p(TNT) = 0{,}7 \cdot 0{,}3 \cdot 0{,}7$
TNN	$p(TNN) = 0{,}7 \cdot 0{,}3 \cdot 0{,}3$
NTT	$p(NTT) = 0{,}3 \cdot 0{,}7 \cdot 0{,}7$
NTN	$p(NTN) = 0{,}3 \cdot 0{,}7 \cdot 0{,}3$
NNT	$p(NNT) = 0{,}3 \cdot 0{,}3 \cdot 0{,}7$
NNN	$p(NNN) = 0{,}3 \cdot 0{,}3 \cdot 0{,}3$

Mit der Pfadregel ergibt sich:
$p(TTT) = 0{,}7 \cdot 0{,}7 \cdot 0{,}7 = 0{,}343$
$p(NTN) = 0{,}3 \cdot 0{,}7 \cdot 0{,}3 = 0{,}063$
Mit der Pfadregel und der Summenregel ergibt sich:
$p(TTN) + p(TNT) + p(NTT) = 0{,}7^2 \cdot 0{,}3 + 0{,}7 \cdot 0{,}3 \cdot 0{,}7 + 0{,}3 \cdot 0{,}7^2 = 0{,}441$

Bist du sicher?

1 Aus den drei Ziffern 1, 2 und 3 sollen dreistellige Zahlen gebildet werden. In jeder Zahl muss jede der drei Ziffern vorkommen.
a) Wie viele derartige Zahlen gibt es?
b) Wie lautet das entsprechende Ergebnis bei vier Ziffern und vierstelligen Zahlen?

2 Aus einem Beutel mit 20 Kugeln, die mit den natürlichen Zahlen von 1 bis 20 beschriftet sind, wird eine Kugel zufällig gezogen.
a) Mit welcher Wahrscheinlichkeit ist die Kugelaufschrift eine durch 3 teilbare Zahl?
b) Nachdem die Kugel mit der Aufschrift „9" gezogen wurde, entnimmt man dem Beutel eine weitere Kugel. Wie groß ist nun die Wahrscheinlichkeit dafür, dass die Kugelaufschrift eine durch 3 teilbare Zahl ist?

3 In einem Beutel liegen drei Kugeln, die mit den Buchstaben „O", „M" und „A" beschriftet sind.
a) Du greifst dreimal nacheinander in den Beutel und holst jeweils eine Kugel heraus, notierst den entsprechenden Buchstaben und legst die Kugel wieder zurück. Mit welcher Wahrscheinlichkeit entsteht dabei das Wort OMA?
b) Mit welcher Wahrscheinlichkeit entsteht das Wort OMA, wenn du die gezogenen Kugeln nicht mehr zurücklegst?

4 Ein Glücksrad hat drei Kreisausschnitte mit den Mittelpunktswinkeln 90°, 120° und 150°, die (in dieser Reihenfolge) rot, grün und blau angemalt sind. Das Rad wird dreimal gedreht. Zeichne einen Baum für diesen dreistufigen Zufallsversuch. Beantworte damit: Mit welcher Wahrscheinlichkeit wird bei dreimaligem Drehen
a) immer die Farbe „rot" erscheinen?
b) beim ersten Drehen „rot", beim zweiten Drehen „grün", beim dritten „blau" erscheinen?
c) höchstens einmal die Farbe „grün" erscheinen?
d) jede der drei Farben einmal erscheinen?
e) niemals die Farbe „blau" erscheinen?

Lösungen

1 a) 6 b) 24 **2** a) $\frac{3}{10}$ b) $\frac{5}{19}$ **3** a) $\frac{1}{3} \cdot \frac{1}{3} \cdot \frac{1}{3} = \frac{1}{27}$ b) $\frac{1}{3} \cdot \frac{1}{2} \cdot \frac{1}{1} = \frac{1}{6}$ **4** a) $\frac{1}{4} \cdot \frac{1}{4} \cdot \frac{1}{4} = \frac{1}{64}$ b) $\frac{1}{4} \cdot \frac{1}{3} \cdot \frac{5}{12} = \frac{5}{144}$ c) $\frac{20}{27}$ (rrr, rrg, rrb, rgr, rgb, rbr, rbg, rbb, grr, grb, gbr, gbb, brr, brg, brb, bgr, bgb, bbr, bbg, bbb) d) $\frac{5}{24}$ (rgb, rbg, grb, gbr, brg, bgr) e) $\frac{343}{1728}$ (rrr, rrg, rgr, rgg, grr, grg, ggr, ggg)

Klassenarbeit 2.1

Anfangszeit: ____________ + 45 Minuten → Abgabe: ____________

1 (4 VP)
Eine Großstadt vergibt Autokennzeichen mit einem Buchstaben und drei Ziffern oder zwei Buchstaben und zwei Ziffern oder einem Buchstaben und vier Ziffern.
Wie viele verschiedene Autokennzeichen sind damit möglich, wenn keine Zahl mit 0 beginnt?

2 (2 + 2 + 2 VP)
Ein Spielautomat enthält drei nebeneinanderlaufende Rollen, die sich unabhängig voneinander drehen und auch angehalten werden können. Jede der Rollen ist auf ihrem Umfang mit den Ziffern 0, 1, 2, …, 9 beschriftet. Auf jeder Rolle kommt jede dieser Ziffern genau einmal vor.

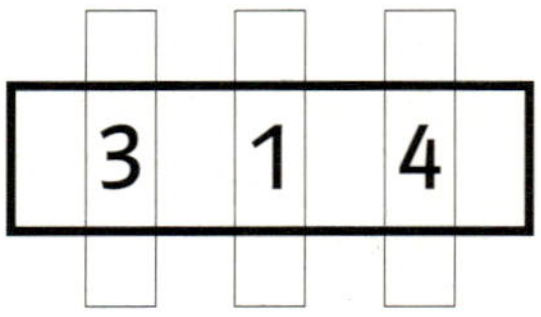

a) Der faule Spieler startet das Spiel und lässt die Rollen von alleine zum Stehen kommen.
Mit welcher Wahrscheinlichkeit kommen die Ergebnisse 314 bzw. 333 zustande?
b) Man gewinnt, wenn eine Zahl aus drei gleichen Ziffern angezeigt wird.
Wie groß ist die Wahrscheinlichkeit für einen Gewinn?
c) Durch einen Elektronikfehler zeigen die linke und die mittlere Rolle immer übereinstimmende Ziffern an.
Mit welcher Wahrscheinlichkeit zeigt der Automat drei gleiche Ziffern an?

3 (4 + 4 VP)

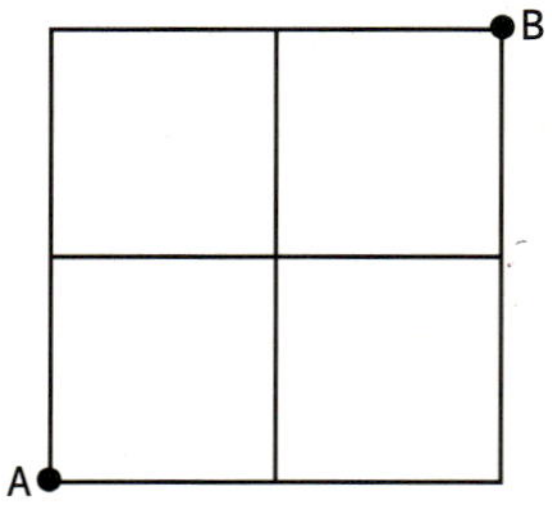

a) Wie viele Möglichkeiten gibt es, auf kürzestem Weg auf den Linien von A nach B zu gelangen?
Beantworte die Frage unter Verwendung eines geeigneten Baumdiagramms.
b) Nun soll eine aus einem Beutel gezogene Kugel einen Weg von A nach B bestimmen.
Beschreibe den möglichen Inhalt des Beutels und die Art und Weise der Ziehung.

4 (2 + 2 + 2 VP)
Das abgebildete, aber noch unzerschnittene Tangram-Puzzle wird mit der Bildseite auf den Tisch gelegt.
Du stichst mit der Zirkelspitze von der Rückseite durch das Quadrat.
a) Mit welcher Wahrscheinlichkeit triffst du das Dreieck (Fläche 1)?
b) Mit welcher Wahrscheinlichkeit triffst du den quadratischen Teil (Fläche 5)?
c) Wie groß ist die Wahrscheinlichkeit, das Parallelogramm (Fläche 4) zu treffen?

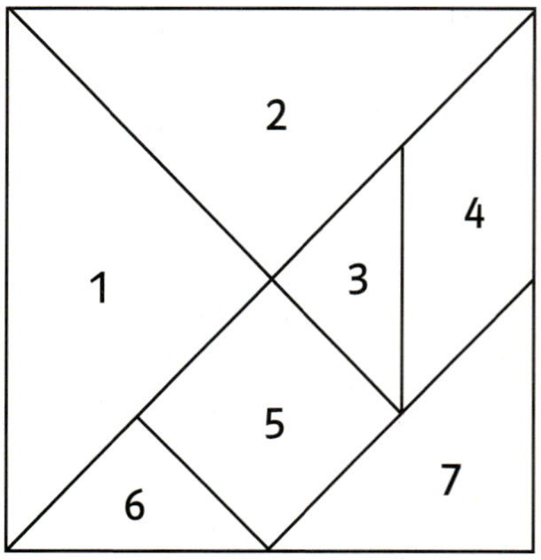

Lerntipps

zu Aufgabe 3
a) Von A nach B musst du immer vier Schritte machen.
Zwei dieser vier Schritte müssen nach rechts, zwei nach oben erfolgen.
zu Aufgabe 4
Wie groß sind die Anteile der Flächenstücke an der Gesamtfläche des Quadrats? Das kannst du ohne Rechnung sehen!

Anfangszeit: ____________ + 45 Minuten → Abgabe: ____________

1 (2 + 2 VP)
Ein gewöhnlicher Spielwürfel wird 24-mal geworfen. Dabei erhält man die folgende Häufigkeitstabelle.

Punktzahl	1	2	3	4	5	6
Anzahl	5	4	3	4	3	5

a) Berechne den Mittelwert und den Median.
b) Wirft man den Würfel ein weiteres Mal, so ergibt sich für alle Würfe die durchschnittliche Augenzahl 3,4. Welche Augenzahl zeigte dieser 25. Wurf?

2 (2 + 2 + 2 VP)
Die beiden Diagramme zeigen die Ergebnisse einer repräsentativen Befragung von 18-bis 30-Jährigen.
Frage 1: Würden Sie gerne in einem anderen Land als Deutschland leben?
Frage 2: Falls ja, in welchem Land würden Sie gerne leben?
a) Gib die relative Häufigkeit derer an, die sich nicht vorstellen können in einem anderen Land zu leben.
Wie viele unter 12 Millionen Bundesbürgern dieser Altersgruppe sind dies?
b) Wie groß ist die relative Häufigkeit der Personen dieser Altersgruppe, die gerne in Spanien leben würden?
c) Wie viele Personen dieser Altersgruppe würden gerne in Italien oder der Schweiz leben?

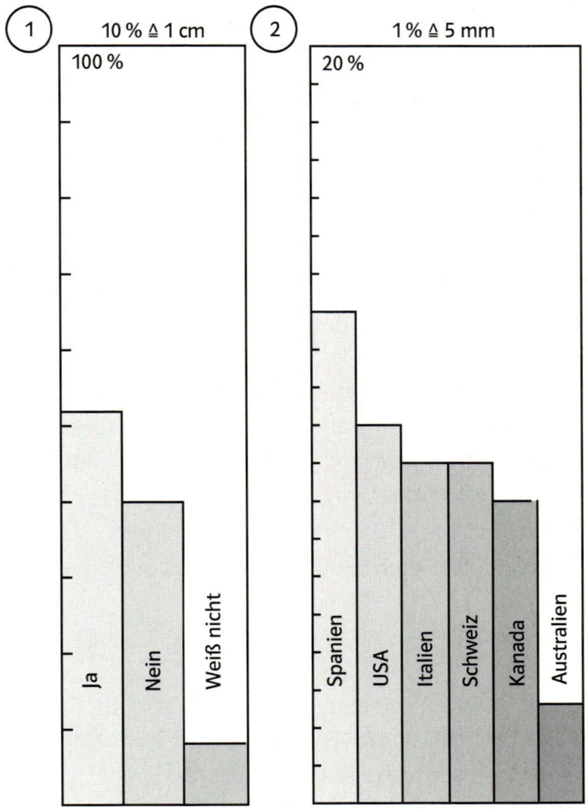

3 (1 + 1 + 1 + 2 VP)
Ein gewöhnlicher Spielwürfel wird dreimal geworfen.
Wie groß ist die Wahrscheinlichkeit dafür, dass
a) dreimal „1“ geworfen wird?
b) keine „2“ vorkommt?
c) nur Zahlen größer als 3 erscheinen?
d) mindestens einmal „6“ auftritt?

4 (3 + 1 + 2 VP)
Ein Glücksrad hat zwei Felder, die rot bzw. grün gefärbt sind. Ein Spieler darf das Rad drehen. Zeigt es „rot“, ist das Spiel sofort beendet. Zeigt es „grün“, darf erneut gedreht werden. Es darf allerdings höchstens dreimal gedreht werden.
a) Zeichne ein Baumdiagramm für dieses Zufallsexperiment.
b) Mit welcher Wahrscheinlichkeit erhält ein Spieler dreimal „grün“?
c) Wie groß ist die Wahrscheinlichkeit dafür, dass das Spiel nach höchstens zwei Drehungen beendet ist?

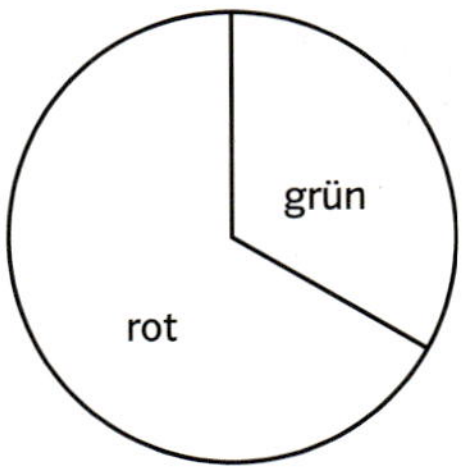

5 (3 VP)
In einem Beutel befinden sich die fünf abgebildeten Zettel.

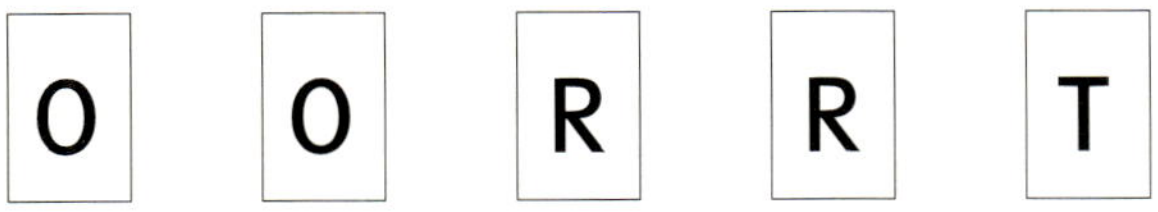

Du ziehst nacheinander drei dieser Zettel heraus und legst sie in der Reihenfolge der Ziehung von links nach rechts nebeneinander hin.
Was ist wahrscheinlicher: Die Ziehung des Wortes TOR oder des Wortes ROT?

Klassenarbeit 2.3

Anfangszeit: ____________ + 45 Minuten → Abgabe: ____________

1 (2 VP)
Ein Autohändler bietet bei einem bestimmten Fahrzeugtyp acht verschiedene Lackierungen, drei verschiedene Motoren, vier verschiedene Polsterungen an. Als Zusatzausstattung kann man jeweils wählen: Schiebedach, CD-Player, Automatik-Getriebe und Navigationssystem.
In der Ausstellungshalle stehen sechs verschiedene Fahrzeuge dieses Typs.
Mit welcher Wahrscheinlichkeit kann ein Kunde, der sich vorher genau auf seine Wünsche festgelegt hat, sein Fahrzeug in der Halle vorfinden?

2 (4 VP)
Ein Holzwürfel der Kantenlänge 3 cm wird mit grüner Farbe angemalt und anschließend in Würfelchen der Kantenlänge 1 cm zersägt.
Gib die relativen Häufigkeiten der Würfelchen mit keiner, einer, zwei, drei grünen Seitenflächen an.

3 (2 + 2 VP)
a) Wie viele vierstellige Zahlen kann man aus den Ziffern 1, 2, 3 und 4 bilden, wenn in jeder Zahl jede Ziffer genau einmal vorkommen soll?
b) Jede dieser Zahlen wird auf einen Zettel geschrieben und alle Zettel werden in einen Beutel geworfen. Aus diesem Beutel werden zufällig Zettel gezogen, ihre Aufschrift nebeneinander notiert und die Zettel vernichtet.
Mit welcher Wahrscheinlichkeit zieht man eine Zahl, die mit 34 beginnt?
Mit welcher Wahrscheinlichkeit wird beim zweiten Ziehen die Zahl wieder mit 34 beginnen?

4 (3 + 3 + 2 VP)
a) Das abgebildete Glücksrad wird gedreht.
Mit welcher Wahrscheinlichkeit weist der Zeiger auf jedes der vier Felder?
Mit welcher Wahrscheinlichkeit weist der Zeiger auf eine gerade Zahl?
b) Zeichne ein Glücksrad mit den Beschriftungen „1“, „2“ und „3“, bei dem der Zeiger mit der Wahrscheinlichkeit von 20 % auf „1“ zeigt und mit der Wahrscheinlichkeit von 50 % auf „2“.
Wie groß ist die Wahrscheinlichkeit dafür, dass eine „2“ oder eine „3“ angezeigt wird?
c) Zeichne ein Glücksrad mit den Beschriftungen „1“, „2“ und „3“ bei dem der Zeiger mit der Wahrscheinlichkeit von 40 % auf „1“ oder „2“ weist.

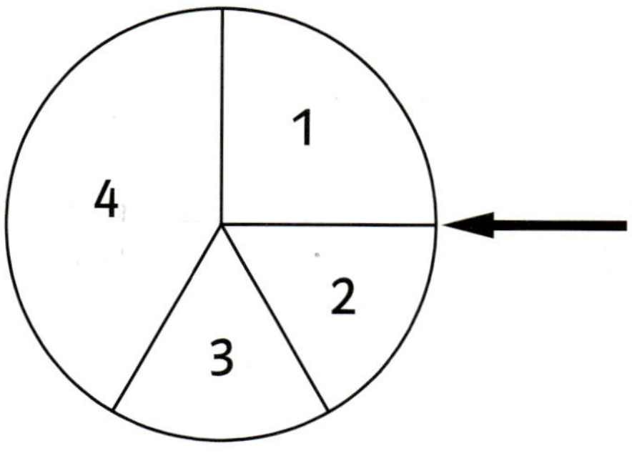

5 (2 + 3 + 1 VP)
Zwei Spielwürfel werden wiederholt geworfen. Dabei ergeben sich folgende Häufigkeitstabellen.

Würfel 1

Augenzahl	1	2	3	4	5	6
Absolute Häufigkeit	17	14	15	18	17	19

Würfel 2

Augenzahl	1	2	3	4	5	6
Absolute Häufigkeit	35	30	41	29	40	n_6

Das arithmetische Mittel der Wurfergebnisse des zweiten Würfels ist 3,42.
a) Berechne das arithmetische Mittel der Wurfergebnisse von Würfel 1 und den Median.
b) Mit welcher absoluten und welcher relativen Häufigkeit kommt das Ergebnis 6 beim zweiten Würfel vor?
c) Nun fasst man beide Wurfserien zu einer einzigen Serie zusammen.
Wie groß ist das arithmetische Mittel dieser zusammengefassten Serie?

Anfangszeit: ____________ + 45 Minuten → Abgabe: ____________

1 (4 VP)
Sibylle verschickt einen Brief, der 2,20 € Porto kostet. Sie hat zwei Sorten von 55-Cent-Briefmarken zur Verfügung und möchte von jeder Sorte zwei Marken verwenden. Sie will die vier Marken alle in einer Reihe nebeneinander kleben.
Bestimme mithilfe eines Baumdiagramms, auf wie viele Arten sie den Brief frankieren kann.

2 (2 + 1 VP)
Hans trainiert „Torwandschießen". Nach längerer Übungszeit behauptet er: „Wenn ich drei Schuss auf die untere Toröffnung abgebe, habe ich in 70 % aller Versuche zu je drei Schuss genau einen Treffer, bei jedem vierten Versuch treffe ich zweimal und sonst sogar dreimal."
a) Wie oft trifft er wohl bei 100 Versuchen zu je drei Schuss durch die Toröffnung?
b) Bei einem Versuch trifft Hans beim ersten Schuss die Toröffnung.
Mit welcher Wahrscheinlichkeit trifft er nun beim zweiten oder beim dritten Schuss?

3 (2 + 2 + 3 VP)
Ein Fahrradhändler führt eine Rabattaktion durch, bei der Kunden um den Rabatt würfeln dürfen.
a) Deine Eltern kaufen dir ein Fahrrad für 295,00 €.
Mit welcher Wahrscheinlichkeit erhalten sie 5,90 € Rabatt?
b) Dein Freund hat ein Fahrrad gekauft, eine „5" gewürfelt und 17,45 € Rabatt erhalten.
Was musste er für sein Fahrrad bezahlen?
c) Herr Radler ist Stammkunde und darf zweimal würfeln, wenn er beim ersten Wurf keine „6" würfelt.
Zeichne ein Baumdiagramm und beantworte damit, mit welcher Wahrscheinlichkeit er 10 % Rabatt erhält.

4 (3 + 4 VP)
Das Fußballspiel FC Bayern München gegen VfB Stuttgart muss wegen Störung der Flutlichtanlage ausfallen. Die beiden Spielführer beschließen, das Ergebnis auszuwürfeln. Der Gastgeber FC Bayern München darf einen der drei Würfel auswählen und werfen. Anschließend wählt der VfB Stuttgart einen der verbliebenen Würfel und wirft ebenfalls. Die geworfenen Zahlen bedeuten die vom jeweiligen Verein erzielten Tore.

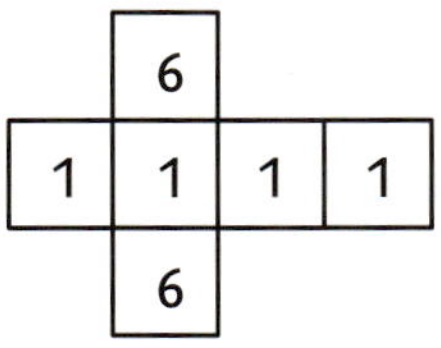

Würfel 1

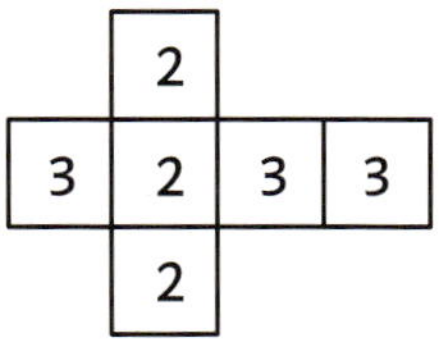

Würfel 2

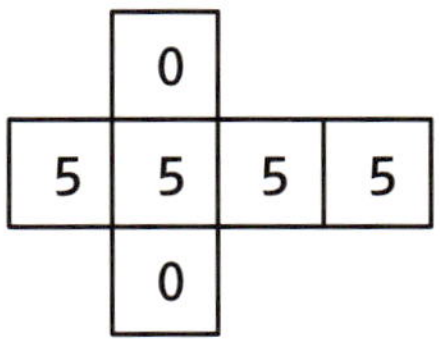

Würfel 3

a) Angenommen, Bayern wählt den Würfel 1 und der VfB den Würfel 2.
Ergänze die Wahrscheinlichkeiten an den Pfaden.

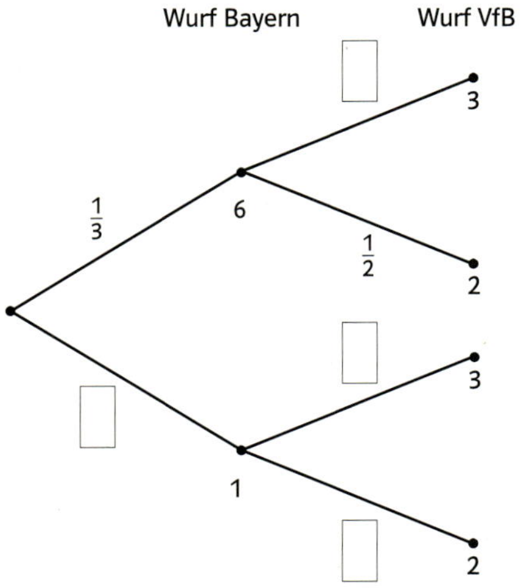

Mit welcher Wahrscheinlichkeit endet das Spiel 3:1 für den VfB?
Mit welcher Wahrscheinlichkeit gewinnt der VfB?
b) Angenommen, Bayern wählt den Würfel 3 und der VfB den Würfel 1.
Untersuche unter Verwendung eines Baumes, mit welcher Wahrscheinlichkeit der VfB gewinnt.

5 (3 VP)
Knobelix behauptet: „Ich kann sechs verschiedene Zahlen so angeben, dass ihr Mittelwert größer ist als ihr Median."
Knobelinchen erwidert: „Ich kann sechs verschiedene Zahlen so angeben, dass ihr Mittelwert kleiner ist als ihr Median."
Max Schlaumaier meint: „Ich kann sechs verschiedene Zahlen so angeben, dass ihr Mittelwert gleich ihrem Median ist."
Wer hat Recht?

Lerntipps

zu Aufgabe 1
Verwende Abkürzungen für die beiden Briefmarkensorten.
Zeichne nur die Teile des Baumdiagramms, die du wirklich brauchst. Du hast nur zwei Briefmarken jeder Sorte!
zu Aufgabe 2
b) Achte auf das Wort „oder". Hans kann nur beim zweiten Schuss treffen oder nur beim dritten, aber auch bei beiden Schüssen.
zu Aufgabe 4
Was weißt du über die Summe der Wahrscheinlichkeiten aller Ergebnisse eines Zufallsexperiments?
zu Aufgabe 5
Hier kannst du mit einfachen Zahlen probieren.

Klassenarbeit 2.1

1 (4 VP)

Für die Buchstaben hat man die Auswahl aus den 26 Buchstaben des Alphabets.
Für die Ziffern an der ersten Stelle der zwei, drei bzw. vierstelligen Zahlen hat man die Auswahl aus den neun Ziffern 1, 2, 3, …, 9, für die anderen Stellen hat man die Auswahl aus den zehn Ziffern 0, 1, 2, …, 8, 9. Warum musst du die entsprechenden Anzahlen multiplizieren?

Anzahl der Kennzeichen mit einem Buchstaben und drei Ziffern:
$n_1 = 26 \cdot 9 \cdot 10 \cdot 10$
$n_1 = 23400$
Anzahl der Kennzeichen mit zwei Buchstaben und zwei Ziffern:
$n_2 = 26 \cdot 26 \cdot 9 \cdot 10$
$n_2 = 60840$
Anzahl der Kennzeichen mit einem Buchstaben und vier Ziffern:
$n_3 = 26 \cdot 9 \cdot 10 \cdot 10 \cdot 10$
$n_3 = 234000$
Gesamtanzahl der möglichen Kennzeichen:
$n = n_1 + n_2 + n_3$
$n = 23400 + 60840 + 234000$
$n = 318240$

2 (2 + 2 + 2 VP)

a) *Jede der drei Stellen des Ergebnisses kann mit einer der zehn Ziffern 0, 1, 2, …, 8, 9 belegt werden. Es gibt 1000 dreistellige Zahlen: 000, 001, 002, …, 998, 999. Nur eine dieser Zahlen ist 314 bzw. 333.*
Wahrscheinlichkeit für 314:
$p(314) = \frac{1}{1000}$
Wahrscheinlichkeit für 333:
$p(333) = \frac{1}{1000}$
b) *Es gibt zehn dreistellige Zahlen mit lauter gleichen Ziffern: 000, 111, 222, …, 999.*
Gewinnwahrscheinlichkeit:
$p(000 \text{ oder } 111 \text{ oder } \ldots\ 999) = \frac{10}{1000}$
$p(000 \text{ oder } 111 \text{ oder } \ldots\ 999) = \frac{1}{100}$
c) *Wenn die linke und die mittlere Ziffer immer gleich sind, dann muss nur noch die rechte Ziffer mit diesen übereinstimmen.*
Wenn die linke und mittlere Ziffer feststehen, stimmt mit der Wahrscheinlichkeit $\frac{1}{10}$ die rechte Ziffer mit dieser überein.
Mit der Wahrscheinlichkeit $\frac{1}{10}$ sind daher alle drei Ziffern gleich.

3 (4 + 4 VP)

a) Um auf kürzestem Weg von A nach B zu gelangen, muss man zweimal nach rechts und zweimal nach oben gehen (in beliebiger Reihenfolge). Die Bewegung kann mit Hilfe eines vierstufigen Zufallsexperiments beschrieben werden.
Baumdiagramm
R steht für Bewegung nach rechts, H steht für Bewegung nach oben.

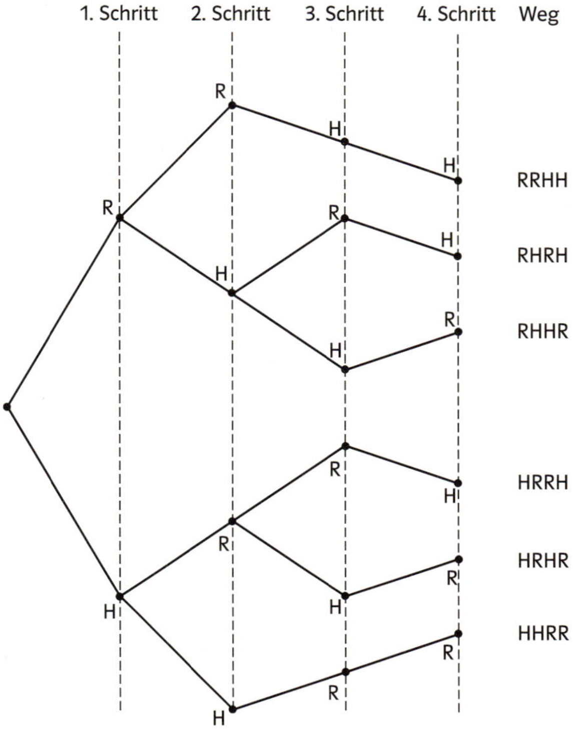

Es gibt sechs mögliche kürzeste Wege von A nach B.
b) Man kann z. B. je zwei mit R bzw. H beschriftete Kugeln in den Beutel legen. Nun zieht man eine Kugel, betrachtet ihre Aufschrift und geht in der angegebenen Richtung eine Kästchenlänge. Die Kugel wird beiseite gelegt. Mit der nächsten gezogenen Kugel verfährt man genauso. Auf diese Weise wird ein Weg von vier Schritten erzeugt, bei dem zweimal nach oben und zweimal nach rechts gegangen wird.
Bemerkung:
Wenn du die richtigen Wahrscheinlichkeiten an die Zweige des Baumdiagramms schreibst, kannst du nachrechnen, dass jeder der sechs möglichen Wege gleich wahrscheinlich ist. Es gilt z. B.:
$P(RHRH) = \frac{1}{2} \cdot \frac{2}{3} \cdot \frac{1}{2} \cdot \frac{1}{1} = \frac{1}{6}$

4 (2 + 2 + 2 VP)

Überlege jeweils, welchen Anteil an der Quadratfläche die angegebenen Figuren haben.
Du kannst die Quadratfläche in gleich große Dreiecke zerlegen. Einige sind hier abgebildet:

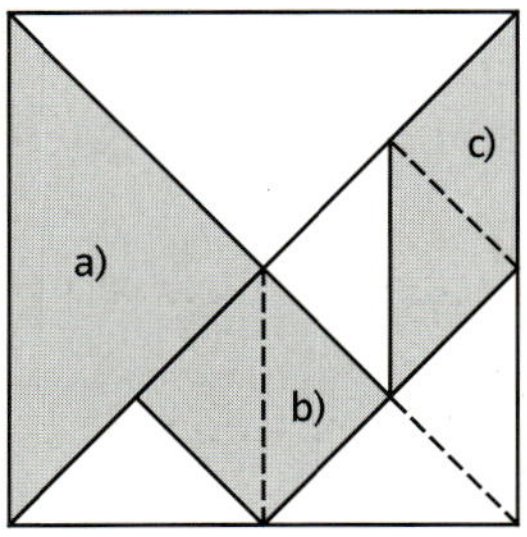

a) Das Dreieck (Fläche 1) hat ein Viertel des Quadratflächeninhalts. Daher gilt:
$p_1 = \frac{1}{4}$
b) Das Quadrat (Fläche 5) hat ein Achtel des Quadratflächeninhalts. Daher gilt:
$p_5 = \frac{1}{8}$
c) Das Parallelogramm (Fläche 4) hat denselben Flächeninhalt wie zwei der kleinen Dreiecke zusammen.
Daher gilt:
$p_4 = \frac{1}{8}$.

Klassenarbeit 2.2

1 (2 + 2 VP)
a) Arithmetisches Mittel
$m = \frac{1 \cdot 5 + 2 \cdot 4 + 3 \cdot 3 + 4 \cdot 4 + 5 \cdot 3 + 6 \cdot 5}{5 + 4 + 3 + 4 + 3 + 5}$
$m = \frac{83}{24}$
$m \approx 3{,}46$

Median
Die Punktzahlen werden der Größe nach geordnet gedacht:
1; 1; 1; 1; 1; 2; 2; 2; 2; 3; 3; 3; 4; 4; 4; 4; 5; 5; 5; 6; 6; 6; 6; 6
Die beiden mittleren Werte sind 3 und 4. Ihr Mittelwert ist der Median.
$\overline{m} = \frac{3 + 4}{2}$
$\overline{m} = 3{,}5$

b) *Wie viele Würfe sind es? Wie berechnest du aus Durchschnitt und Wurfanzahl die Gesamtpunktzahl?*
Bei 25 Würfen mit Durchschnitt 3,4 ergibt sich die Gesamtpunktzahl $25 \cdot 3{,}4 = 85$.
Aus Teilaufgabe a) kennt man bereits die Gesamtpunktzahl 83 bei 24 Würfen. Folglich muss der 25. Wurf die Augenzahl 2 haben.

2 (2 + 2 + 2 VP)
a) *Aus dem 1. Diagramm ist zu entnehmen, dass 40 % der Befragten sich nicht vorstellen können, in einem anderen Land zu leben (Nichtauswanderer).*
Die Gesamtzahl der in Frage kommenden Personen ist 12 000 000.
Relative Häufigkeit (Nichtauswanderer): 40 % = 0,40
Absolute Häufigkeit (Nichtauswanderer):
40 % von 12 000 000
$= 0{,}4 \cdot 12\,000\,000$
$= 4\,800\,000$
4 800 000 der 18- bis 30-jährigen würden wohl nicht auswandern.
b) *Aus dem 2. Diagramm erkennt man, dass 13 % derer, die sich vorstellen können, Deutschland zu verlassen, in Spanien leben wollen.*
Relative Häufigkeit (Auswanderungswillige):
52 % = 0,52
Absolute Häufigkeit (Auswanderungswillige):
52 % von 12 000 000
$= 0{,}52 \cdot 12\,000\,000$
$= 6\,240\,000$
Absolute Häufigkeit (Spanien):
13 % von 6 240 000
$= 0{,}13 \cdot 6\,240\,000$
$= 811\,200$

Relative Häufigkeit (Spanien):
811 200 : 12 000 000
= 0,0676
≈ 7%
Etwa 7% der 18- bis 30-Jährigen würden gerne in Spanien leben.
Alternative
Man kann auch sofort rechnen:
13% von (52% von 12 000 000)
= 0,13 · (0,52 · 12 000 000)
= 0,0676 · 12 000 000
= 6,76% von 12 000 000
c) In Italien oder der Schweiz würden zusammen gerne 18% der Auswanderungswilligen leben.
Absolute Häufigkeit (Italien oder Schweiz):
18% von 6 240 000
= 0,18 · 6 240 000
= 1 123 200
Etwa 1 120 000 Personen der 18- bis 30-Jährigen würden gerne in Italien oder der Schweiz leben.

3 (1 + 1 + 1 + 2 VP)
Die Wahrscheinlichkeiten für jedes der sechs Würfelergebnisse sind gleich, nämlich $\frac{1}{6}$.
a) *Es handelt sich um ein dreistufiges Zufallsexperiment. Nach der Pfadregel ist die gesuchte Wahrscheinlichkeit des Produkt der drei Einzelwahrscheinlichkeiten.*
Die Pfadregel ergibt:
$p(111) = \left(\frac{1}{6}\right) \cdot \left(\frac{1}{6}\right) \cdot \left(\frac{1}{6}\right)$
$p(111) = \frac{1}{216}$

b) *Wenn keine „2" vorkommen darf, können fünf der sechs Zahlen vorkommen.*
Bei einem Wurf kommt als Ergebnis „keine 2" (kurz: $\overline{2}$) mit der Wahrscheinlichkeit $\frac{5}{6}$ zustande.
Die Pfadregel ergibt:
$p(\overline{2}\ \overline{2}\ \overline{2}) = \left(\frac{5}{6}\right) \cdot \left(\frac{5}{6}\right) \cdot \left(\frac{5}{6}\right)$
$p(\overline{2}\ \overline{2}\ \overline{2}) = \frac{125}{216}$

c) *Wenn nur Zahlen größer 3 vorkommen dürfen, kommen nur 4, 5, 6 in Frage. Das ist die Hälfte aller Würfelzahlen.*
$p(4 \text{ oder } 5 \text{ oder } 6) = \left(\frac{1}{2}\right) \cdot \left(\frac{1}{2}\right) \cdot \left(\frac{1}{2}\right)$
$p(4 \text{ oder } 5 \text{ oder } 6) = \frac{1}{8}$

d) *Die einzige Wurfserie, bei der nicht mindestens einmal „6" auftritt ist die, bei der keine einzige „6" vorkommt. Die Wahrscheinlichkeit für einen Wurf der nicht „6" liefert, ist $\frac{5}{6}$.*
$p(\overline{6}\ \overline{6}\ \overline{6}) = \left(\frac{5}{6}\right) \cdot \left(\frac{5}{6}\right) \cdot \left(\frac{5}{6}\right)$
$p(\overline{6}\ \overline{6}\ \overline{6}) = \frac{125}{216}$

Bei allen anderen Würfen kommt mindestens eine „6" vor. Da die Summe aller Wahrscheinlichkeiten 1 sein muss, gilt:
$p(\text{mindestens eine „6"}) = 1 - p(\overline{6}\ \overline{6}\ \overline{6})$
$p(\text{mindestens eine „6"}) = 1 - \frac{125}{216}$
$p(\text{mindestens eine „6"}) = \frac{91}{216}$

4 (3 + 1 + 2 VP)
a) *Es handelt sich um ein dreistufiges Zufallsexperiment mit jeweils zwei Ergebnissen.*
Der rote Kreisausschnitt hat den Mittelpunktswinkel 240°, der grüne 120°.
$\frac{240°}{360°} = \frac{2}{3}$ $\frac{120°}{360°} = \frac{1}{3}$
Die Wahrscheinlichkeit für „rot" ist $\frac{2}{3}$, die für „grün" ist $\frac{1}{3}$.
Baumdiagramm
R steht für „rot", G für „grün".

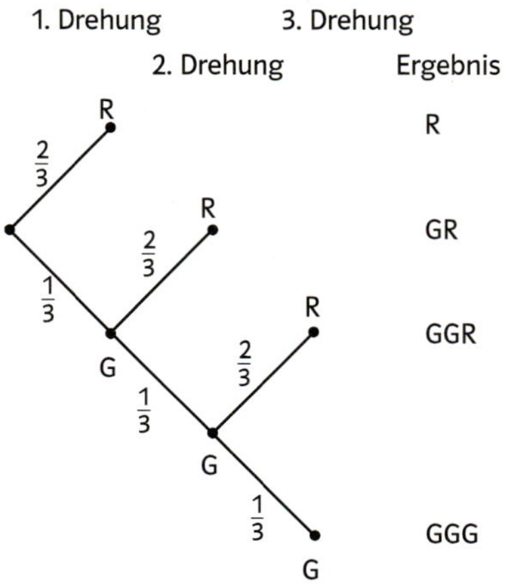

b) Mit der Pfadregel gilt:
$p(GGG) = \frac{1}{3} \cdot \frac{1}{3} \cdot \frac{1}{3}$
$p(GGG) = \frac{1}{27}$

Ein Spieler erhält mit der Wahrscheinlichkeit $\frac{1}{27}$ dreimal nacheinander „grün".
c) *Das Spiel ist nach einer Drehung beendet, wenn das Rad „rot" zeigt.*
$p(R) = \frac{2}{3}$
Das Spiel ist nach zwei Drehungen beendet, wenn zuerst „grün" und dann „rot" angezeigt wird.
Die Pfadregel ergibt:
$p(GR) = \frac{1}{3} \cdot \frac{2}{3}$
$p(GR) = \frac{2}{9}$

Das Spiel ist beendet, wenn eines dieser beiden Ergebnisse eintritt.
Mit der Summenregel erhält man:
$p(\text{Spielende}) = p(R) + p(GR)$
$p(\text{Spielende}) = \frac{2}{3} + \frac{2}{9}$
$p(\text{Spielende}) = \frac{6}{9} + \frac{2}{9}$
$p(\text{Spielende}) = \frac{8}{9}$

Mit der Wahrscheinlichkeit $\frac{8}{9}$ ist das Spiel nach höchstens zwei Drehungen beendet.

5 (3 VP)
Die Wahrscheinlichkeit für den Buchstaben T bei der ersten Ziehung beträgt $p_1(T) = \frac{1}{5}$.
Beim zweiten Zug erhält man den Buchstaben O mit der Wahrscheinlichkeit $p_1(O) = \frac{2}{4} = \frac{1}{2}$.
Da der Zettel mit den Buchstaben T schon gezogen wurde, sind nur noch vier Zettel im Beutel, von denen zwei mit dem Buchstaben O beschriftet sind.
Die dritte Ziehung ergibt R mit der Wahrscheinlichkeit $p_1(R) = \frac{2}{3}$.
Die Pfadregel ergibt:

$p(TOR) = p_1(T) \cdot p_1(O) \cdot p_1(R)$

$p(TOR) = \frac{1}{5} \cdot \frac{1}{2} \cdot \frac{2}{3}$

$p(TOR) = \frac{1}{15}$

Das Wort TOR entsteht mit der Wahrscheinlichkeit $\frac{1}{15}$.
Entsprechend gilt:
Die erste Ziehung ergibt den Buchstaben R mit der Wahrscheinlichkeit $p_2(R) = \frac{2}{5}$. Beim zweiten Zug erhält man O mit der Wahrscheinlichkeit $p_2(O) = \frac{2}{4} = \frac{1}{2}$.
Der dritte Zug liefert T mit der Wahrscheinlichkeit $p_2(T) = \frac{1}{3}$.
Die Pfadregel ergibt:

$p(ROT) = p_2(R) \cdot p_2(O) \cdot p_2(T)$

$p(ROT) = \frac{2}{5} \cdot \frac{1}{2} \cdot \frac{1}{3}$

$p(ROT) = \frac{1}{15}$

Die Wahrscheinlichkeit für das Wort ROT ist $\frac{1}{15}$.
Die Wahrscheinlichkeiten für TOR bzw. ROT sind also gleich groß.

Klassenarbeit 2.3

1 (2 VP)
Jede der Varianten kann mit jeder anderen kombiniert werden.
Die Zusatzausstattungen kann man jeweils wählen oder nicht. Jede Zusatzausstattung verdoppelt also die Anzahl der Varianten!
Anzahl der Fahrzeugtypen:

$n = 8 \cdot 3 \cdot 4 \cdot 2 \cdot 2 \cdot 2 \cdot 2$

$n = 1536$

Wahrscheinlichkeit dafür, dass das Wunschfahrzeug in der Halle steht:

$p = \frac{6}{1536}$

$p = \frac{1}{256}$

2 (4 VP)
Die acht Eckwürfel haben drei gefärbte Seitenflächen.
Die zwölf Kantenwürfel haben zwei gefärbte Seitenflächen.
Die sechs Würfel in der Mitte der Seitenflächen haben eine gefärbte Seitenfläche.
Der Würfel im Innern des großen Würfels hat keine gefärbte Seitenfläche.

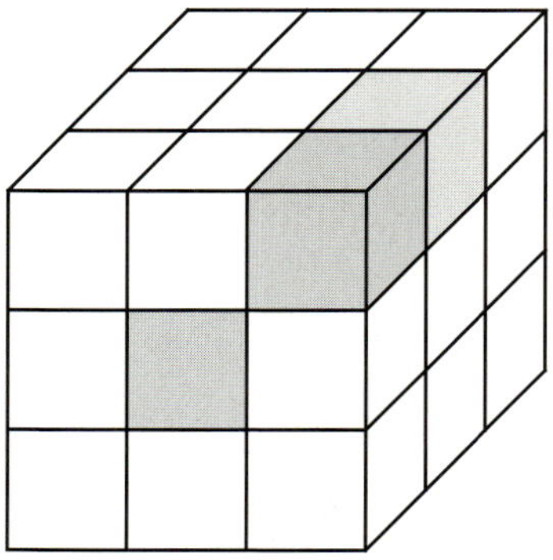

Der Würfel wird in 27 Würfelchen zerlegt.

Anzahl der gefärbten Flächen	Relative Häufigkeit
3	$\frac{8}{27}$
2	$\frac{12}{27} = \frac{4}{9}$
1	$\frac{6}{27} = \frac{2}{9}$
0	$\frac{1}{27}$

3 (2 + 2 VP)
a) Für die Tausenderstelle gibt es vier Auswahlmöglichkeiten aus den vier Ziffern. Für die Hunderterstelle hat man noch drei Wahlmöglichkeiten aus den verbleibenden drei Ziffern, für die Zehnerstelle noch zwei und für die Einerstelle noch eine.
Es gibt daher $4 \cdot 3 \cdot 2 \cdot 1 = 24$ vierstellige Zahlen mit den geforderten Eigenschaften.

b) Im Beutel sind nach Teilaufgabe a) 24 Zahlen. Mit 34 beginnen zwei der vierstelligen Zahlen, nämlich 3412 und 3421.
Die Wahrscheinlichkeit dafür, beim ersten Ziehen eine dieser beiden Zahlen zu ziehen, ist $\frac{2}{24} = \frac{1}{12}$. Nach der ersten Ziehung ist nur noch eine dieser Zahlen im Beutel und insgesamt sind es 23 Zahlen. Die Wahrscheinlichkeit dafür, dass auch die zweite gezogene Zahl mit 34 beginnt, ist daher $\frac{1}{23}$.

4 (3 + 3 + 2 VP)
a) Messen der Mittelpunktswinkel und Berechnen der Wahrscheinlichkeiten

Feldnummer	Mittelpunktswinkel	Wahrscheinlichkeit
1	90°	$\frac{90}{360} = \frac{1}{4}$
2	60°	$\frac{60}{360} = \frac{1}{6}$
3	60°	$\frac{60}{360} = \frac{1}{6}$
4	150°	$\frac{150}{360} = \frac{5}{12}$

Mit der Summenregel folgt:
Die Wahrscheinlichkeit dafür, dass der Zeiger auf eine gerade Zahl weist, beträgt $\frac{1}{6} + \frac{5}{12} = \frac{7}{12}$.
b) Weiten der Mittelpunktswinkel

Feldnummer	Wahrscheinlichkeit	Winkelweite
1	20 %	$\frac{20}{100}$ von 360° = 72°
2	50 %	$\frac{50}{100}$ von 360° = 180°
3	100 % − 50 % − 20 % = 30 %	$\frac{30}{100}$ von 360° = 108°

Zeichnung

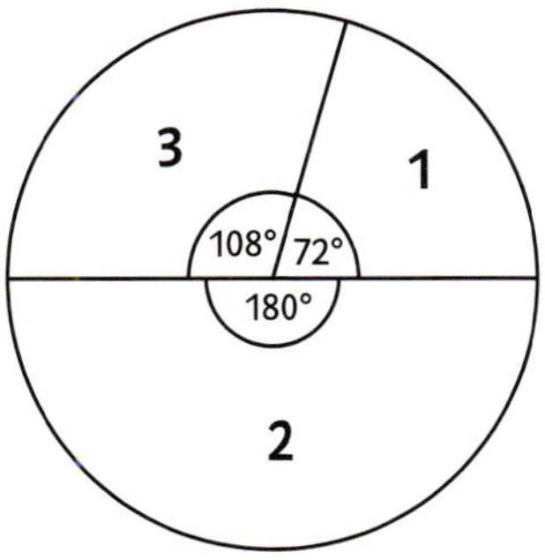

Die Summenregel ergibt für die gesuchte Wahrscheinlichkeit:
p(2 oder 3) = p(2) + p(3)
p(2 oder 3) = 50 % + 30 %
p(2 oder 3) = 80 %
c) Weite des Mittelpunktswinkels für die Felder mit den Nummern 1 und 2 zusammen:
40 % von 360° = $\frac{40}{100} \cdot 360° = 144°$
Die Aufteilung dieses Winkels in zwei Teile ist beliebig.

Beispiel

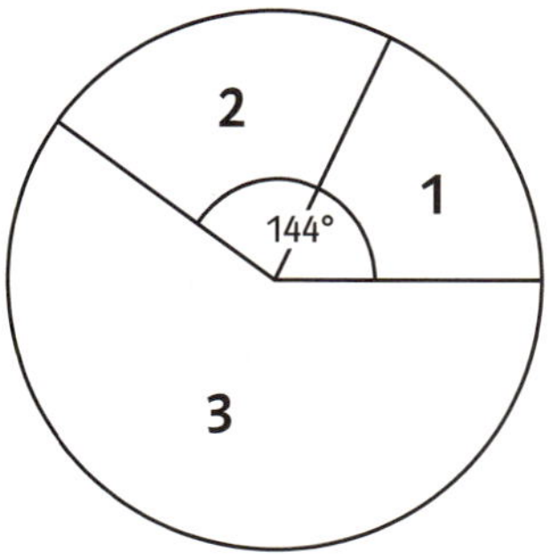

5 (2 + 3 + 1 VP)
a) *Das arithmetische Mittel erhält man, indem man die Gesamtzahl aller Wurfergebnisse durch die Anzahl der Würfe dividiert. Der Median ist der mittlere aller Werte.*
Würfel 1
Arithmetisches Mittel:
$m = \frac{17 \cdot 1 + 14 \cdot 2 + 15 \cdot 3 + 18 \cdot 4 + 17 \cdot 5 + 19 \cdot 6}{17 + 14 + 15 + 18 + 17 + 19}$
$m = \frac{361}{100}$
$m = 3{,}61$
Median:
Ordnet man die 100 Wurfergebnisse der Größe nach, so sind die mittleren Zahlen beide 4. Deren Mittelwert ist 4. Folglich ist der Median dieser Wurfergebnisse 4.
b) *Wenn man den Mittelwert mit der Gesamtzahl der Würfe multipliziert, erhält man die Summe aller einzelnen Wurfergebnisse.*
Würfel 2
Absolute Häufigkeit n_6 für das Wurfergebnis „6":
$3{,}42 \cdot (35 + 30 + 41 + 29 + 40 + n_6) = 35 \cdot 1 + 30 \cdot 2 + 41 \cdot 3 + 29 \cdot 4 + 40 \cdot 5 + n_6 \cdot 6$
$3{,}42 \cdot (175 + n_6) = 534 + 6 \cdot n_6$
$598{,}5 + 3{,}42 \cdot n_6 = 534 + 6 \cdot n_6$
$64{,}5 = 2{,}58 \cdot n_6$
$n_6 = 25$
Relative Häufigkeit für das Ergebnis „6":
Die Gesamtzahl aller Würfe ist $175 + n_6$, also 200.
Daher ergibt sich für die relative Häufigkeit der „6":
$h_6 = \frac{25}{200}$
$h_6 = \frac{1}{8}$
$h_6 = 0{,}125$
c) *Wie oft ist nach dem Zusammenfassen jede der Zahlen 1, 2, 3, 4, 5, 6 gewürfelt worden?*
Arithmetisches Mittel der zusammengefassten Serie:
$m = \frac{52 \cdot 1 + 44 \cdot 2 + 56 \cdot 3 + 47 \cdot 4 + 57 \cdot 5 + 44 \cdot 6}{52 + 44 + 56 + 47 + 57 + 44}$
$m = \frac{1045}{300}$
$m \approx 3{,}48$

Klassenarbeit 2.4

1 (4 VP)
Die zwei Briefmarkensorten werden mit A und B bezeichnet. Jede der beiden Marken wird zweimal verwendet.
Baumdiagramm

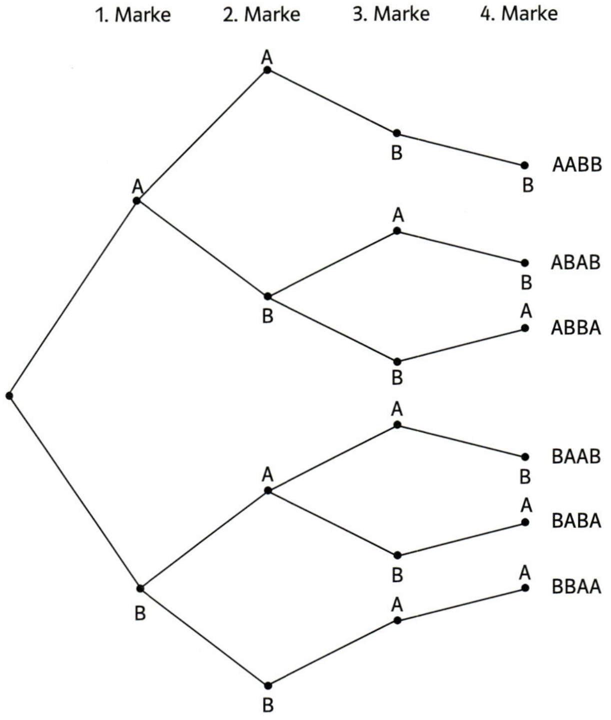

Sibylle kann den Brief auf sechs Arten frankieren.

2 (2 + 1 VP)
a) 70 % von 100 Versuchen sind 70 Versuche. In jedem Fall erreicht Hans einen Treffer. Das sind 70 Treffer.
Bei jedem vierten Versuch, das sind 25 Versuche, erreicht er zwei Treffer. Das sind insgesamt 50 Treffer.
Bei den restlichen fünf Versuchen erzielt er je drei Treffer, insgesamt also 15 Treffer.
Somit: 70 + 50 + 15 = 135
Bei 100 Versuchen trifft Hans die Toröffnung 135-mal.
b) Hans muss insgesamt zwei- oder dreimal treffen. Die Wahrscheinlichkeit dafür ist 30 %.

3 (2 + 2 + 3 VP)
a) Rabattsatz

Geldbetrag	Prozentsatz
295 €	100 %
1 €	$\frac{100}{295}$ %
5,90 €	$\frac{100}{295}$ % · 5,90 = 2 %

Der Rabattsatz beträgt bei einem Rabatt von 5,90 € 2 %.

Wahrscheinlichkeit
Dieser Rabattsatz wird beim Werfen einer der vier Zahlen 1, 2, 3, oder 4 gewährt. Die Wahrscheinlichkeit dafür ist beim gewöhnlichen Spielwürfel $\frac{4}{6} = \frac{2}{3}$.
b) Rabattsatz
Da der Freund eine „5" gewürfelt hat, beträgt sein Rabattsatz 5 %.
Preis des Fahrrads

Prozentsatz	Geldbetrag
5 %	17,45 €
95 %	17,45 € · 19 = 331,55 €

Nach Abzug des Rabatts hat das Fahrrad noch 331,55 € gekostet.
c) Baumdiagramm
Für das Werfen einer anderen Zahl als „6" wird im Diagramm die Abkürzung $\overline{6}$ verwendet.
Einen Rabatt von 10 % erhält Herr Radler, wenn er entweder im ersten oder im zweiten Wurf eine „6" würfelt.

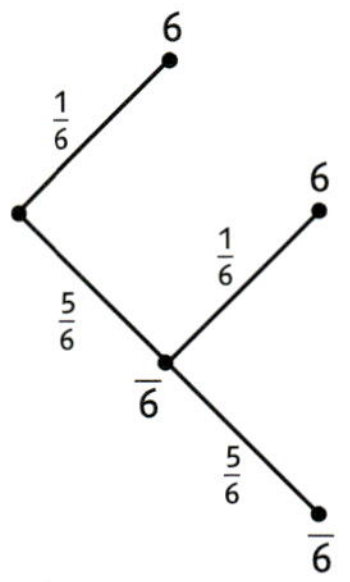

$p(6) = \frac{1}{6}$

$p(\overline{6}6) = \frac{5}{6} \cdot \frac{1}{6} = \frac{5}{36}$

Mithilfe der Summenregel ergibt sich:
$p = p(6) + p(\overline{6}6)$
$p = \frac{1}{6} + \frac{5}{36}$
$p = \frac{6}{36} + \frac{5}{36}$
$p = \frac{11}{36}$
Herr Radler erhält bei ein oder zwei Würfen mit der Wahrscheinlichkeit von $\frac{11}{36}$ eine „6" und daher 10 % Rabatt.

4 (3 + 4 VP)
a)

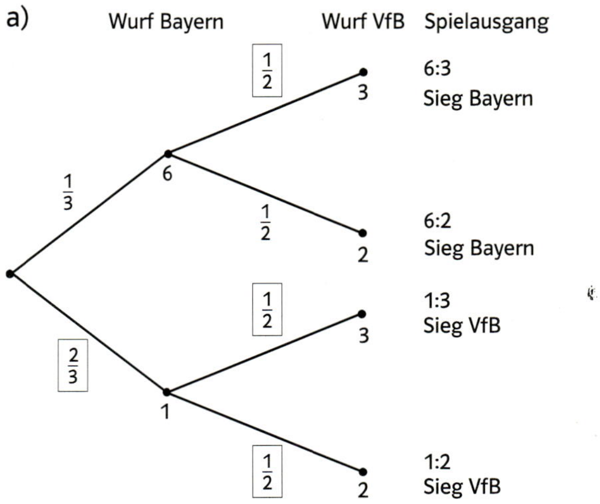

Das Spiel endet mit der Wahrscheinlichkeit $\frac{2}{3} \cdot \frac{1}{2} = \frac{1}{3}$ mit 3:1 für den VfB.
Der VfB gewinnt, wenn der Spielausgang 3:1 oder 2:1 ist.
Die Wahrscheinlichkeit für das Ergebnis 2:1 beträgt $\frac{2}{3} \cdot \frac{1}{2} = \frac{1}{3}$. Nach der Summenregel sind die beiden Wahrscheinlichkeiten zu addieren: $\frac{1}{3} + \frac{1}{3} = \frac{2}{3}$.
Der VfB gewinnt also mit der Wahrscheinlichkeit $\frac{2}{3}$.
b) Baumdiagramm

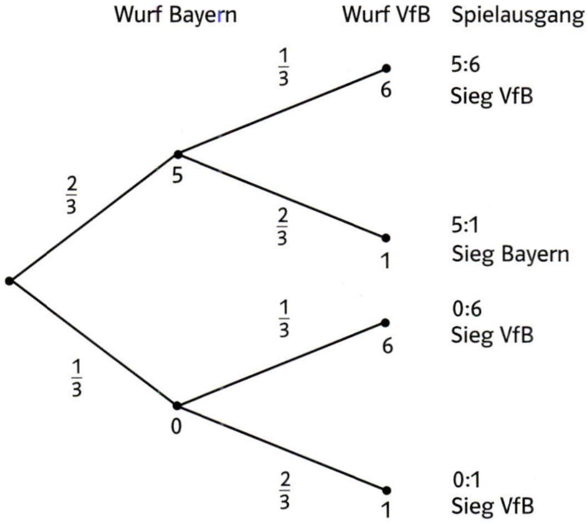

Der VfB gewinnt 6:5 mit der Wahrscheinlichkeit $\frac{2}{3} \cdot \frac{1}{3} = \frac{2}{9}$, 6:0 mit der Wahrscheinlichkeit $\frac{1}{3} \cdot \frac{1}{3} = \frac{1}{9}$ und 1:0 mit der Wahrscheinlichkeit $\frac{1}{3} \cdot \frac{2}{3} = \frac{2}{9}$. Nach der Summenregel sind die Wahrscheinlichkeiten zu addieren: $\frac{2}{9} + \frac{1}{9} + \frac{2}{9} = \frac{5}{9}$.
Die gesamte Gewinnwahrscheinlichkeit für den VfB ist daher $\frac{5}{9}$.

5 (3 VP)
Hier gibt es viele verschiedene Lösungen. Man muss daher ein wenig probieren.
Beispiele
Knobelix wählt 1, 2, 3, 4, 5, 9.
Mittelwert: $\frac{1+2+3+4+5+9}{6} = \frac{24}{6} = 4$
Median: $\frac{3+4}{2} = 3{,}5$

Knobelinchen wählt 1, 2, 4, 5, 6, 8.
Mittelwert: $\frac{1+2+4+5+6+8}{6} = \frac{26}{6} \approx 4{,}33$
Median: $\frac{4+5}{2} = 4{,}5$

Max Schlaumaier wählt 1, 2, 3, 4, 5, 6.
Mittelwert: $\frac{1+2+3+4+5+6}{6} = \frac{21}{6} = 3{,}5$
Median: $\frac{3+4}{2} = 3{,}5$

Alle drei Aussagen sind richtig!

Pinboard – Zuordnungen

Proportionale Zuordnungen

Definition

Wenn bei einer Zuordnung $x \rightarrow y$ dem Doppelten (Dreifachen, ..., n-fachen) der ersten Zahl (Größe) das Doppelte (Dreifache, ..., n-fache) der zweiten Zahl (Größe) zugeordnet wird, dann heißt diese Zuordnung proportionale Zuordnung (Proportionalität).

Beispiel

·3, ·2

x	3	6	9	12	15
y	2	4	6	8	10

·2, ·3

Folgerungen

Bei einer Proportionalität sind die Quotienten einander zugeordneter Zahlen (Größen) gleich groß. Dieser konstante Quotient wird Proportionalitätsfaktor genannt und mit m bezeichnet.
Der Graph einer proportionalen Zuordnung liegt auf einer Geraden durch den Ursprung des Koordinatensystems.
Ihre Gleichung lautet: $y = m \cdot x$

Hier gilt für alle Wertepaare: $\frac{y}{x} = \frac{2}{3}$.

Der Proportionalitätsfaktor ist $\frac{2}{3}$.

Gleichwertig dazu ist: $y = \frac{2}{3} \cdot x$.

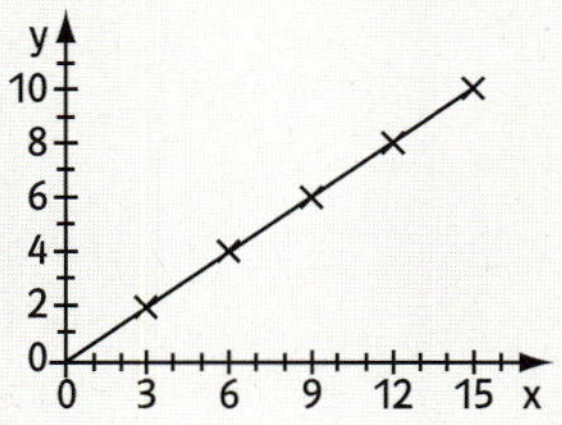

Gegenbeispiel

x	1	3	5	7
y	1	2	3	4
$\frac{y}{x}$	1	$\frac{2}{3}$	$\frac{3}{5}$	$\frac{4}{7}$

Hier sind zwar sowohl die Zunahmen bei den x-Werten als auch die Zunahmen bei den y-Werten immer gleich groß, aber die Quotienten $\frac{y}{x}$ sind verschieden.

Lineare Zuordnungen

Definition

Wenn bei einer Zuordnung $x \rightarrow y$ jede Veränderung der ersten Zahl (Größe) um eine Einheit eine Veränderung der zweiten Zahl (Größe) um die gleiche Anzahl von Einheiten zur Folge hat, dann heißt diese Zuordnung eine lineare Zuordnung.

Beispiele

+1 +1 +1 +1

x	−1	0	1	2	3
y	−3	−1	1	3	5

+2 +2 +2 +2

Hier gilt: $y = 2 \cdot x - 1$.
Die Steigung der Geraden g ist m = 2, der y-Achsenabschnitt ist n = −1.

x	−2	−1	0	1	2
y	1	$\frac{3}{4}$	$\frac{1}{2}$	$\frac{1}{4}$	0

Hier gilt: $y = -\frac{1}{4}x + \frac{1}{2}$.
Die Steigung der Geraden h ist $m = -\frac{1}{4}$, der y-Achsenabschnitt ist $n = \frac{1}{2}$.

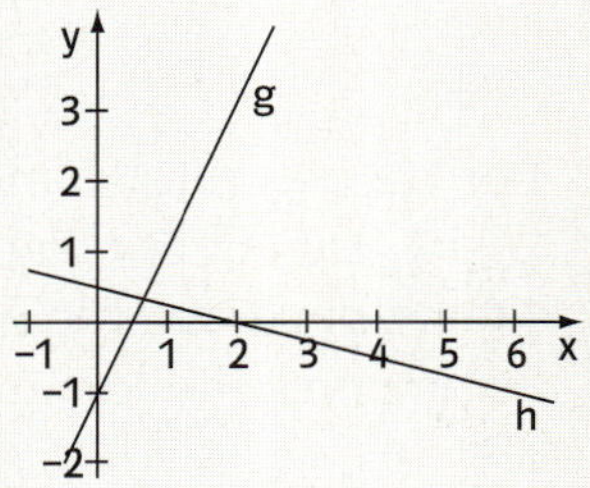

Folgerungen

Der Graph einer linearen Zuordnung liegt auf einer Geraden.
Die Gleichung dieser Geraden lautet: $y = m \cdot x + n$.
Der Faktor m gibt die Veränderung des y-Werts an, wenn sich der x-Wert um eine Einheit verändert. Er heißt auch Steigung der Geraden.
Der Summand n gibt den y-Wert zum x-Wert 0 an. Der Punkt Y(0|n) ist der Schnittpunkt der Geraden mit der Hochachse. Daher heißt n auch Hochachsenabschnitt.
Jede proportionale Zuordnung ist eine besondere lineare Zuordnung mit n = 0.

Gegenbeispiel

x	1	3	5	7
y	1	2	4	7

Hier ist die Zunahme bei den x-Werten immer 2, die Zunahme bei den y-Werten jedoch immer verschieden.

Antiproportionale Zuordnungen

Definition

Wenn bei einer Zuordnung $x \rightarrow y$ dem Doppelten (Dreifachen, ..., n-fachen) der ersten Zahl (Größe) die Hälfte (ein Drittel, ..., der n-te Teil) der zweiten Zahl (Größe) zugeordnet wird, dann heißt diese Zuordnung antiproportionale Zuordnung (Antiproportionalität).

Beispiel

·3, ·2

x	1	2	3	4	5
y	4	2	$\frac{4}{3}$	1	$\frac{4}{5}$

:2, :3

Folgerungen

Bei einer Antiproportionalität sind die Produkte einander zugeordneter Zahlen (Größen) gleich groß.
Der Graph einer antiproportionalen Zuordnung liegt nicht auf einer Geraden sondern auf einer Kurve namens Hyperbel.

Hier gilt für alle Wertepaare: $x \cdot y = 4$.

Gleichwertig dazu ist: $y = \frac{4}{x}$.

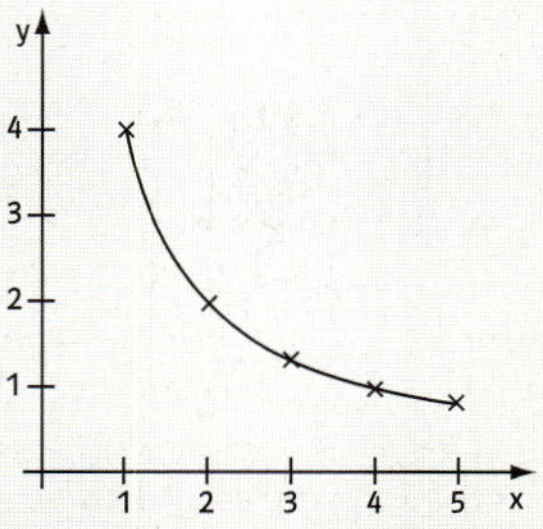

Gegenbeispiel

x	1	2	3	4
y	1	2	4	8
x·y	1	4	12	32

Hier sind die Produkte $x \cdot y$ verschieden.

Lebenslinien

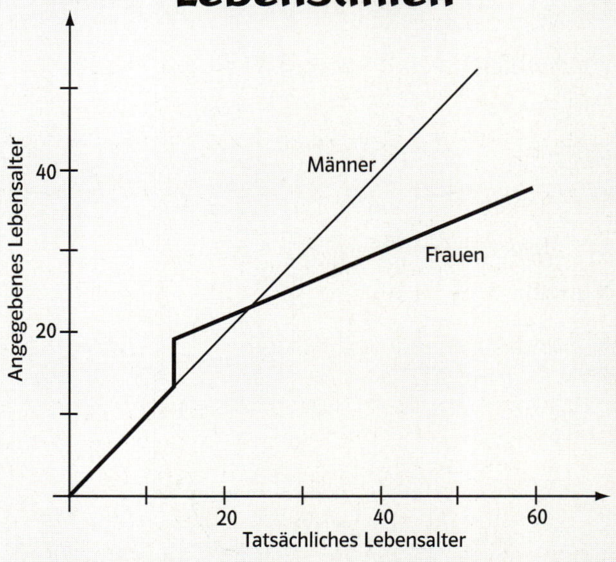

Beschreibung einer Zuordnung

Beispiele

Sprachliche Beschreibung (Text)
Jeder natürlichen Zahl wird ihr Doppeltes zugeordnet.

Zuordnungstabelle

x	0	1	2	3	4
y	0	1	4	9	16

Diagramm

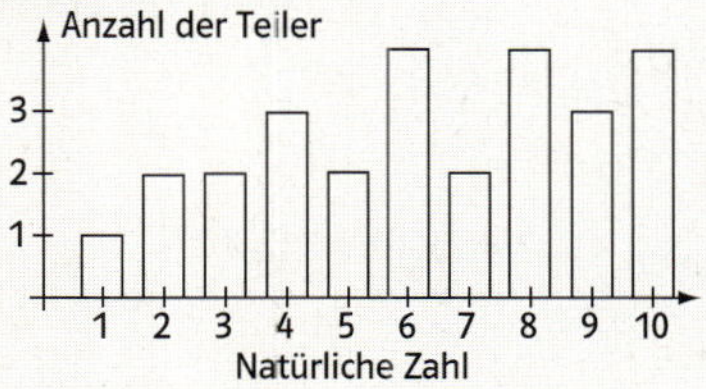

Pfeilbild

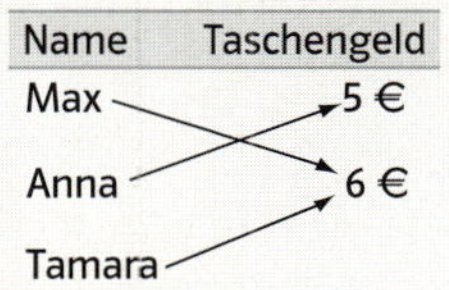

Gleichung
$y = -\frac{2}{5} \cdot x + \frac{1}{2};\ x \in \mathbb{Q}$

Graph

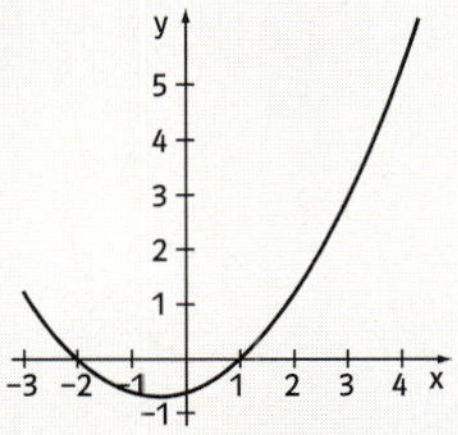

Aktivitäten an Graphen linearer Zuordnungen

Schnittpunkt von Gerade und x-Achse

Ein solcher Punkt X hat y-Koordinate 0. In der Gleichung der Geraden wird daher y = 0 gesetzt und x berechnet.

g: $y = 2 \cdot x - 1;\ x \in \mathbb{Q}$
$0 = 2 \cdot x - 1$
$2 \cdot x = 1$
$x = \frac{1}{2}$
Schnittpunkt $X\left(\frac{1}{2} \,|\, 0\right)$

Schnittpunkt von Gerade und y-Achse

Ein solcher Punkt Y hat x-Koordinate 0. In der Gleichung der Geraden wird daher x = 0 gesetzt und y berechnet.

g: $y = -3 \cdot x + 2;\ x \in \mathbb{Q}$
$y = -3 \cdot 0 + 2$
$y = 2$
Schnittpunkt $Y(0 \,|\, 2)$

Steigung m der Geraden

Vom Schnittpunkt $Y(0 \,|\, n)$ der Geraden mit der y-Achse geht man eine Einheit nach rechts und dann soweit nach oben oder unten, bis man auf die Gerade trifft. Dieser Punkt ist $P(1 \,|\, m + n)$. Damit ergibt sich m, da n bekannt ist.

$n = -1$
$m + n = 1$
$m = 2$

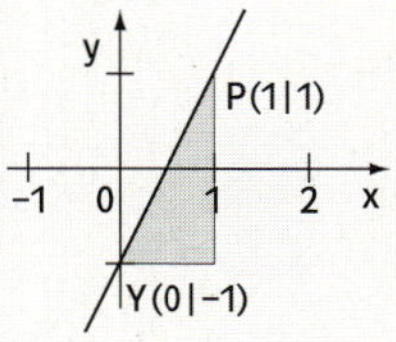

Berechnung eines Geradenpunkts bei gegebenem x-Wert

Wenn von einem Punkt $Q(x_Q \,|\, y_Q)$ der x-Wert bekannt ist, so setzt man diesen in die Geradengleichung $y = m \cdot x + n$ ein und erhält den y-Wert $y_Q = m \cdot x_Q + n$.

g: $y = 2 \cdot x - 3;\ x \in \mathbb{Q};$
$Q(2 \,|\, y_Q)$
$y_Q = 2 \cdot x_Q - 3$
$y_Q = 2 \cdot 2 - 3$
$y_Q = 1$
Geradenpunkt $Q(2 \,|\, 1)$

Berechnung eines Geradenpunkts bei gegebenem y-Wert

Wenn von einem Punkt $R(x_R \,|\, y_R)$ der y-Wert bekannt ist, so setzt man diesen in die Geradengleichung $y = m \cdot x + n$ ein und erhält aus $y_R = m \cdot x_R + n$ und Auflösung den x-Wert: $x_R = \frac{y_R - n}{m}$.

g: $y = -x + 4;\ x \in \mathbb{Q};$
$R(x_R \,|\, 1)$
$y_R = -x_R + 4$
$1 = -x_R + 4$
$x_R = 3$
Geradenpunkt $R(3 \,|\, 1)$

Punktprobe für einen gegebenen Punkt

Der Punkt $S(x_S \,|\, y_S)$ liegt auf der Geraden, wenn sich nach Einsetzen von x_S in die Geradengleichung y_S ergibt. Anderenfalls liegt S nicht auf der Geraden.

g: $y = 3 \cdot x - 5;\ x \in \mathbb{Q};$
$S(-14 \,|\, -47)$
$y_S = 3 \cdot (-14) - 5$
$y_S = -47$
S liegt auf der Geraden g.

Schnittpunkt zweier Geraden

Man setzt die beiden Terme gleich und löst die entstehende Gleichung nach x auf. Dieser x-Wert ist die erste Koordinate (Schnittstelle), der zugehörige y-Wert ist die zweite Koordinate des Schnittpunkts.

g: $y = 2x + 4$
h: $y = -x + 3;\ x \in \mathbb{Q};$
$2 \cdot x + 4 = -x + 3$
$3 \cdot x + 4 = 3$
$3 \cdot x = -1$
$x = -\frac{1}{3}$
$y = 2 \cdot \left(-\frac{1}{3}\right) + 4$
$y = \frac{10}{3}$
Schnittpunkt
$T\left(-\frac{1}{3} \,\middle|\, \frac{10}{3}\right)$

Bist du sicher?

1 Die erste Tabelle gehört zu einer proportionalen Zuordnung, die zweite Tabelle zu einer antiproportionalen Zuordnung. Ergänze die fehlenden Tabellenwerte.

x	0	2		6
y	0	5	7,5	

x	1	3		
y	9		6	8

2 Ein Quadrat mit der Seitenlänge a hat den Umfang U und den Flächeninhalt A.
Sind die Zuordnungen *Seitenlänge a → Umfang U* bzw. *Seitenlänge a → Flächeninhalt A* Proportionalitäten oder Antiproportionalitäten?

3 Handelt es sich bei den durch die Tabellen beschriebenen Zuordnungen um lineare Zuordnungen?

x	1	3	5	7
y	0	2	4	6

x	-3	2	7	12
y	6	2	-2	-6

4 Zeichne die Graphen der Zuordnungen mit den Gleichungen $y = 2 \cdot x$, $y = \frac{3}{4} \cdot x - 2$, $y = -x + 4$, $y = -\frac{2}{3} \cdot x - 1$.

5 a) Welcher der Punkte $P(3 \,|\, 0{,}2)$, $Q(-0{,}3 \,|\, 0{,}88)$ und $R\left(\frac{1}{2} \,\middle|\, -\frac{4}{5}\right)$ liegt auf der Geraden mit der Gleichung $y = \frac{2}{5} \cdot x - 1$, $x \in \mathbb{Q}$?
b) Bestimme x_S und y_T so, dass die Punkte $S(x_S \,|\, 2)$ und $T(-0{,}5 \,|\, y_T)$ auf der Geraden mit der Gleichung $y = -\frac{1}{2} \cdot x + \frac{3}{4}$, $x \in \mathbb{Q}$, liegen.

6 Einer von zwei gleichgroßen Wasserbehältern vom Volumen 800 Liter ist ganz leer, der andere ganz gefüllt. In den leeren Behälter fließen in jeder Minute 40 Liter Wasser. Aus dem vollen Behälter laufen in jeder Minute 120 Liter Wasser aus.
Gib die Formeln für den Inhalt der Behälter zum Zeitpunkt t an.
Bestimme durch Zeichnung und Rechnung, wann in beiden Behältern gleich viel Wasser ist, wenn die Füllung des leeren und die Leerung des vollen Behälters zum gleichen Zeitpunkt beginnt.

Lösungen

1

x	0	2	**3**	6
y	0	5	7,5	**15**

x	1	3	**1,5**	**$\frac{9}{8}$**
y	9	**3**	6	8

2 Die Zuordnung *Seitenlänge a → Umfang U* ist wegen $U = 4 \cdot a$ eine Proportionalität. Die Zuordnung *Seitenlänge a → Flächeninhalt A* ist wegen $A = a^2$ keine Proportionalität. **3** Beide Zuordnungen sind lineare Zuordnungen.
4 Zeichenkontrolle: Die erste Gerade geht durch die Punkte $A(0 \,|\, 0)$ und $B(1 \,|\, 2)$, die zweite Gerade durch $C(0 \,|\, -2)$ und $D(4 \,|\, 1)$, die dritte Gerade durch $E(0 \,|\, 4)$ und $F(4 \,|\, 0)$ und die vierte Gerade durch $G(0 \,|\, -1)$ und $H(3 \,|\, -3)$. **5** a) P und R liegen auf der Geraden, Q nicht. b) $x_S = -\frac{5}{2}$, $y_T = 1$ **6** Leerer Behälter: $V = 40 \frac{l}{min} \cdot t$. Voller Behälter: $V = 800\,l - 120 \frac{l}{min} \cdot t$. Nach fünf Minuten ist in beiden Behältern gleich viel Wasser.

Anfangszeit: ____________ + 45 Minuten → Abgabe: ____________

1 (2 + 2 + 2 VP)

a) Ergänze die Tabellen 1 und 2 so, dass sie eine proportionale Zuordnung $x \to y$ beschreiben.

Tabelle 1

x	0	1	2	3	4	5
y			5			

Tabelle 2

x	−2	−1	0	1	2	3
y		$\frac{9}{4}$				

b) Stelle die Graphen zu beiden Zuordnungen in einem gemeinsamen Achsenkreuz dar.

c) Bestimme für beide Zuordnungen diejenigen x-Werte, denen der y-Wert −12 zugeordnet wird.

2 (4 + 3 VP)

a) Gib eine Gleichung zu jeder der vier gezeichneten Geraden an.

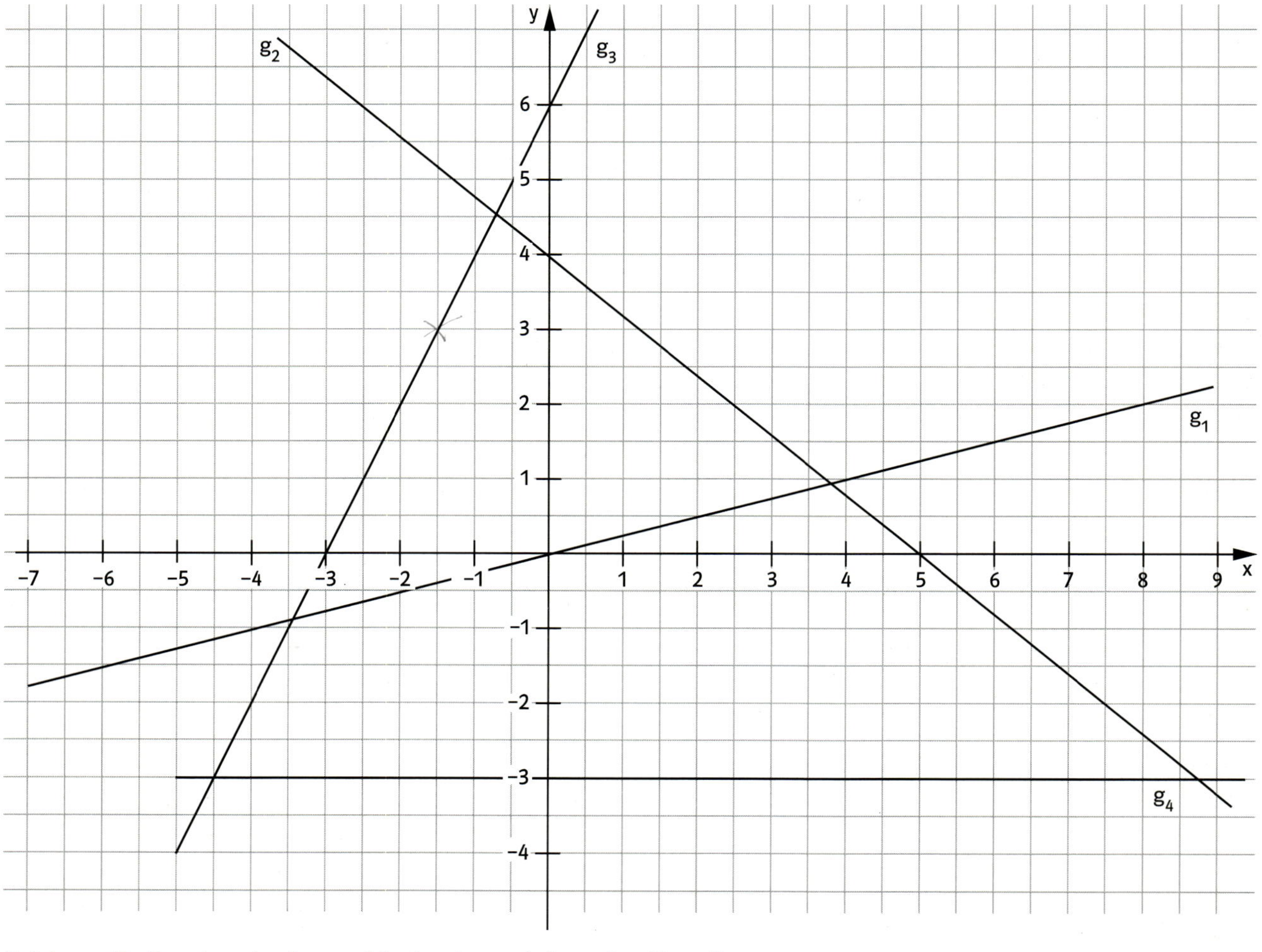

b) Zeichne die Graphen h_1, h_2, und h_3 in ein und dasselbe Koordinatensystem.

h_1: $y = \frac{3}{2}x - 2$; $x \in \mathbb{Q}$

h_2: $y = -2x - 3$; $x \in \mathbb{Q}$

h_3: $y = 0{,}2x + 2$; $x \in \mathbb{Q}$

3 (2 + 1 + 1 + 1 VP)
Bei einem Kranken wurde über längere Zeit die Temperatur am Morgen und am Abend gemessen.
Die Abbildung zeigt die Fieberkurven.

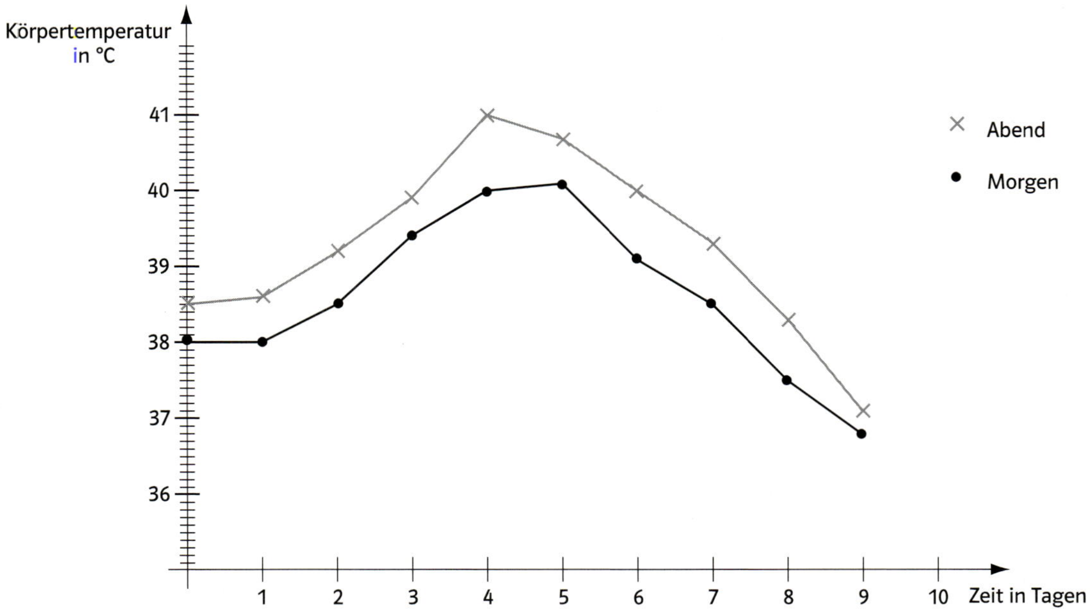

a) Lies die Temperaturen am dritten Tag ab.
Wann ist die am Abend gemessene Temperatur am niedrigsten?
b) Bis zum wievielten Tag steigt die am Morgen gemessene Temperatur?
Wie stark fällt die am Morgen gemessene Temperatur vom sechsten bis zum neunten Tag?
c) Wie lang war die am Abend gemessene Temperatur höher als 39,0°C?
d) Am zehnten Tag werden am Morgen 37,1°C und am Abend 37,6°C gemessen. Trage diese Werte in das Diagramm ein.

4 (2 + 2 + 2 VP)
Ein Körper ist wie in der Abbildung aus gleich großen Würfeln zusammengesetzt.
a) Gib für die Zuordnung
Würfelkantenlänge a → Körpervolumen V
eine Formel an.
Berechne das Volumen des Körpers für a = 3,0 cm.
b) Wie ändert sich das Volumen des Körpers, wenn die Kantenlänge um 20 % vergrößert wird?
c) Bestimme näherungsweise diejenige Kantenlänge für die das Volumen 100 cm^3 beträgt.
Beschreibe deine Vorgehensweise.

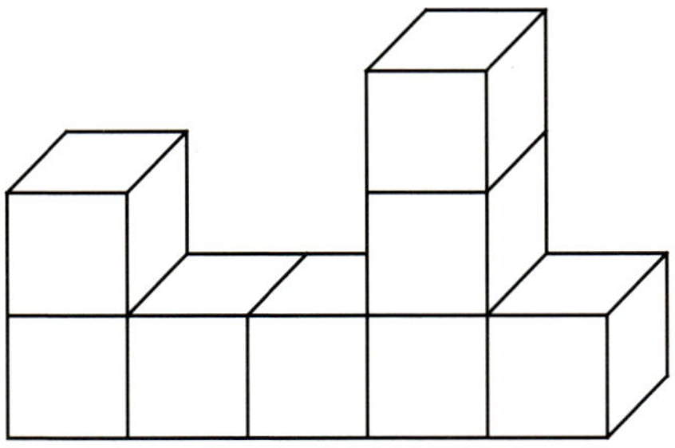

Lerntipps

zu Aufgabe 4
b) Wenn man die Kantenlänge a eines Würfels um 20 % vergrößert, dann gilt für die neue Kantenlänge: $a' = 1{,}2 \cdot a$. Gib damit das neue Volumen V′ in Abhängigkeit vom alten Volumen V an.
c) Bestimme zuerst das Volumen eines dieser acht Würfel.
Zur Bestimmung eines Näherungswertes für seine Kantenlänge kannst du den graphikfähigen Taschenrechner auf verschiedene Arten einsetzen.

Anfangszeit: ____________ + 45 Minuten → Abgabe: ____________

1 (2 + 3 + 2 + 2 VP)

Gegeben sind drei Zuordnungen $x \to y$:

g_1: $y = \frac{2}{5}x$, $x \in \mathbb{Q}$ g_2: $y = \frac{5}{4}x + 2$, $x \in \mathbb{Q}$ g_3: $y = -x$, $x \in \mathbb{Q}$.

a) Welche dieser Zuordnungen sind Proportionalitäten?
Begründe deine Antworten.
b) Zeichne die drei Graphen g_1, g_2 und g_3 zu diesen Zuordnungen in dasselbe Koordinatensystem ein.
c) Bei welchen dieser Zuordnungen wird dem Wert $x_0 = -8$ der y-Wert $y_0 = -8$ zugeordnet?
Welche Werte sind dem Wert $x_1 = -\frac{1}{2}$ zugeordnet?
d) Welche dieser Zuordnungen haben für $x_2 = 0$ einen positiven y-Wert?
Gibt es unter diesen Zuordnungen welche, die für negative x-Werte immer positive y-Werte haben?

2 (1 + 3 VP)

Peter fährt mit dem Fahrrad zur Schule.
Die Abbildung zeigt das Profil der Fahrstrecke von zu Hause bis zur Schule.

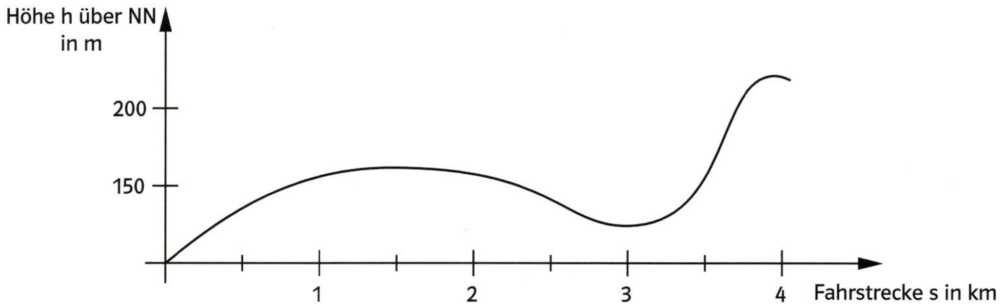

a) Welcher Teil seiner Fahrt zur Schule ist wohl am wenigsten anstrengend, welcher am anstrengendsten?
b) Welcher der vier unten abgebildeten Graphen gehört vermutlich zur Zuordnung
Fahrstrecke s → Geschwindigkeit v?
Begründe deine Entscheidung.

Abbildung 1

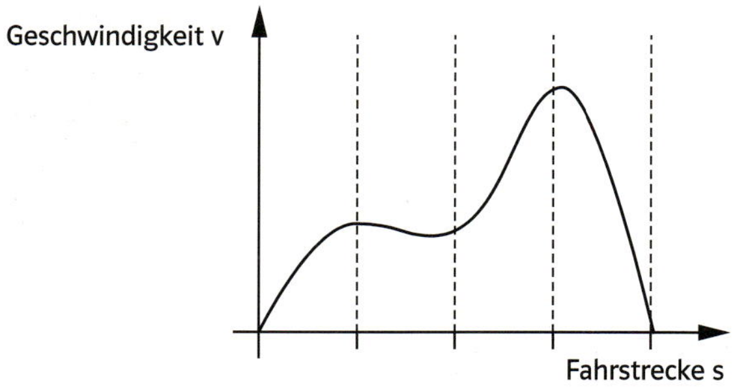

Abbildung 2

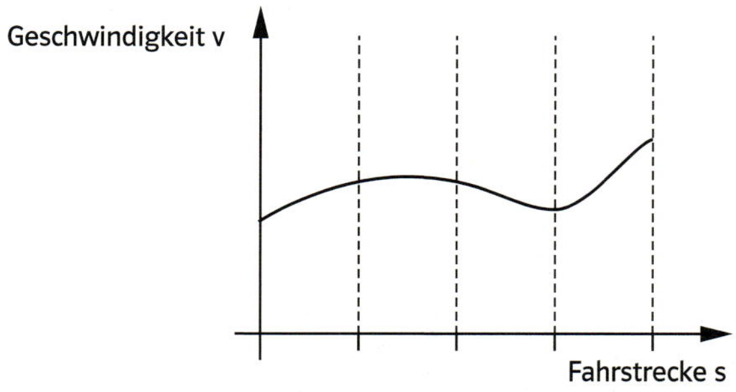

Abbildung 3

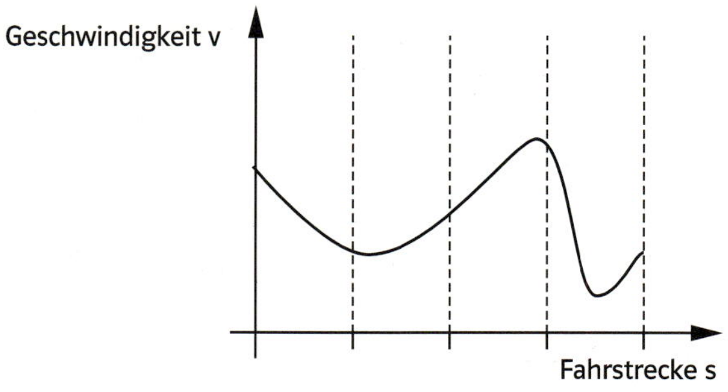

Abbildung 4

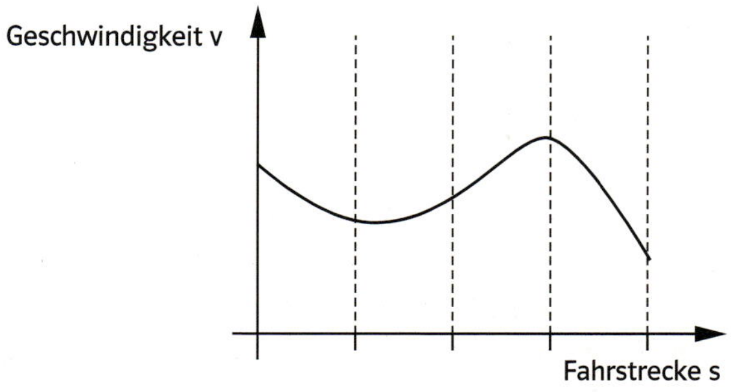

3 (2 + 5 VP)

a) Familie Otto kauft 4500 Liter Heizöl ein. Der Händler verlangt 65 ct je Liter.
Schreibe die Formel auf, mit der sich der Preis P in Abhängigkeit vom gekauften Heizölvolumen V berechnen lässt.
Schreibe die Formel auf, mit der sich das gekaufte Volumen in Abhängigkeit vom gezahlten Preis berechnen lässt.

b) Der Heizöltank ist quaderförmig. Seine Grundfläche ist 4,0 m lang und 1,5 m breit. Er ist noch bis zur Höhe von 0,30 m gefüllt. Beim Befüllen des Tanks fließen in jeder Minute 300 l Heizöl hinein.
Gib die Füllhöhe h in Abhängigkeit von der Füllzeit t an.
Zeichne den zugehörigen Graphen.

4 (4 VP)

Bei einem Rechteck mit den Seitenlängen a und b soll der Rechtecksinhalt A = 400 cm^2 unverändert bleiben, wenn die Seitenlängen verändert werden.
Erkläre, warum die Abbildung 1 diesen Zusammenhang zwischen a und b **nicht** korrekt beschreibt.
Zeichne eine korrekte Kurve in das Achsenkreuz in Abbildung 2 ein und erkläre!

Abbildung 1

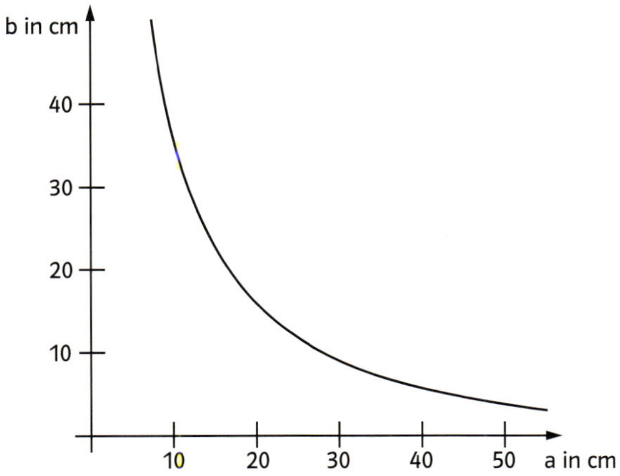

Abbildung 2

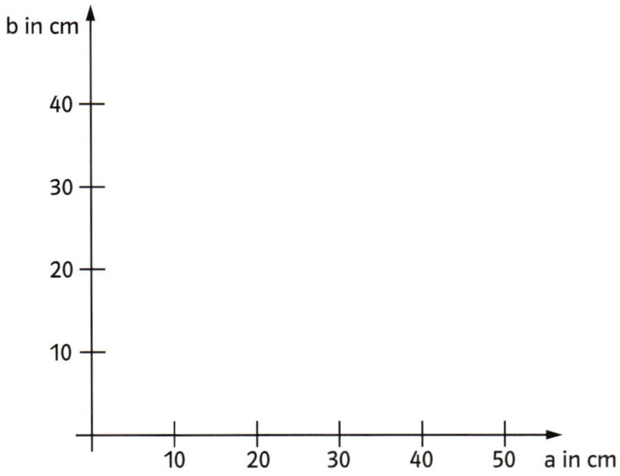

Lerntipps

Schaubilder lesen und beschreiben

Beachte die Achsenbeschriftungen
- Welche Größen werden auf den beiden Achsen dargestellt?
- Welche Maßeinheiten werden auf den Achsen verwendet?
- Beginnen die Achsenbeschriftungen mit Null oder einem anderen Wert?

Lies Beispiele ab
- Wähle einen Wert auf der Rechtsachse und bestimme den zugeordneten Wert auf der Hochachse.
- Wähle einen Wert auf der Hochachse und bestimme den zugeordneten Wert auf der Rechtsachse.

Beschreibe das Schaubild
- Wenn sich beim Vergrößern des Rechtswerts auch der Hochwert vergrößert, dann steigt das Schaubild.
- Wenn sich beim Vergrößern des Rechtswerts der Hochwert verkleinert, dann fällt das Schaubild.
- Wenn beim Verändern des Rechtswerts der Hochwert gleich bleibt, dann ist die auf der Hochachse abgetragene Größe konstant.
- Für welchen Rechtswert ist der Hochwert am größten oder am kleinsten?
- In welchen Bereichen ist das Schaubild am steilsten?

Anfangszeit: ____________________ + 45 Minuten → Abgabe: ____________________

1 (2 + 3 + 2 VP)
In der Abbildung sind die Graphen von drei linearen Zuordnungen x → y dargestellt.

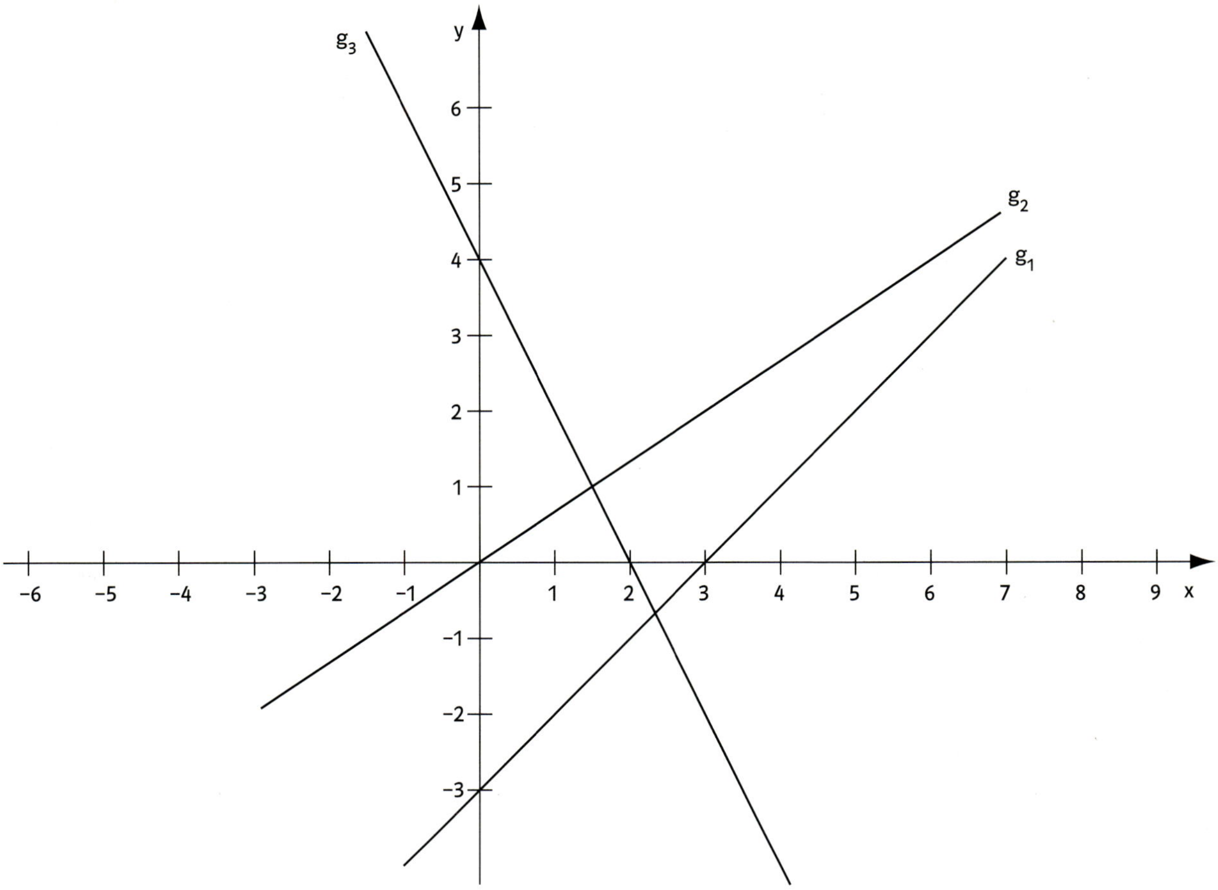

a) Lies für die Zuordnung mit dem Graphen g_1 ab:
Für welche x-Werte sind die y-Werte negativ?
Für welche y-Werte sind die x-Werte negativ?
b) Welche dieser Zuordnungen beschreibt eine Proportionalität?
Bestimme den Proportionalitätsfaktor.
Welcher Wert wird $x_0 = 5$ zugeordnet?
Zu welchem Wert x_1 gehört der zugeordnete Wert $y_1 = -2$?
c) Prüfe nach, ob die Punkte P(−3,5 | 11) und Q(12 | −28) auf dem Graphen g_3 liegen.

2 (2 + 2 + 1 VP)
Auf zwei 18 m langen parallelen und geradlinigen Schienenstrecken einer Modelleisenbahn fahren zwei Lokomotiven aufeinander zu. Die erste Lokomotive bewegt sich in jeder Sekunde 10 cm, die zweite Lokomotive 8 cm weit.

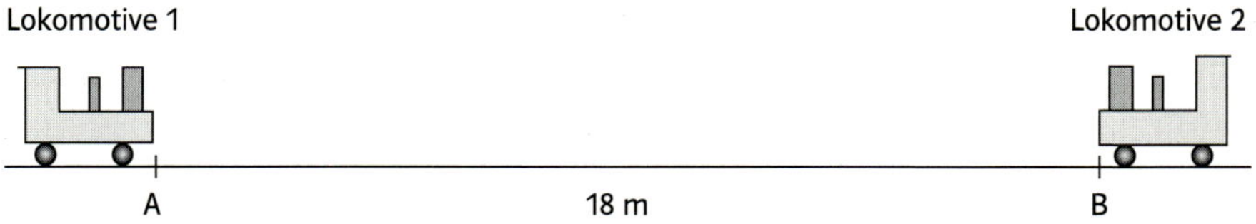

a) Mit welchen Formeln kann man den Abstand s der beiden Lokomotiven von Punkt A zur Zeit t berechnen?
b) Berechne damit, wann sich die beiden Lokomotiven begegnen. Wie weit ist dieser Punkt von A entfernt?
c) Nach welcher Fahrzeit haben die Lokomotiven noch 4,5 m Abstand voneinander?

3 (2 + 2 VP)

a) Gib den Flächeninhalt A eines Quadrats in Abhängigkeit vom Umfang U an.

b) Gib den Oberflächeninhalt O eines Würfels in Abhängigkeit von seiner Gesamtkantenlänge k an.

4 (4 + 2 + 2 VP)

Die Abbildung beschreibt die Bewegung eines Fallschirmspringers.

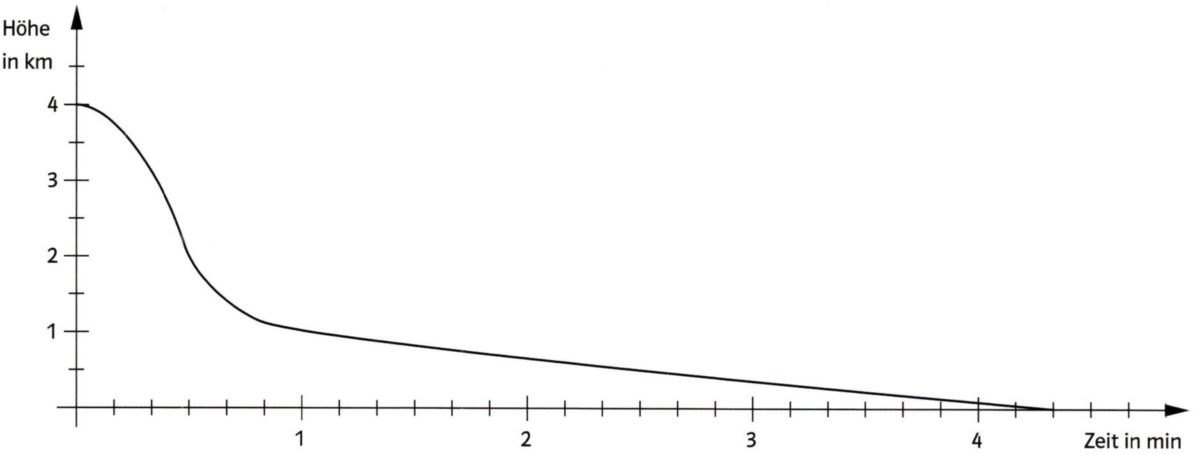

a) In welcher Höhe verlässt der Springer das Flugzeug?
Wann erreicht er den Boden?
Wie tief ist der Springer nach einer Minute gefallen?
Wie hoch ist der Springer nach 20 Sekunden?

b) Wann fällt der Springer am schnellsten?
Mit welcher Geschwindigkeit trifft er am Boden auf?

c) Welches Diagramm beschreibt am ehesten die Zuordnung *Zeit t → Fallgeschwindigkeit v* des Fallschirmspringers?
Erläutere!

Abbildung 1

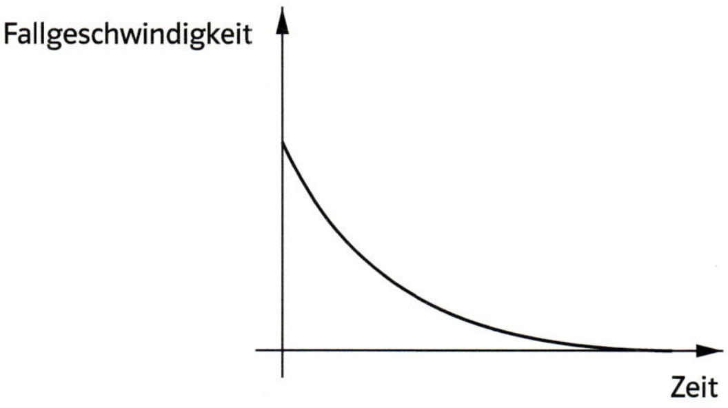

Abbildung 2

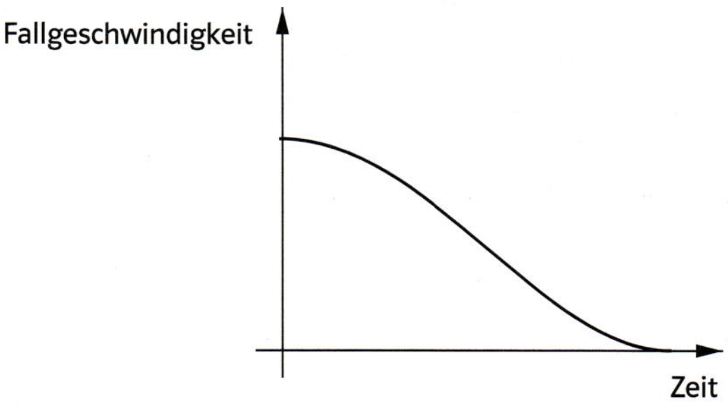

Abbildung 3

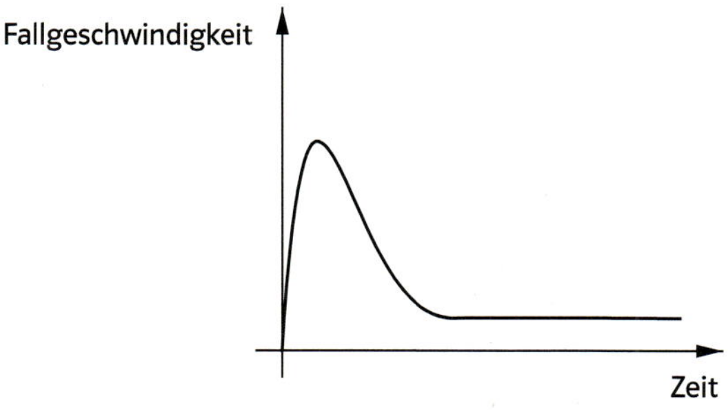

Abbildung 4

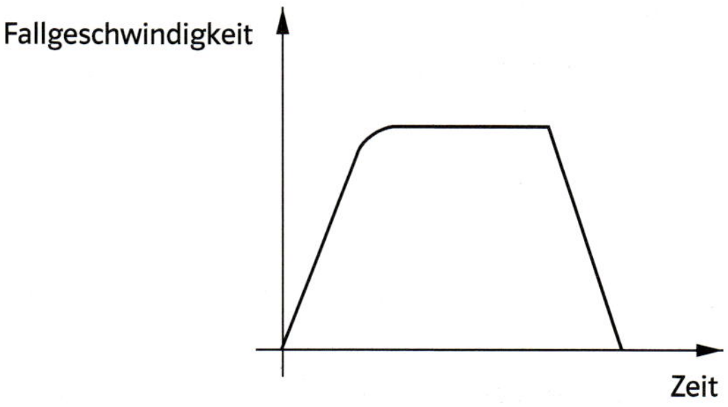

Anfangszeit: ______________ + 45 Minuten → Abgabe: ______________

1 (1 + 2 + 2 + 1 VP)

a) Gib eine Gleichung der Geraden g an.

b) Verschiebe die Gerade g um drei Einheiten nach oben.
Zeichne die Bildgerade g′ und gib ihre Gleichung an.

c) Die Gerade g wird an der x-Achse gespiegelt.
Zeichne die Bildgerade g″ und gib ihre Gleichung an.

d) Gib eine Gleichung der Geraden h durch die Punkte P(0 | −3) und Q(2 | 0) an.

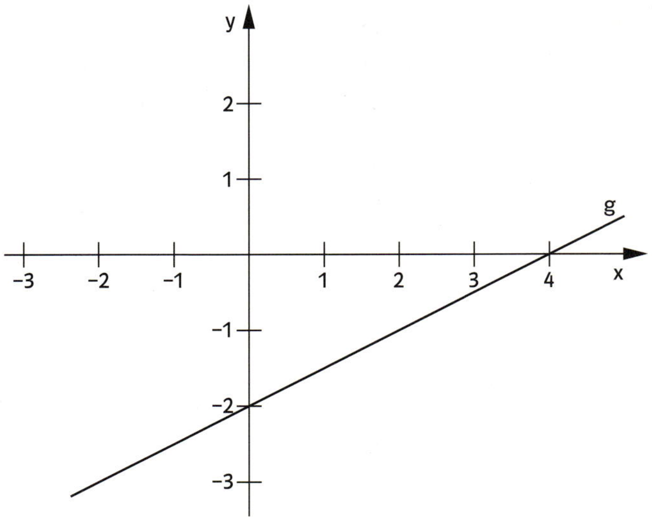

2 (4 + 3 + 1 VP)

Die Abbildung zeigt die Graphen der Zuordnung
Zeit t → Wanderstrecke s
für zwei Wanderer W_1 und W_2.

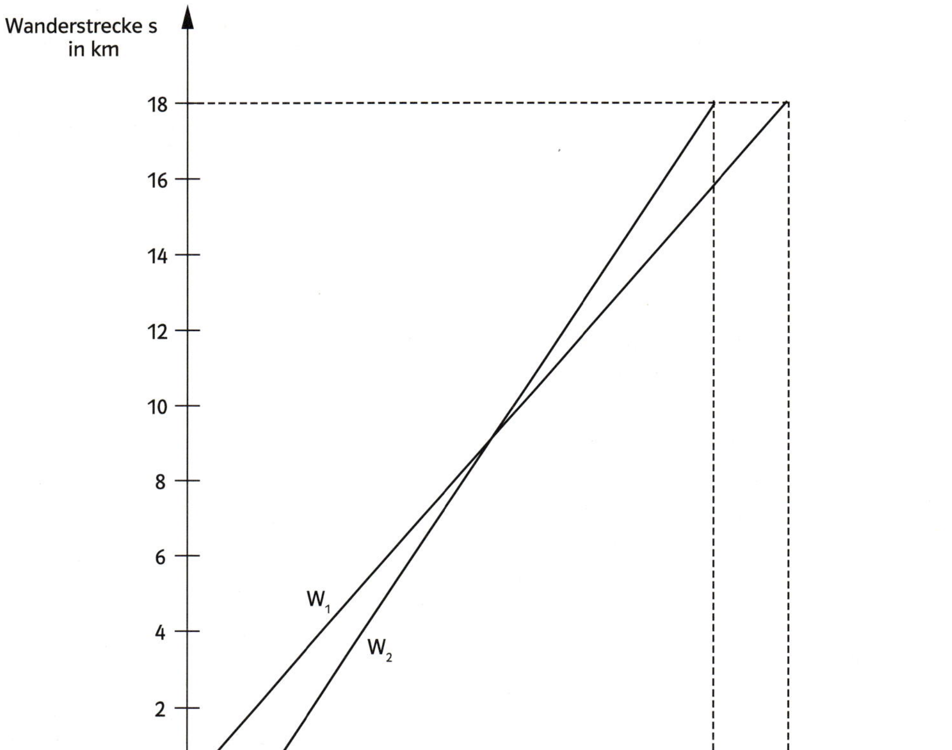

a) Beschreibe die Bewegung der beiden Wanderer.
Lies ab, wie weit beide Wanderer nach einer Stunde Wanderzeit gekommen sind.

b) Gib die Gleichung für jede der beiden Zuordnungen *Zeit t → Wanderstrecke s* an.
Berechne damit, wann und wo sich beide Wanderer begegnen.

c) Ist die Zuordnung *Zeit t → Entfernung d des Wanderers W_1 vom Ziel* eine Proportionalität?

3 (3 + 3 VP)

a) Welche der folgenden durch Formeln beschriebenen Zuordnungen sind antiproportionale Zuordnungen? Kreuze an! Begründe deine Entscheidungen.

☐ $x \to y$ mit $y = \frac{3}{x}$

☐ $a \to b$ mit $b \cdot a = 5$

☐ $V \to m$ mit $m = c \cdot V$, c ist konstant

☐ $s \to t$ mit $s = v \cdot t$, v ist konstant

b) Welche der Situationen können durch antiproportionale Zuordnungen beschrieben werden? Kreuze an! Begründe deine Entscheidung für die nicht angekreuzten Zuordnungen.

☐ Eine Anzahl von n Lkw sollen eine bestimmte Materialmenge m transportieren. Die Anzahl der erforderlichen Fahrten je Lkw sei f.
Zuordnung: $n \to f$

☐ Die Wegstrecke s wird mit einer durchschnittlichen Geschwindigkeit v in der Zeit t zurückgelegt.
Zuordnung: $t \to v$

☐ Eine vorbereitete Marmeladenmenge m soll in g Gläser mit dem Fassungsvermögen f je Glas abgefüllt werden.
Zuordnung: $f \to g$

☐ Zwei Personen haben heute das Alter a bzw. b und den Altersunterschied d. Die von heute an verstrichene Zeit sei t.
Zuordnung: $t \to d$

4 (1 + 1 + 1 + 1 VP)

Welche der folgenden Behauptungen über die Schaubilder der Zuordnungen mit den Gleichungen
$y = -\frac{1}{2}x^2 + 3x,\ x \in \mathbb{Q}$ und $y = x - 3,\ x \in \mathbb{Q}$, sind wahr, welche falsch?
Begründe deine Antworten.

a) Das Schaubild der ersten Zuordnung steigt für alle $x \in \mathbb{Q}$ für die gilt: $0 \le x \le 3$.
b) Für alle Punkte des Schaubilds der zweiten Zuordnung, die rechts von der y-Achse liegen, gilt: $-3 < y < 0$.
c) Die Schaubilder der beiden Zuordnungen schneiden sich etwa an der Stelle $x_0 = -1{,}16$.
d) Das Schaubild der ersten Zuordnung schneidet die x-Achse an den Stellen 0 und 5,8.

Lerntipps

zu Aufgabe 3
Antiproportionale Größen sind produktgleiche Größen!
zu Aufgabe 4
a) Zeichne das Schaubild mit dem graphikfähigen Taschenrechner und prüfe damit die Behauptung.
b) Für die genannten Punkte gilt $x > 0$.
Entscheide die Frage durch Zeichnung oder Rechnung.
c) Du kannst die Schnittstelle auf dem Bildschirm mithilfe des TRACE-Modus ablesen. Sorge für einen geeigneten Bildschirmausschnitt und vergrößere angemessen (WINDOW, ZOOM).
d) Wie müssten die zugeordneten y-Werte heißen, wenn die Behauptung zutreffen soll?

Klassenarbeit 3.1

1 (2 + 2 + 2 VP)

Proportionale Zuordnungen haben quotientengleiche Wertepaare.

a) Tabelle 1

x	0	1	2	3	4	5
y	0	2,5	5	7,5	10	12,5

Tabelle 2

x	−2	−1	0	1	2	3
y	$\frac{9}{2}$	$\frac{9}{4}$	0	$-\frac{9}{4}$	$-\frac{9}{2}$	$-\frac{27}{4}$

Alternative

Du weißt, dass bei einer proportionalen Zuordnung dem x-Wert 0 der y-Wert 0 zugeordnet wird. Wenn nun in Tabelle 1 dem x-Wert 2 der y-Wert 5 zugeordnet ist, dann muss dem halben x-Wert 1 auch der halbe y-Wert $\frac{5}{2}$ zugeordnet sein. Jetzt kannst du mit dem Wertepaar $(1 \mid \frac{5}{2})$ die anderen Wertepaare $(3 \mid 3 \cdot \frac{5}{2})$, $(4 \mid 4 \cdot \frac{5}{2})$ und $(5 \mid 5 \cdot \frac{5}{2})$ festlegen. Entsprechendes gilt für die zweite Tabelle.

b)

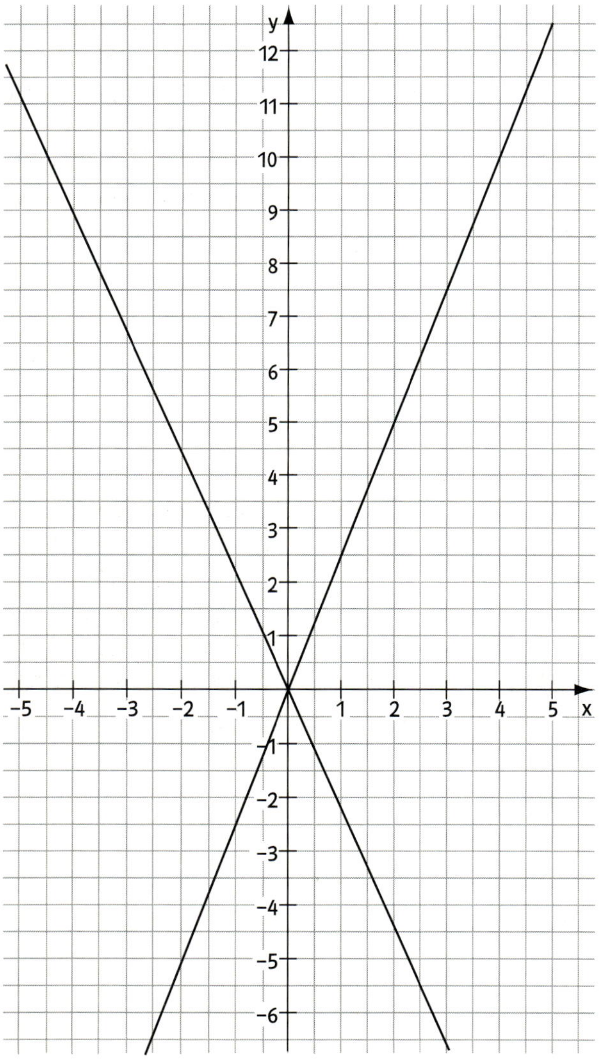

c) *Bestimme zuerst die Gleichungen zu beiden Zuordnungen. Sie haben die Form y = m · x.*

Die zur ersten Tabelle gehörende Zuordnung kann durch die Gleichung $y = 2{,}5 \cdot x$ beschrieben werden.

Für y = −12 erhält man:

$$-12 = 2{,}5 \cdot x$$
$$-12 = \frac{5}{2} \cdot x \qquad \mid \cdot \frac{2}{5}$$
$$-\frac{24}{5} = x$$
$$x = -\frac{24}{5}$$

Die zur zweiten Tabelle gehörende Zuordnung kann durch die Gleichung $y = -\frac{9}{4} \cdot x$ beschrieben werden.

Für y = −12 erhält man:

$$-12 = -\frac{9}{4} \cdot x \qquad \mid \cdot \left(-\frac{4}{9}\right)$$
$$+\,12 \cdot \frac{4}{9} = x$$
$$\frac{16}{3} = x$$
$$x = \frac{16}{3}$$

2 (4 + 3 VP)

a) *Jede Gleichung hat die Form y = m · x + n. Mit x = 0 kannst du an dem Graphen den zugehörigen Wert n ablesen. Wenn du den x-Wert um eine Einheit vergrößerst, dann verändert sich der y-Wert um m Einheiten.*

Die Ablesegenauigkeit wird besser, wenn du den x-Wert um zwei, drei, vier Einheiten vergrößerst. Der y-Wert verändert sich dann um 2 · m, 3 · m, 4 · m. Zeichne Hilfslinien im Bild ein!

g_1: $y = \frac{1}{4} \cdot x$, $\quad x \in \mathbb{Q}$

g_2: $y = -\frac{4}{5} \cdot x + 4$, $\quad x \in \mathbb{Q}$

g_3: $y = 2 \cdot x + 6$, $\quad x \in \mathbb{Q}$

g_4: $y = -3$, $\quad x \in \mathbb{Q}$

b)

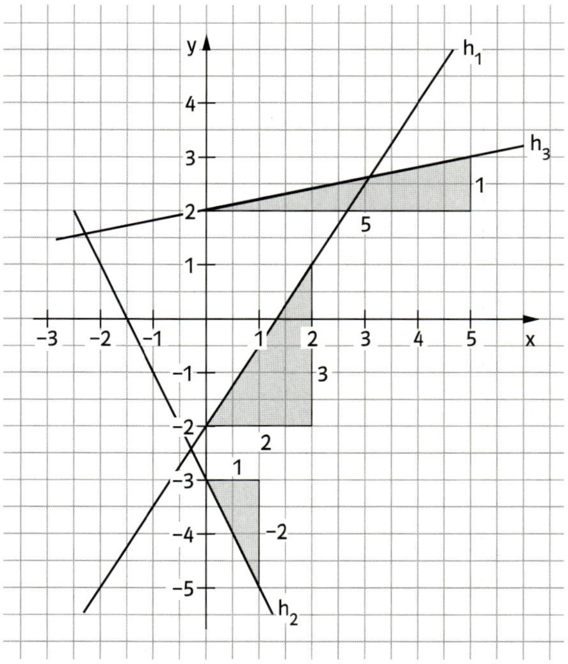

3 (2 + 1 + 1 + 1 VP)
Zum Ablesen auf der Hochachse ist es hilfreich, wenn du durch den betreffenden Kurvenpunkt eine zur Rechtsachse parallele Gerade zeichnest!
a) Am dritten Tag beträgt die Temperatur am Morgen 39,4 °C, am Abend 39,9 °C. Die am Abend gemessene Temperatur ist am neunten Tag am niedrigsten (37,1 °C).
b) Die am Morgen gemessene Temperatur steigt bis zum fünften Tag an (auf 40,1 °C). Die Temperatur fällt von 39,1 °C am sechsten Tag auf 36,8 °C am neunten Tag. Die Temperaturabnahme beträgt 2,3 K.
c) Die Temperatur am Abend lag vom zweiten bis zum siebten Tag höher als 39,0 °C. Dies sind sechs Tage.
d)

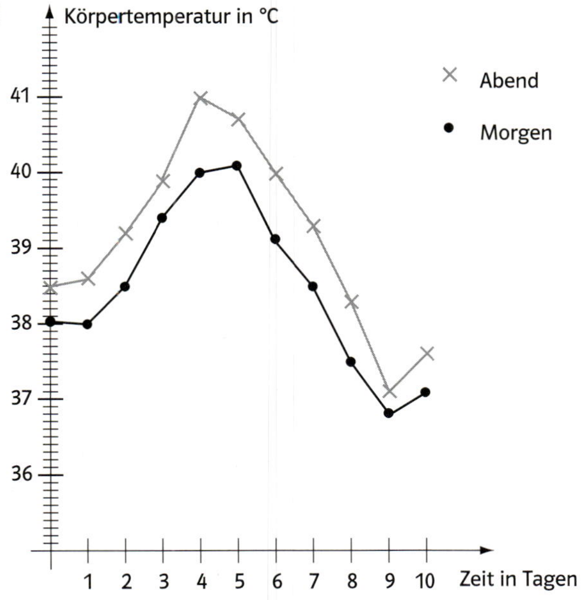

4 (2 + 2 + 2 VP)
a) Der Körper besteht aus acht gleichgroßen Würfeln. Die Formel für das Körpervolumen in Abhängigkeit von der Würfelkantenlänge heißt: $V = 8 \cdot a^3$.
Für a = 3 cm erhält man:
$V = 8 \cdot (3\,\text{cm})^3$
$V = 216\,\text{cm}^3$
b) Die Kantenlänge der Würfel sei jetzt a′.
Es gilt: $a' = 1{,}2 \cdot a$. Für das neue Volumen V′ folgt daraus:
$V' = 8 \cdot (a')^3$
$V' = 8 \cdot (1{,}2 \cdot a)^3$
$V' = 8 \cdot 1{,}2^3 \cdot a^3$
$V' = 1{,}2^3 \cdot (8 \cdot a^3)$
$V' = 1{,}2^3 \cdot V$
$V' = 1{,}728 \cdot V$
Das Volumen ist um 72,8 % größer geworden.

c) Die gesuchte Kantenlänge sei x.
Dann gilt:
$V = 8 \cdot x^3$
$100\,\text{cm}^3 = 8 \cdot x^3$
$x^3 = 12{,}5\,\text{cm}^3$
Für x = 2 cm erhält man $x^3 = 8\,\text{cm}^3 < 12{,}5\,\text{cm}^3$.
Für x = 3 cm erhält man $x^3 = 27\,\text{cm}^3 > 12{,}5\,\text{cm}^3$.
Der wahre Wert muss also zwischen 2,0 cm und 3,0 cm liegen.
Berechnen für auf eine Nachkommastelle gerundete Maße ergibt:

x	2,3 cm	2,4 cm
x^3	12,167 cm³	13,824 cm³

Will man die Genauigkeit weiter erhöhen, so muss man für x Werte zwischen 2,3 cm und 2,4 cm wählen.

x	2,31 cm	2,32 cm	2,33 cm
x^3	12,3263... cm³	12,4871... cm³	12,6493... cm³

Somit: 2,32 cm < x < 2,33 cm.
Du kannst auch den graphikfähigen Taschenrechner verwenden und die Kurve mit der Gleichung $y = x^3$ zeichnen lassen. Mit dem TRACE-Modus fährst du auf der Kurve entlang, bis der y-Wert 12,5 angezeigt wird. Der gleichzeitig angezeigte x-Wert ist der gesuchte Wert. Gegebenenfalls kannst du mit WINDOW und ZOOM den Zeichenbereich optimieren, um die Genauigkeit zu steigern.

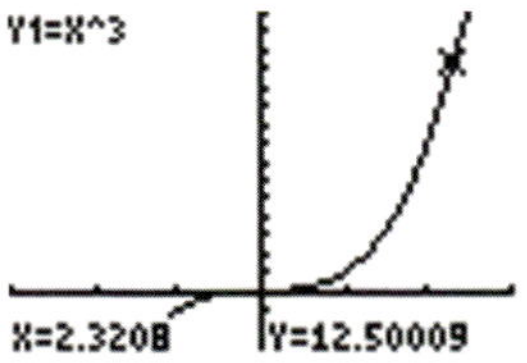

Eine zweite Möglichkeit mit dem graphikfähigen Taschenrechner ergibt sich durch das Aufstellen einer Wertetabelle. Wenn du die Gleichung der Kurve eingegeben hast, dann kannst du mit TBL-Set und dem Startwert TblStart=2 mit der Schrittweite ΔTbl=.01 die Vorgaben für die Wertetabelle festlegen. Mit TABLE kannst du ablesen: 2,32 < x < 2,33.

Klassenarbeit 3.2

1 (2 + 3 + 2 + 2 VP)

a) Eine Zuordnung $x \rightarrow y$ heißt Proportionalität, wenn die Quotienten zugeordneter Größen gleich sind.

Bei der ersten Zuordnung gilt für alle Paare $(x \mid y)$: $\frac{y}{x} = \frac{2}{5}$. Daher liegt eine Proportionalität vor.

Bei der zweiten Zuordnung trifft dies nicht zu. Es gilt: $\frac{y}{x} = \frac{5}{4} + \frac{2}{x}$. Dieser Quotient ist nicht konstant, sondern noch von x abhängig. Die Zuordnung ist daher keine Proportionalität.

Bei der dritten Zuordnung gilt für alle Paare $(x \mid y)$: $\frac{y}{x} = -1$. Daher liegt eine Proportionalität vor.

b) *Beim Zeichnen der zugehörigen Geraden ist es zweckmäßig, mit dem Punkt mit dem x-Wert 0 zu beginnen. Dann wählst du den x-Wert 1 und berechnest den zugehörigen y-Wert. Damit kennst du einen zweiten Punkt der Geraden und kannst diese zeichnen. Manchmal kann auch der x-Wert 2, 3, 4, 5 usw. bequemer sein. Erkennst du, warum?*

Schaubilder

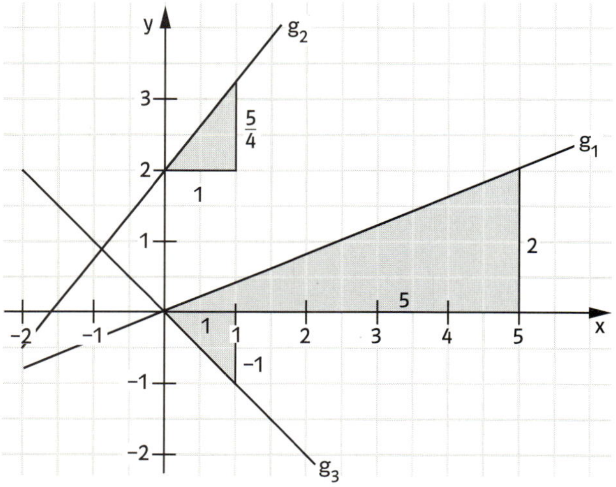

c) Für $x_0 = -8$ folgt

bei g_1: $y_0 = \frac{2}{5} \cdot (-8) = -\frac{16}{5} \neq -8$

bei g_2: $y_0 = \frac{5}{4} \cdot (-8) + 2 = -10 + 2 = -8$

bei g_3: $y_0 = -(-8) = +8 \neq -8$

Nur bei der zweiten Zuordnung wird dem Wert $x_0 = -8$ der Wert $y_0 = -8$ zugeordnet.

Für $x_1 = -\frac{1}{2}$ folgt

bei g_1: $y_1 = \frac{2}{5} \cdot \left(-\frac{1}{2}\right) = -\frac{1}{5}$,

bei g_2: $y_1 = \frac{5}{4} \cdot \left(-\frac{1}{2}\right) + 2 = -\frac{5}{8} + 2 = \frac{11}{8}$,

bei g_3: $y_1 = -\left(-\frac{1}{2}\right) = +\frac{1}{2}$.

d) *Diese Frage kannst du durch Betrachten der Schaubilder beantworten.*

Nur die zweite Zuordnung hat für $x_2 = 0$ einen positiven y-Wert, nämlich $y_2 = 2$.

Bei den beiden anderen Zuordnungen wird dem x-Wert $x_2 = 0$ der y-Wert $y_2 = 0$ zugeordnet.

Für negative x-Werte hat nur die dritte Zuordnung immer positive y-Werte.

2 (1 + 3 VP)

a) *Beim Fahrradfahren sind wohl die Teilstrecken besonders angenehm, bei denen es bergab geht, und besonders anstrengend, wenn es bergauf geht. Wie erkennst du diese Teilstrecken am Streckenprofil?*

Die Fahrstrecke zwischen 2 km und 3 km verläuft abwärts. Dort ist die Fahrt wohl am wenigsten anstrengend.

Am anstrengendsten ist die Fahrt auf dem steilsten Teil der Strecke. Dies ist etwa bei der 3,5 km-Marke.

b) Im Streckenprofil erkennt man:

Zuerst steigt die Fahrstrecke auf dem ersten Kilometer etwa gleichmäßig an. Die Geschwindigkeit auf diesem Teil dürfte also wohl abnehmen. Damit kommen nur noch die Abbildungen 3 und 4 in Frage.

Auf dem zweiten Kilometer verläuft die Straße etwa eben. Peter kann beschleunigen und schneller werden. Dies ist bei beiden Abbildungen 3 und 4 der Fall.

Auf dem dritten Streckenkilometer muss er bergab fahren. Er kann erneut schneller werden. Auch dies ist bei beiden Abbildungen 3 und 4 erkennbar.

Der vierte Kilometer ist der steilste. Zuerst steigt die Straße zunehmend steiler an, er wird also langsamer fahren müssen.

Auf dem letzten Teil der Strecke nimmt die Steigung wieder etwas ab, so dass er wohl wieder etwas schneller fahren kann, ehe er an der Schule ankommt. Dies wird durch Abbildung 3 dargestellt. Vermutlich gehört also Abbildung 3 zu der angegebenen Zuordnung.

3 (2 + 5 VP)

a) *Beim Einsetzen des Volumens in die Formel sollte sich der Preis ergeben. Achte auf die richtigen Maßeinheiten!*

Für den Preis P in Abhängigkeit vom Heizölvolumen V gilt: $P = 0{,}65\,\frac{€}{l} \cdot V$

Daraus folgt:

$V = \frac{1}{0{,}65}\,\frac{l}{€} \cdot P = \frac{100}{65}\,\frac{l}{€} \cdot P = \frac{20}{13}\,\frac{l}{€} \cdot P$

b) *Das Heizöl im Tank hat Quaderform. Berechne zunächst die Veränderung des Flüssigkeitsspiegels beim Volumenzuwachs um 300 l.*

Flächeninhalt der rechteckigen Tankgrundfläche:

$A = 4{,}0\,m \cdot 1{,}5\,m$

$A = 6{,}0\,m^2$

In jeder Minute fließen V = 300 l Heizöl in den quaderförmigen Tank. Dabei steigt der Flüssigkeitsspiegel um c.
Es gilt:

$$V = A \cdot c$$
$$300\,l = 6{,}0\,m^2 \cdot c$$
$$300\,dm^3 = 600\,dm^2 \cdot c$$
$$c = 300\,dm^3 : 600\,dm^2$$
$$c = 0{,}50\,dm$$

Da zu Beginn der Füllung das Öl bereits 0,30 m hoch steht, erhält man zum Zeitpunkt t die Füllhöhe h nach der Formel:

$h = 0{,}50\,\frac{dm}{min} \cdot t + 0{,}30\,m$

$h = 0{,}50\,\frac{dm}{min} \cdot t + 3{,}0\,dm$

Schaubild:

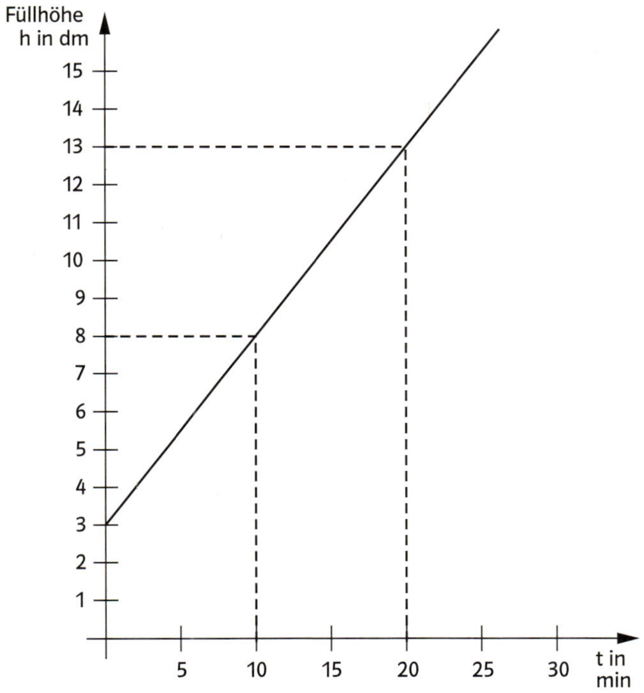

4 (4 VP)
Für den Rechtecksinhalt A gilt: A = a · b.
Das Produkt der Seitenlängen muss also bei unverändertem Rechtecksinhalt gleich bleiben.
Wählt man in Abbildung 1 verschiedene Werte von a und die zugehörigen Werte von b, so erhält man verschiedene Produkte:

a	10 cm	20 cm	30 cm
b	35 cm	15 cm	9 cm
a · b	350 cm²	300 cm²	270 cm²

Die Kurve beschreibt daher den Zusammenhang nicht korrekt.

Alternative
Es reicht aus, für ein einziges Wertepaar, (z. B. a = 20 cm, b = 15 cm) den Flächeninhalt zu berechnen. Da man nicht den gegebenen Inhalt 400 cm² erhält, muss die Kurve falsch sein.

Der Rechtecksinhalt soll A = 400 cm² betragen.
Dann kann man folgende Wertepaare zur Zeichnung verwenden:

a	10 cm	16 cm	20 cm	25 cm	40 cm
b	40 cm	25 cm	20 cm	16 cm	10 cm
a · b	400 cm²	400 cm²	400 cm²	400 cm²	400 cm²

Damit erhält man folgendes Schaubild.

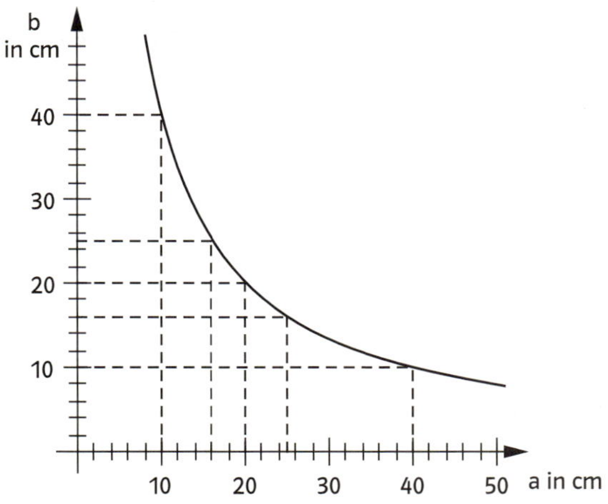

Klassenarbeit 3.3

1 (2 + 3 + 2 VP)
Zum besseren Verständnis wird hier die Abbildung der Klassenarbeit (verkleinert) wiederholt.

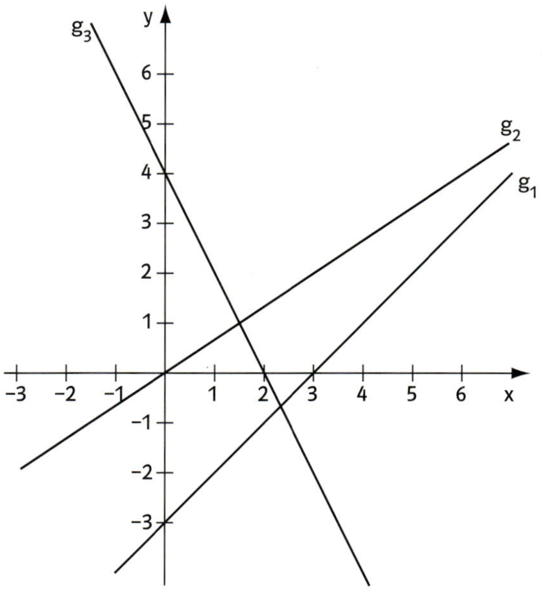

a) Für x-Werte, die kleiner sind als 3, verläuft das Schaubild g_1 unter der x-Achse. Die entsprechenden Kurvenpunkte haben daher negative y-Koordinaten.
Wenn $x < 3$, dann $y < 0$.
Für x-Werte, die kleiner sind als 0, verläuft das Schaubild g_1 links von der y-Achse. Die entsprechenden Kurvenpunkte haben daher y-Koordinaten, die kleiner als −3 sind.
Wenn $y < -3$, dann $x < 0$.
b) Nur die Zuordnung mit dem Graphen g_2 beschreibt eine Proportionalität. Sie lässt sich als einzige der drei Zuordnungen durch eine Gleichung der Form $y = m \cdot x$ beschreiben. Der Zeichnung ist zu entnehmen, dass dem x-Wert 3 der y-Wert 2 zugeordnet wird. Folglich gilt für den Proportionalitätsfaktor:

$2 = m \cdot 3$
$m = \frac{2}{3}$

Die Gleichung lautet daher $y = \frac{2}{3} \cdot x, x \in \mathbb{Q}$.
Somit:

$y_0 = \frac{2}{3} \cdot x_0$
$y_0 = \frac{2}{3} \cdot 5$
$y_0 = \frac{10}{3}$

Dem x-Wert 5 wird der y-Wert $\frac{10}{3}$ zugeordnet.

$y_1 = \frac{2}{3} \cdot x_1$
$-2 = \frac{2}{3} \cdot x_1 \quad | \cdot \frac{3}{2}$
$-3 = x_1$

Der zugeordnete Wert $y_1 = -2$ gehört zum Wert $x_1 = -3$.

c) Der Graph g_3 wird durch die Gleichung $y = -2x + 4, x \in \mathbb{Q}$, beschrieben.
Für $x_0 = -3{,}5$ ergibt sich:

$y_0 = -2 \cdot x_0 + 4$
$y_0 = -2 \cdot (-3{,}5) + 4$
$y_0 = 7 + 4$
$y_0 = 11$

Der Punkt $P(-3{,}5 \mid 11)$ liegt auf g_3.
Für $x_1 = 12$ ergibt sich:

$y_1 = -2 \cdot 12 + 4$
$y_1 = -24 + 4$
$y_1 = -20$

Der Punkt $Q(12 \mid -28)$ liegt nicht auf g_3.

2 (2 + 2 + 1 VP)
a) Lokomotive 1
Der Abstand von A vergrößert sich je Sekunde um 10 cm:
$s_1 = 10 \frac{cm}{s} \cdot t$
Lokomotive 2
Der ursprüngliche Abstand von 18 m verringert sich je Sekunde um 8 cm:
$s_2 = 18\,m - 8 \frac{cm}{s} \cdot t$
b) Die Lokomotiven begegnen sich, wenn ihr Abstand von A gleich groß ist, wenn also $s_1 = s_2$ gilt.

$10 \frac{cm}{s} \cdot t = 18\,m - 8 \frac{cm}{s} \cdot t \quad | + 8 \frac{cm}{s} \cdot t$
$10 \frac{cm}{s} \cdot t + 8 \frac{cm}{s} \cdot t = 18\,m$
$18 \frac{cm}{s} \cdot t = 1800\,cm \quad | : 18 \frac{cm}{s}$
$t = 100\,s$

Die Lokomotiven begegnen sich nach 100 Sekunden.
Nach 100 s hat Lokomotive 1 eine Strecke der Länge $10 \frac{cm}{s} \cdot 100\,s$ zurückgelegt. Dies sind 1000 cm oder 10 m. Die Lokomotiven begegnen sich im Abstand 10 m vom Punkt A.
c) Die Lokomotiven verringern in jeder Sekunde den Abstand um 18 cm. Der Abstand der Lokomotiven zur Zeit t lässt sich daher beschreiben durch $d = 18\,m - 18 \frac{cm}{s} \cdot t$.
Mit $d = 4{,}5\,m$ folgt daraus:

$4{,}5\,m = 18\,m - 18 \frac{cm}{s} \cdot t \quad | + 18 \frac{cm}{s} \cdot t$
$18 \frac{cm}{s} \cdot t + 4{,}5\,m = 18\,m \quad | - 4{,}5\,m$
$18 \frac{cm}{s} \cdot t = 13{,}5\,m \quad | : 18 \frac{cm}{s}$
$t = 1350\,cm : 18 \frac{cm}{s}$
$t = 75\,s$

Die Lokomotiven haben nach 75 s den Abstand 4,5 m.

3 (2 + 2 VP)
a) Das Quadrat habe die Seitenlänge a.
Dann gilt:
$U = 4 \cdot a$
$a = \frac{U}{4}$
Für den Flächeninhalt folgt:
$A = a^2$
$A = (\frac{U}{4})^2$
$A = \frac{1}{16} \cdot U^2$

b) Der Würfel habe die Kantenlänge a.
Dann gilt:
$k = 12 \cdot a$
$a = \frac{k}{12}$
Für den Oberflächeninhalt gilt:
$O = 6 \cdot a^2$
$O = 6 \cdot (\frac{k}{12})^2$
$O = 6 \cdot \frac{k^2}{144}$
$O = \frac{1}{24} \cdot k^2$

4 (4 + 2 + 2 VP)
a) Der Springer verlässt das Flugzeug zum Zeitpunkt 0 min in einer Höhe von 4 km.
Er erreicht den Boden nach $4\frac{1}{3}$ min = 4 min 20 s.
Nach einer Minute befindet sich der Fallschirmspringer in einer Höhe von 1 km, er ist also 3 km gefallen.
Nach 20 s ist der Springer noch 3 km hoch.
b) Der Springer fällt in dem Zeitintervall am schnellsten, in dem er den größten Höhenunterschied zurücklegt. Dies ist etwa zwischen 20 s und 30 s nach dem Absprung der Fall. (In diesem Bereich ist das Schaubild am steilsten.)
Die Abnahme der Höhe mit der Zeit ist von 1 min nach dem Absprung bis zum Auftreffen auf dem Boden gleichförmig. In 3 min 20 s = 200 s fällt der Springer 1 km tief. In jeder Sekunde fällt er daher 5 m. Seine Geschwindigkeit beim Auftreffen am Boden ist $5\frac{m}{s}$.
c) Aus dem Höhe-Zeit-Diagramm erkennt man, dass die Fallgeschwindigkeit zuerst von 0 aus anwächst, im Bereich von 20 s bis 30 s ihren größten Wert annimmt, dann wieder kleiner wird (nach dem Öffnen des Schirms) und schließlich konstant bleibt. Dieser Zusammenhang zwischen Zeit und Fallgeschwindigkeit wird nur vom Schaubild in Abbildung 3 dargestellt.

Klassenarbeit 3.4

1 (1 + 2 + 2 + 1 VP)

a) Die Gerade g hat die Gleichung $y = \frac{1}{2} \cdot x - 2$, $x \in \mathbb{Q}$. (Für $x_0 = 0$ ist der y-Wert $y_0 = -2$; wenn der x-Wert um 4 Einheiten zunimmt, nimmt der y-Wert um 2 Einheiten zu, d.h. wenn der x-Wert um 1 Einheit zunimmt, wächst der y-Wert um $\frac{1}{2}$ Einheit.)

b) Die Bildgerade g′ hat die Gleichung $y = \frac{1}{2} \cdot x + 1$, $x \in \mathbb{Q}$.

c) Die Gerade g″ geht durch den Punkt R(0 | 2) und den Punkt S(4 | 0). Ihre Gleichung lautet daher: $y = -\frac{1}{2} \cdot x + 2$, $x \in \mathbb{Q}$.

d) Für x = 0 ist der y-Wert $y_0 = -2$. Wenn der x-Wert um 2 Einheiten zunimmt, wächst der y-Wert um 3 Einheiten, d.h. wenn der x-Wert um 1 Einheit zunimmt, so nimmt der y-Wert um $\frac{3}{2}$ Einheiten zu. Die Gleichung von h lautet somit $y = \frac{3}{2} \cdot x - 3$, $x \in \mathbb{Q}$.

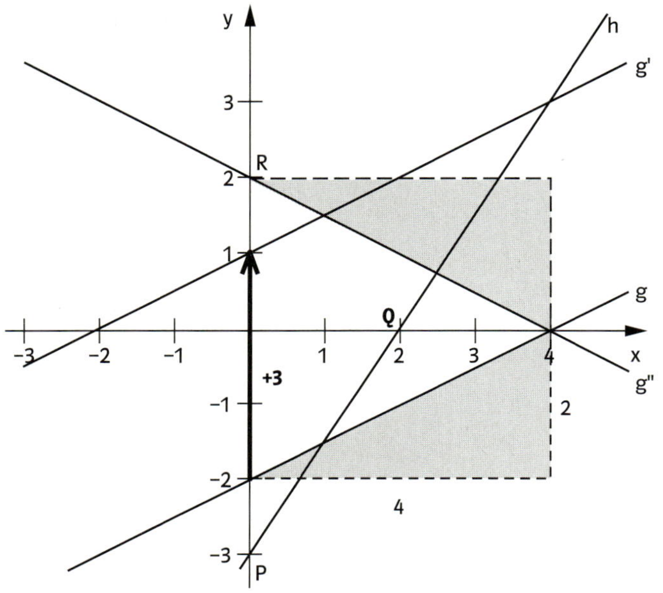

2 (4 + 3 + 1 VP)

a) Wanderer 1 beginnt seine Bewegung zum Zeitpunkt 0 h an der Wegmarke 0 km. Er legt in immer gleichen Zeitabschnitten gleichgroße Wegstrecken zurück. Nach 4 h Wanderzeit erreicht er die Wegmarke 18 km.

Wanderer 2 beginnt seine Bewegung $\frac{1}{2}$ h nach Wanderer 1. Er bewegt sich ebenfalls gleichförmig und erreicht 3 h nach Beginn seiner Wanderung ebenfalls die Wegmarke 18 km.

Wanderer 1 ist nach einer Stunde Wanderzeit 4,5 km weit gekommen, Wanderer 2 ist nach einer Stunde Wanderzeit 6 km weit gekommen.

b) Gleichung für die Zuordnung bei Wanderer 1:
$s_1 = 4{,}5 \frac{km}{h} \cdot t$, $t \geq 0\,h$,
Gleichung für die Zuordnung bei Wanderer 2:
$s_2 = 6 \frac{km}{h} \cdot t - 3\,km$, $t \geq 0{,}5\,h$.
Die Wanderer begegnen sich, wenn für einen Zeitpunkt t gilt: $s_1 = s_2$.
Daher:

$$4{,}5 \tfrac{km}{h} \cdot t = 6 \tfrac{km}{h} \cdot t - 3\,km \quad | -6\tfrac{km}{h} \cdot t$$
$$-1{,}5 \tfrac{km}{h} \cdot t = -3\,km \quad | \cdot (-1)$$
$$1{,}5 \tfrac{km}{h} \cdot t = 3\,km \quad | :1{,}5\tfrac{km}{h}$$
$$t = 2\,h$$

Die Wanderer begegnen sich 2 h nach Beginn der Wanderung des ersten Wanderers. Dieser ist in dieser Zeit $4{,}5 \frac{km}{h} \cdot 2\,h = 9\,km$ weit gekommen. (Entsprechend lässt sich sagen: Die Wanderer begegnen sich 1,5 h nach Beginn der Wanderung des zweiten Wanderers. Dieser ist in dieser Zeit ebenfalls 9 km weit gekommen.)

c) Die Zuordnung *Zeit → Entfernung des Wanderers* W_1 *vom Ziel* lässt sich beschreiben durch die Gleichung $d = 18\,km - s_1 = 18\,km - 4{,}5 \frac{km}{h} \cdot t$. Das zugehörige Schaubild liegt zwar auf einer Geraden. Diese Gerade geht jedoch nicht durch den Ursprung des Koordinatensystems, da sich für t = 0 h der Wert d = 18 km ergibt. Folglich ist die Zuordnung keine Proportionalität.

3 (3 + 3 VP)

a) [X] x → y mit $y = \frac{3}{x}$
[X] a → b mit $b \cdot a = 5$
[ ] V → m mit $m = c \cdot V$, c ist konstant
[ ] s → t mit $s = v \cdot t$, v ist konstant

Begründung
Antiproportionale Zuordnungen x → y haben produktgleiche Wertepaare. Dies ist bei den ersten beiden Zuordnungen der Fall: $x \cdot y = 3$, $a \cdot b = 5$.
Bei der dritten Zuordnung ist $m \cdot V$ nicht konstant (sondern $\frac{m}{V}$), bei der vierten Zuordnung ist $s \cdot t$ nicht konstant (sondern $\frac{s}{t}$). Daher sind diese beiden Zuordnungen keine antiproportionalen Zuordnungen. (Es sind proportionale Zuordnungen.)

b) [X] Eine Anzahl von n Lkw sollen eine bestimmte Materialmenge m transportieren. Die Anzahl der erforderlichen Fahrten je Lkw sei f.
Zuordnung: n → f

[X] Die Wegstrecke s wird mit einer durchschnittlichen Geschwindigkeit v in der Zeit t zurückgelegt.
Zuordnung: t → v

[X] Eine vorbereitete Marmeladenmenge m soll in g Gläser mit dem Fassungsvermögen f je Glas abgefüllt werden.
Zuordnung: f → g

☐ Zwei Personen haben heute das Alter a bzw. b und den Altersunterschied d. Die von heute an verstrichene Zeit sei t.
Zuordnung: $t \rightarrow d$
Die vierte Zuordnung ist keine antiproportionale Zuordnung. Der Altersunterschied d der Personen bleibt für alle Zeiten t (solange beide Personen noch leben) gleich! Das Produkt aus d und t ist folglich nicht konstant.

4 (1 + 1 + 1 + 1 VP)
Die Schaubilder zu beiden Zuordnungen werden mit dem Grafikrechner erzeugt und haben folgendes Aussehen. K_1 gehört zur ersten, K_2 zur zweiten Zuordnung.

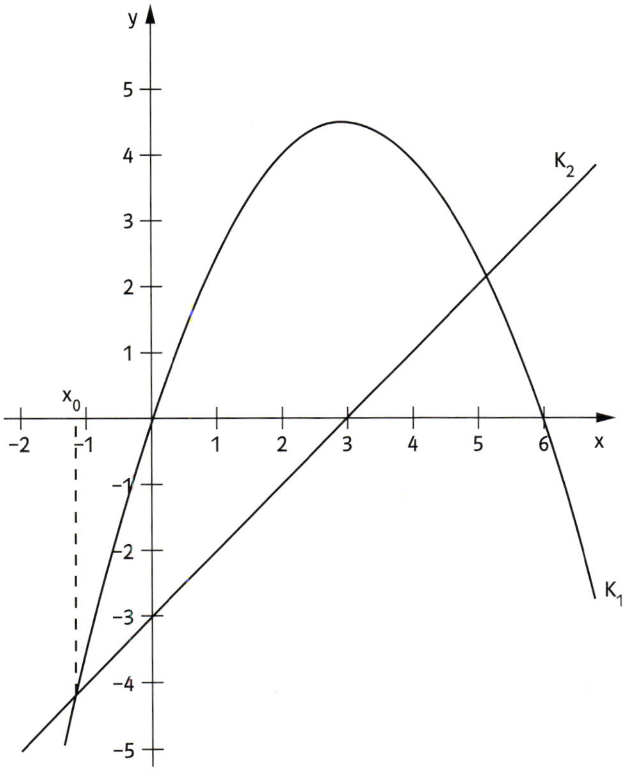

a) Das Schaubild K_1 steigt für alle $x \in \mathbb{Q}$ mit $0 \leq x \leq 3$ (sogar für alle $x \leq 3$).
Die Behauptung ist zutreffend.
b) Die Punkte des Schaubilds K_2, die rechts von der y-Achse liegen, haben y-Koordinaten größer als −3. Da aber auch Punkte mit y-Koordinate größer oder gleich 0 vorkommen (falls $x \geq 3$), ist die Behauptung nicht wahr.
c) Die Behauptung ist wahr.
Erste Begründung: Berechnet man für beide Gleichungen zu $x_0 = -1{,}16$ den zugehörigen y-Wert, so erhält man bei der ersten Zuordnung $y_0 = -4{,}1528$, bei der zweiten Zuordnung $y_0 = -4{,}16$. Die beiden Werte sind annähernd gleich.
Zweite Begründung: Mit Hilfe des TRACE-Modus beim GTR führt man den Cursor auf den Schnittpunkt der beiden Schaubilder und liest die x-Koordinate des Schnittpunkts ab. Man erhält etwa den angegebenen Wert $x_0 \approx -1{,}16$.
Dritte Begründung: Mithilfe des SOLVE-Befehls löst man die Gleichung $-\frac{1}{2}x^2 + 3x = x - 3$ und erhält als eine der Lösungen $x_0 \approx -1{,}16$.
d) Die Behauptung ist falsch.
Erste Begründung: Dem x-Wert $x_1 = 0$ wird $y_1 = -\frac{1}{2} \cdot 0^2 + 3 \cdot 0 = 0$ zugeordnet. Das Schaubild schneidet die x-Achse an der Stelle $x_1 = 0$.
Dem x-Wert $x_2 = 5{,}8$ wird der y-Wert $y_2 = -\frac{1}{2} \cdot 5{,}8^2 + 3 \cdot 5{,}8 \neq 0$ zugeordnet. Das Schaubild schneidet die x-Achse daher nicht an der Stelle $x_2 = 5{,}8$.
Zweite Begründung: Mithilfe des TRACE-Modus beim GTR führt man den Cursor nacheinander auf die Schnittstellen des Schaubilds mit der x-Achse. Dabei erhält man $x_1 = 0$, $x_2 = 6{,}00$.
Dritte Begründung: Mithilfe des SOLVE-Befehls löst man die Gleichung $-\frac{1}{2}x^2 + 3x = 0$ und erhält die Lösungen $x_1 = 0$, $x_2 = 6$.

Pinboard – Terme und Gleichungen

Termwerte berechnen

Definitionen	Beispiele
Einen Termwert berechnen heißt, für die Variable im Term eine Zahl (Größe) einsetzen.	Berechne für x = 2 und x = −3 die Termwerte von t mit $t(x) = \frac{1}{4} \cdot x - 2$. Es gilt: $t(2) = \frac{1}{4} \cdot 2 - 2 = -\frac{3}{2}$, $t(-3) = \frac{1}{4} \cdot (-3) - 2 = -\frac{11}{4}$
Zwei Terme heißen äquivalent (gleichwertig), wenn sich bei jeder Belegung der Variablen mit der gleichen Zahl (Größe) auch gleiche Termwerte ergeben.	Die Terme t_1 und t_2 mit $t_1(x) = 2 \cdot x + 1$ und $t_2(x) = x + 1 + x$ sind äquivalent. Dies zeigt man durch Anwendung der bekannten Rechengesetze.
Wenn es eine Einsetzung gibt, für die sich nicht gleiche Termwerte ergeben, so heißen die Terme nicht äquivalent.	Die Terme t_1 und t_2 mit $t_1(x) = 3 \cdot x + 1$ und $t_2(x) = 4 \cdot x$ sind nicht äquivalent, denn es gilt z. B. $t_1(2) = 3 \cdot 2 + 1 = 7$ und $t_2(2) = 4 \cdot 2 = 8$, also $t_1(2) \neq t_2(2)$.

Termwerte umformen

Definition	Beispiele
Einen Term umformen heißt, ihn unter Verwendung der Rechengesetze in einen gleichwertigen (äquivalenten) Term überführen.	Vergleiche jeweils mit der linken Spalte. Was steht anstelle von a, b oder c? Überlege, warum die entsprechende Umformung nützlich ist!
Rechengesetze	
Assoziativgesetz der Addition: $(a + b) + c = a + (b + c)$	$(2 \cdot x + 3) + 7 = 2 \cdot x + (3 + 7)$ $0{,}5 + \left(\frac{1}{2} + 5 \cdot x\right) = \left(0{,}5 + \frac{1}{2}\right) + 5 \cdot x$
Assoziativgesetz der Multiplikation: $(a \cdot b) \cdot c = a \cdot (b \cdot c)$	$(x \cdot 5) \cdot 3 = x \cdot (5 \cdot 3)$ $(-2) \cdot \left(\frac{3}{8} \cdot x\right) = \left((-2) \cdot \frac{3}{8}\right) \cdot x$
Kommutativgesetz der Addition: $a + b = b + a$	$4 + 2 \cdot x + 1 = 4 + 1 + 2 \cdot x$ $3 \cdot x + 0{,}6 + (-2 \cdot x) = 3 \cdot x + (-2 \cdot x) + 0{,}6$
Kommutativgesetz der Multiplikation: $a \cdot b = b \cdot a$	$\frac{2}{3} \cdot x \cdot \frac{9}{4} = \frac{2}{3} \cdot \frac{9}{4} \cdot x$ $6 \cdot x \cdot (-5) = 6 \cdot (-5) \cdot x$
Distributivgesetz: $(a + b) \cdot c = a \cdot c + b \cdot c$	$(8 + x) \cdot 3 = 8 \cdot 3 + x \cdot 3$ $0{,}5 \cdot (6 - 2x) = 0{,}5 \cdot 6 - 0{,}5 \cdot 2x$

Wie alt wurde Diophant?

„Hier dies Grabmal deckt Diophantes. Schaut das Wunder!
Durch des Entschlafenen Kunst lehret sein Alter der Stein.
Knabe zu sein gewährte ihm Gott ein Sechstel des Lebens;
Noch ein Zwölftel dazu, sproßt' auf der Wange der Bart;
Dazu ein Siebentel noch, da schloß er das Bündnis der Ehe,
Nach fünf Jahren entsprang aus der Verbindung ein Sohn.
Wehe, das Kind, das vielgeliebte, die Hälfte der Jahre
Hatt' es des Vaters erreicht, als es dem Schicksal erlag.
Drauf vier Jahre hindurch durch der Größen Betrachtung den
Kummer von sich scheuchend auch er kam an das irdische Ziel."

Abu Ja'far Muhammad ibn Musa al-Chwarizimi

Terme aufstellen

Definition	Beispiele		
Einen Term aufstellen heißt, durch einen Text, eine Tabelle oder eine Abbildung vorgegebene Informationen in einen Rechenausdruck mit einer Variablen zu übersetzen.	Schreibe einen Term auf: Addiere 5 zum Dreifachen einer natürlichen Zahl.	Wie geht die zweite Tabellenzeile aus der ersten hervor? Schreibe einen Term auf. n: 1, 2, 3, 4 t(n): 1, $\frac{1}{4}$, $\frac{1}{9}$, $\frac{1}{16}$	Welcher Term beschreibt den Umfang der Figur? 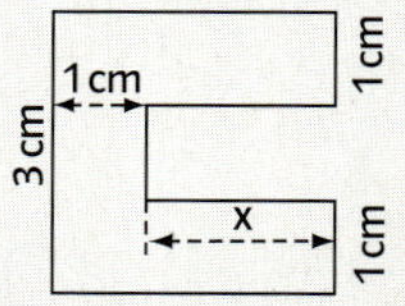
Vorgehensweise			
Prüfung anhand von Beispielen, ob die Information verstanden ist.	Angenommen, die natürliche Zahl ist 2. Das Dreifache davon ist $3 \cdot 2$. Dazu wird 5 addiert. Man erhält $3 \cdot 2 + 5$.	Im Zähler aller Brüche steht die Zahl 1. Im Nenner des zweiten Bruchs steht das Quadrat von 2, im Nenner des dritten Bruchs das Quadrat von 3 usw.	Die Längen der vier senkrecht verlaufenden Strecken sind bekannt. Zwei der waagrechten Strecken haben die Länge x, die anderen beiden sind jeweils 1 cm länger.
Festlegung des Variablennamens und seiner Bedeutung. Formulierung des Terms mit Hilfe dieser Variablen.	Die natürliche Zahl wird mit x bezeichnet. Der Term heißt also $3 \cdot x + 5$, wobei $x \in \mathbb{N}$ gilt.	Für die Variable n soll gelten: $n \in \mathbb{N}^*$. $t(n) = \frac{1}{n^2}$, $n \in \mathbb{N}^*$	Die beiden unbekannten Längen werden mit x bezeichnet. $U(x) = 3\,cm + 3 \cdot 1\,cm + 2 \cdot x + 2 \cdot (x + 1\,cm)$ $U(x) = 6\,cm + 2x + 2x + 2\,cm$ $U(x) = 8\,cm + 4x$
Kontrolle des Terms am Text, an der Tabelle oder der Abbildung.	Berechnung von Termwerten: Für x = 1 erhält man 8, also tatsächlich das um 5 vermehrte Dreifache von 1. Entsprechendes gilt für andere x-Werte.	Berechnung der Termwerte für n = 1, n = 2, n = 3 liefert die in der zweiten Zeile der Tabelle genannten Zahlen.	Berechnung der Termwerte für x = 1 cm, x = 2 cm usw. und Vergleichen mit der Figur bestätigt die Richtigkeit des Terms.

Gleichungen

Definitionen	Beispiele
Wenn man zwischen zwei Termen mit Variablen ein Gleichheitszeichen schreibt, so erhält man eine Gleichung.	$3\cdot x - 1 = 5\cdot x + 2$ $\frac{1}{2}\cdot(x - 0{,}3) + 4 = \frac{2}{3}\cdot x - 1$
Wenn man in einer Gleichung für die Variable an jeder Stelle die gleiche Zahl einsetzt und die entstehende Aussage richtig (wahr) ist, so heißt diese Einsetzzahl eine Lösung dieser Gleichung. Die Menge aller Lösungen einer Gleichung heißt Lösungsmenge.	$2\cdot x + 16 = -4\cdot x - 2$ hat die Lösung −3, denn die Aussage $2\cdot(-3) + 16 = -4\cdot(-3) - 2$ ist wahr. Die Gleichung hat nicht die Lösung 1, denn die Aussage $2\cdot 1 + 16 = -4\cdot 1 - 2$ ist falsch.
Eine Gleichung heißt eindeutig lösbar, wenn sie genau eine Lösung hat, allgemeingültig, wenn alle Zahlen Lösungen sind, unlösbar, wenn keine Zahl Lösung ist.	$6\cdot x = 18$ $L = \{3\}$ $x + 1 = 2\cdot(x - 3) - x + 7$ $L = \mathbb{Q}$ $x + 1 = x$ $L = \{\}$
Eine Gleichungsumformung heißt Äquivalenzumformung, wenn sie die Lösungsmenge nicht verändert. Eine Gleichung lösen heißt, mithilfe von Äquivalenzumformungen die Gleichung in die Form $x = a$ ($a \in \mathbb{Q}$) zu bringen.	Äquivalenzumformungen sind: Addieren/Subtrahieren derselben Zahl oder desselben Terms auf beiden Seiten der Gleichung, Multiplizieren oder Dividieren mit einer von Null verschiedenen Zahl auf beiden Seiten der Gleichung, Termumformungen.
Beispiele	**Äquivalenzumformungen**
$6\cdot x - 1 = 2$ | +1	Addition von 1
$6\cdot x = 3$ | :6	Division durch 6
$x = \frac{1}{2}$	Kürzen mit 3
$L = \{\frac{1}{2}\}$	
$2\cdot(x + 1) = x - 4$	Distributivgesetz anwenden
$2\cdot x + 2\cdot 1 = x - 4$ | −2	Subtraktion von 2
$2\cdot x = x - 6$ | −x	Subtraktion von x
$x = -6$	Distributivgesetz: $2x - 1x = (2 - 1)\cdot x$
$L = \{-6\}$	

Ungleichungen

Definition	Beispiele
Wenn man zwischen zwei Termen mit Variablen ein Ungleichheitszeichen schreibt, erhält man eine Ungleichung.	$2\cdot x + 1 < 3\cdot x - 4$ $2\cdot(3\cdot x + 1) - 5 > \frac{1}{2}\cdot x$
Äquivalenzumformungen sind: Addieren/Subtrahieren derselben Zahl oder desselben Terms auf beiden Seiten der Ungleichung, Multiplizieren oder Dividieren mit einer positiven Zahl auf beiden Seiten der Ungleichung, Termumformungen.	$3\cdot(x - 4) > 5$ | DG $3\cdot x - 3\cdot 4 > 5$ | +12 $3\cdot x > 17$ | :3 $x > \frac{17}{3}$ $L = \{x \in \mathbb{Q} \mid x > \frac{17}{3}\}$
Achtung: Beim Multiplizieren oder Dividieren einer Ungleichung mit einer negativen Zahl muss die Richtung des Ungleichheitszeichens geändert werden.	$-4\cdot x > 12$ | :(−4) $x < -3$ $L = \{x \in \mathbb{Q} \mid x < -3\}$

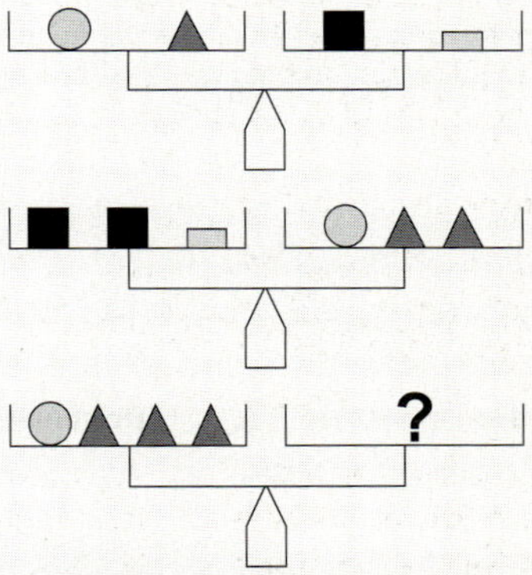

Bist du sicher?

1 a) Berechne die Termwerte.

x	−1	0	$\frac{1}{3}$	2,5
$\frac{1}{4}x - 1$				

b) Bestimme den Term.

x	0	1	2	3
	2	5	8	11

2 Welche der folgenden Terme sind äquivalent?
$4(x - 1) + 0{,}3$; $x + 2(x + 1) - (x - 1{,}7)$; $4x + 4{,}3$; $(2x - 0{,}5)\cdot 3 - 2\cdot(-x + 1{,}1)$

3 Löse die Gleichungen.
a) $4x - 3 = 4 - x$
b) $\frac{1}{3}(2x - 1) = \frac{1}{2}$
c) $20 - (3x + 1)\cdot 3 = x - 13$
d) $0{,}7x + 1{,}5 = \frac{3}{4} - \frac{1}{2}x$
e) $(9 - 2x)\cdot\frac{1}{2} = 4 - (2 + x)$
f) $(5x - 1)\cdot 3 = 2(x - 1) - 1$

4 Löse die Ungleichungen.
a) $6x + 3 > 1$
b) $2x - 5 \leqq 1$
c) $\frac{1}{2}x + 4 > x - 3$
d) $8x - 5 < 2x + 3$
e) $3\cdot(1 - 4x) < 2x + 4$
f) $12 - 4x \geqq 7 - (3x + 1)\cdot 2$

5 Schreibe je einen Term auf für
a) das Sechsfache einer ganzen Zahl,
b) eine ungerade natürliche Zahl,
c) das Doppelte von zwei aufeinanderfolgenden ganzen Zahlen.

6 Stelle je eine Formel für die Gesamtkantenlänge k, den Oberflächeninhalt O und das Volumen V des Quaders auf.

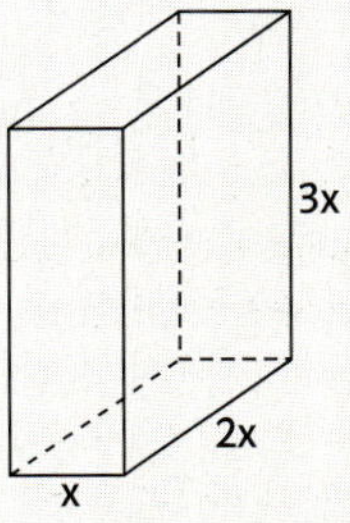

Lösungen

1 a) $-\frac{5}{4}$; −1; $-\frac{11}{12}$; $-\frac{3}{8}$ b) $3\cdot x + 2$ **2** Der erste und der letzte Term sind äquivalent: $4x - 3{,}7$ **3** a) $x = \frac{7}{5}$ b) $x = \frac{5}{4}$ c) $x = 3$ d) $x = -\frac{5}{8}$ e) $L = \{\}$ f) $x = 0$ **4** a) $x > -\frac{1}{3}$ b) $x \leq 3$ c) $x < 14$ d) $x < \frac{4}{3}$ e) $x > -\frac{1}{14}$ f) $x \geq -\frac{7}{2}$ **5** a) $6\cdot z, z \in \mathbb{Z}$ b) $2\cdot n + 1, n \in \mathbb{N}$ c) $2\cdot(z + (z + 1)), z \in \mathbb{Z}$ **6** $k = 24x$, $O = 22x^2$, $V = 6x^3$

Klassenarbeit 4.1

Anfangszeit: ____________ + 45 Minuten → Abgabe: ____________

1 (2 + 2 + 2 + 2 VP)
Vereinfache die Terme und fasse soweit wie möglich zusammen.
a) $3\cdot(x-5)-(2x+1)\cdot 4$ b) $0{,}7\cdot(4x-1)+0{,}2x-0{,}3$
c) $\left(\frac{1}{2}-\frac{2}{3}x\right)\cdot\frac{2}{5}+\frac{2}{5}x+\frac{4}{5}$ d) $(1{,}5x-6):\frac{3}{2}-(x-5)$

2 (0,5 + 0,5 + 0,5 + 0,5 VP)
Schreibe jeweils einen Term auf, der für jede natürliche Einsetzzahl
a) eine Quadratzahl ergibt.
b) die Summe von drei aufeinanderfolgenden Zahlen ergibt.
c) eine durch 5 teilbare Zahl ergibt.
d) eine Zahl ergibt, die bei Division durch 3 den Rest 1 liefert.

3 (2 + 1 + 1 VP)
Gegeben ist der Term t mit $t(x)=\frac{1}{4}x-2,\ x\in\mathbb{Q}$.
a) Berechne die Termwerte für $x=3,\ x=-2,\ x=\frac{2}{3},\ x=-\frac{1}{4}$.
b) Für welche Einsetzzahl wird der Termwert −1?
c) Für welche Einsetzzahlen wird der Termwert negativ?

4 (3 + 3 VP)
a) Wenn man das Fünffache einer Zahl von 21 subtrahiert, erhält man genau so viel, wie wenn man 9 zur Zahl addiert.
Wie heißt die Zahl?
b) Wenn man von der Hälfte einer Zahl 14 subtrahiert, erhält man mehr, als wenn man zum Doppelten der Zahl 1 addiert.
Für welche rationalen Zahlen trifft dies zu?

5 (4 VP)
Max Schlaumaier behauptet:
„Ich denke mir eine Zahl. Wenn ich diese Zahl mit 5 multipliziere, vom Ergebnis 3 subtrahiere, die Differenz dann vervierfache und zum entstehenden Produkt 2 addiere, dann erhalte ich nach Abschneiden der Einerziffer 0 das Ergebnis 23."
Wie heißt die gedachte Zahl? Verwende eine Gleichung!

Lerntipps

zu Aufgabe 1
Beachte das Distributivgesetz: $(a+b)\cdot c = a\cdot c + b\cdot c$.
Steht vor einer Klammer ein Minuszeichen, dann kannst du dieses Minuszeichen und das Klammernpaar weglassen, wenn du bei allen Summanden in der Klammer das Vorzeichen änderst!
zu Aufgabe 2
d) Die Zahlen 1, 4 und 7 lassen bei Division durch 3 den Rest 1, denn: $1=3\cdot 0+1,\ 4=3\cdot 1+1,\ 7=3\cdot 2+1$.
zu Aufgabe 4
Gib der gesuchten Zahl einen Namen. Beachte im Aufgabentext den Unterschied von „erhält man genau so viel" und „erhält man mehr".
Unterscheide, ob *von einer Zahl subtrahiert* wird oder ob *eine Zahl subtrahiert* wird.
Mache am Aufgabentext die Probe mit deinem Rechenergebnis.
zu Aufgabe 5
Abschneiden der Einerziffer 0 bedeutet eine Division durch 10.

Klassenarbeit 4.2

Anfangszeit: ____________________ + 45 Minuten → Abgabe: ____________________

1 (1 + 2 + 2 VP)
Welche der Terme sind zum Term $\frac{4}{5}x - 2$, $x \in \mathbb{Q}$, äquivalent?
a) $(-2) \cdot (1 - 0{,}4x)$ b) $1{,}6x + (0{,}4x - 1) \cdot (-2)$ c) $\frac{2}{3}\left(3x + \frac{1}{2}\right) - \left(x + \frac{5}{2}\right) : \frac{5}{6}$

2 (1 + 1 + 1 + 1 VP)
Wofür stehen die Variablen a, x, y, u, v bei folgenden Beispielen?
a) Umfang U eines Quadrats: $U = 4 \cdot a$
b) Oberflächeninhalt O eines Würfels: $O = 6 \cdot a^2$
c) Nelly hat fünfmal so viele CDs wie Angela: $y = 5 \cdot x$
d) Bernd ist drei Jahre jünger als Christian: $u + 3 = v$

3 (2 + 1 + 2 VP)
a) Welche der folgenden Terme beschreiben den Flächeninhalt der gefärbten Fläche zutreffend? Kreuze alle richtigen Terme an.
- ☐ $a \cdot a - x \cdot x$
- ☐ $a^2 - (4x)^2$
- ☐ $(a - x) \cdot a$
- ☐ $a^2 - 4x^2$
- ☐ $(a - 2x)^2 + 4(a - 2x) \cdot x$

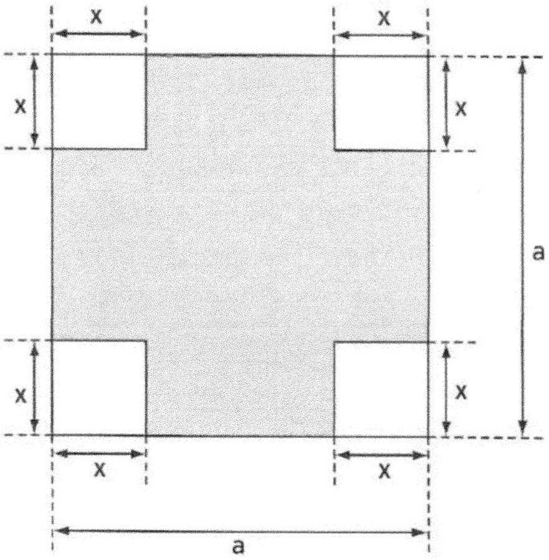

b) Schreibe eine Formel für den Umfang der gefärbten Fläche auf.
c) Gib je eine Formel für den Flächeninhalt und den Umfang der gefärbten Fläche an, wenn $x = \frac{1}{4}a$ gelten soll.

4 (2 + 2 + 2 VP)
a) Löse die Gleichung $-\frac{3}{4}x + 0{,}4 = \frac{1}{2}x - 1$, $x \in \mathbb{Q}$.
b) Welche Zahl muss man für t, $t \in \mathbb{Q}$, einsetzen, damit die Gleichung $3x - t = -2$ die Lösung $x = -\frac{7}{12}$ hat?
c) Kann man t, $t \in \mathbb{Q}$, so wählen, dass die Gleichung $2tx + t = 8$ die Lösung $x = -3$ hat?

5 (2 + 2 VP)
Knobelix behauptet: „Die Summe von vier aufeinanderfolgenden geraden Zahlen ist immer durch 8 teilbar."
Knobelinchen meint: „Die Summe kann sogar manchmal eine Quadratzahl sein!"
Wer hat Recht?

Lerntipps

zu Aufgabe 3
a) Zwei Terme sind richtig. Du kannst einen Term für den Flächeninhalt aufstellen und dann prüfen, welche der gegebenen Terme dazu äquivalent sind. Du kannst aber auch die Teile der gegebenen Terme an der Figur deuten.
zu Aufgabe 4
b) Setze den bekannten x-Wert ein und bestimme t.
zu Aufgabe 5
Aufeinanderfolgende gerade Zahlen unterscheiden sich um 2. Kannst du bei dem Term für die Summe der vier Zahlen immer 8 ausklammern? Probieren mit kleinen Zahlen kann helfen!

Klassenarbeit 4.1

Anfangszeit: ______________ + 45 Minuten → Abgabe: ______________

1 (2 + 2 + 2 + 2 VP)
Vereinfache die Terme und fasse soweit wie möglich zusammen.
a) $3 \cdot (x - 5) - (2x + 1) \cdot 4$ b) $0{,}7 \cdot (4x - 1) + 0{,}2x - 0{,}3$
c) $\left(\frac{1}{2} - \frac{2}{3}x\right) \cdot \frac{2}{5} + \frac{2}{5}x + \frac{4}{5}$ d) $(1{,}5x - 6) : \frac{3}{2} - (x - 5)$

2 (0,5 + 0,5 + 0,5 + 0,5 VP)
Schreibe jeweils einen Term auf, der für jede natürliche Einsetzzahl
a) eine Quadratzahl ergibt.
b) die Summe von drei aufeinanderfolgenden Zahlen ergibt.
c) eine durch 5 teilbare Zahl ergibt.
d) eine Zahl ergibt, die bei Division durch 3 den Rest 1 liefert.

3 (2 + 1 + 1 VP)
Gegeben ist der Term t mit $t(x) = \frac{1}{4}x - 2,\ x \in \mathbb{Q}$.
a) Berechne die Termwerte für $x = 3$, $x = -2$, $x = \frac{2}{3}$, $x = -\frac{1}{4}$.
b) Für welche Einsetzzahl wird der Termwert −1?
c) Für welche Einsetzzahlen wird der Termwert negativ?

4 (3 + 3 VP)
a) Wenn man das Fünffache einer Zahl von 21 subtrahiert, erhält man genau so viel, wie wenn man 9 zur Zahl addiert.
Wie heißt die Zahl?
b) Wenn man von der Hälfte einer Zahl 14 subtrahiert, erhält man mehr, als wenn man zum Doppelten der Zahl 1 addiert.
Für welche rationalen Zahlen trifft dies zu?

5 (4 VP)
Max Schlaumaier behauptet:
„Ich denke mir eine Zahl. Wenn ich diese Zahl mit 5 multipliziere, vom Ergebnis 3 subtrahiere, die Differenz dann vervierfache und zum entstehenden Produkt 2 addiere, dann erhalte ich nach Abschneiden der Einerziffer 0 das Ergebnis 23."
Wie heißt die gedachte Zahl? Verwende eine Gleichung!

Lerntipps

zu Aufgabe 1
Beachte das Distributivgesetz: $(a + b) \cdot c = a \cdot c + b \cdot c$.
Steht vor einer Klammer ein Minuszeichen, dann kannst du dieses Minuszeichen und das Klammernpaar weglassen, wenn du bei allen Summanden in der Klammer das Vorzeichen änderst!
zu Aufgabe 2
d) Die Zahlen 1, 4 und 7 lassen bei Division durch 3 den Rest 1, denn: $1 = 3 \cdot 0 + 1$, $4 = 3 \cdot 1 + 1$, $7 = 3 \cdot 2 + 1$.
zu Aufgabe 4
Gib der gesuchten Zahl einen Namen. Beachte im Aufgabentext den Unterschied von „erhält man genau so viel" und „erhält man mehr".
Unterscheide, ob *von einer Zahl subtrahiert* wird oder ob *eine Zahl subtrahiert* wird.
Mache am Aufgabentext die Probe mit deinem Rechenergebnis.
zu Aufgabe 5
Abschneiden der Einerziffer 0 bedeutet eine Division durch 10.

Klassenarbeit 4.4

Anfangszeit: ______________ + 45 Minuten → Abgabe: ______________

1 (1 + 1 + 1 + 1 VP)
Welche der folgenden Termumformungen sind korrekt? Kreuze an.
Korrigiere die falschen Umformungen.

☐ $3x - x = 3$ ☐ $\left(\frac{2}{3}z - \frac{1}{4}\right):\left(-\frac{1}{3}\right) = -2z + \frac{3}{4}$

☐ $\left(\frac{1}{2}y + 2\right)\cdot 2 = y + 2$ ☐ $\frac{9u - 3}{3} = 3u - 3$

2 (3 VP)
Vereinfache den Term $(6x - 8)\cdot\frac{1}{2} - 2x\cdot 3$. Gib bei jedem Umformungsschritt die verwendeten Rechengesetze an (Assoziativgesetz AG, Kommutativgesetz KG, Distributivgesetz DG).

3 (2 + 1 VP)
a) Gibt es eine rationale Zahl, die um 3 größer ist als ihre Gegenzahl?
b) Gibt es eine rationale Zahl, die halb so groß ist wie ihre Gegenzahl?

4 (0,5 + 0,5 + 0,5 + 0,5 VP)
Gib jeweils eine Gleichung an, die
a) nur die Lösung $-\frac{1}{2}$ hat.
b) jede rationale Zahl als Lösung hat.
c) keine rationale Lösung hat.
d) nur die Lösungen 0 und 1 hat.

5 (2 + 2 VP)
Aus grauen und weißen Plättchen in Form von gleichseitigen Dreiecken werden Figuren gelegt.

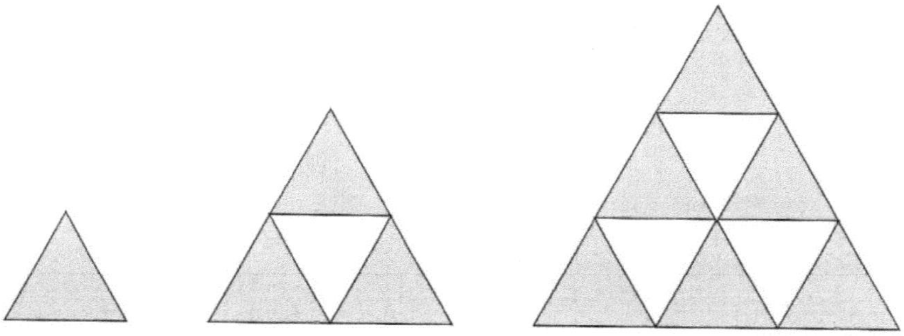

1. Figur 2. Figur 3. Figur

a) Wie viele Plättchen braucht man für die 4. Figur?
Wie viele dieser Plättchen sind grau?
b) Wie viele Plättchen braucht man wohl für die n-te Figur ($n \geq 1$)?
Wie viele dieser Plättchen sind grau?

6 (2 + 2 VP)
Knobelinchen behauptet: „Die Summe von drei aufeinander folgenden ungeraden Zahlen ist immer durch 3 teilbar."
Knobelix behauptet: „Die Summe von drei aufeinander folgenden ungeraden Zahlen ist nie durch 9 teilbar."
Wer hat Recht?
Begründe deine Antworten unter Verwendung geeigneter Terme.

7 (2 + 2 VP)
a) Für welche rationalen Zahlen gilt: $5(1 - 2x) > x$.
b) Für welche t, $t \in \mathbb{Q}$, hat die Gleichung $4x - 1 = t$ eine Lösung kleiner als -1?

Anfangszeit: ______________ + 45 Minuten → Abgabe: ______________

1 (1 + 2 + 2 VP)
Welche der Terme sind zum Term $\frac{4}{5}x - 2$, $x \in \mathbb{Q}$, äquivalent?
a) $(-2) \cdot (1 - 0{,}4x)$ b) $1{,}6x + (0{,}4x - 1) \cdot (-2)$ c) $\frac{2}{3}\left(3x + \frac{1}{2}\right) - \left(x + \frac{5}{2}\right) : \frac{5}{6}$

2 (1 + 1 + 1 + 1 VP)
Wofür stehen die Variablen a, x, y, u, v bei folgenden Beispielen?
a) Umfang U eines Quadrats: $U = 4 \cdot a$
b) Oberflächeninhalt O eines Würfels: $O = 6 \cdot a^2$
c) Nelly hat fünfmal so viele CDs wie Angela: $y = 5 \cdot x$
d) Bernd ist drei Jahre jünger als Christian: $u + 3 = v$

3 (2 + 1 + 2 VP)
a) Welche der folgenden Terme beschreiben den Flächeninhalt der gefärbten Fläche zutreffend? Kreuze alle richtigen Terme an.

- ☐ $a \cdot a - x \cdot x$
- ☐ $a^2 - (4x)^2$
- ☐ $(a - x) \cdot a$
- ☐ $a^2 - 4x^2$
- ☐ $(a - 2x)^2 + 4(a - 2x) \cdot x$

b) Schreibe eine Formel für den Umfang der gefärbten Fläche auf.
c) Gib je eine Formel für den Flächeninhalt und den Umfang der gefärbten Fläche an, wenn $x = \frac{1}{4}a$ gelten soll.

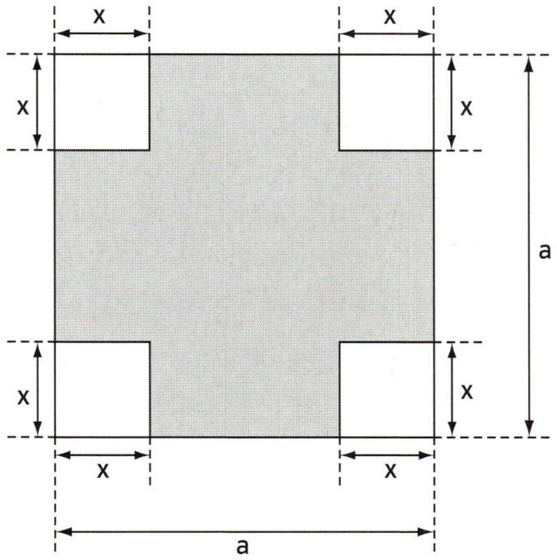

4 (2 + 2 + 2 VP)
a) Löse die Gleichung $-\frac{3}{4}x + 0{,}4 = \frac{1}{2}x - 1$, $x \in \mathbb{Q}$.
b) Welche Zahl muss man für t, $t \in \mathbb{Q}$, einsetzen, damit die Gleichung $3x - t = -2$ die Lösung $x = -\frac{7}{12}$ hat?
c) Kann man t, $t \in \mathbb{Q}$, so wählen, dass die Gleichung $2tx + t = 8$ die Lösung $x = -3$ hat?

5 (2 + 2 VP)
Knobelix behauptet: „Die Summe von vier aufeinanderfolgenden geraden Zahlen ist immer durch 8 teilbar."
Knobelinchen meint: „Die Summe kann sogar manchmal eine Quadratzahl sein!"
Wer hat Recht?

Lerntipps

zu Aufgabe 3
a) Zwei Terme sind richtig. Du kannst einen Term für den Flächeninhalt aufstellen und dann prüfen, welche der gegebenen Terme dazu äquivalent sind. Du kannst aber auch die Teile der gegebenen Terme an der Figur deuten.
zu Aufgabe 4
b) Setze den bekannten x-Wert ein und bestimme t.
zu Aufgabe 5
Aufeinanderfolgende gerade Zahlen unterscheiden sich um 2. Kannst du bei dem Term für die Summe der vier Zahlen immer 8 ausklammern? Probieren mit kleinen Zahlen kann helfen!

Anfangszeit: ____________________ + 45 Minuten → Abgabe: ____________________

1 (2 + 2 + 2 VP)

Vereinfache die Terme und fasse soweit wie möglich zusammen.

a) $(2 + x)\cdot\left(-\frac{4}{3}\right) - \frac{1}{2}\cdot\left(\frac{2}{3}x + \frac{16}{3}\right)$

b) $\left[(0{,}6x + 1)\cdot\left(-\frac{3}{5}\right) + 0{,}4\right]\cdot(-5)$

c) $\frac{5x + 2}{4} - \frac{x - 3}{2} : \frac{1}{2}$

2 (1 + 1 + 2 VP)

a) Für welche Einsetzzahl ergibt der Term t mit $t(x) = -\frac{4}{9}x + 1$, $x \in \mathbb{Q}$, den Termwert 0?

b) Gib eine Einsetzzahl an, so dass der Termwert des Terms t mit $t(x) = -\frac{2}{3}x + 3$, $x \in \mathbb{Q}$, negativ ist.

c) Gib einen Term an, der für die Einsetzzahl 0 den Termwert $\frac{1}{3}$ und für die Einsetzzahl -2 den Termwert $-\frac{2}{3}$ ergibt.

3 (1 + 1 + 1 + 1 VP)

Wofür stehen die Variablen a, b, x, y, g, h bei folgenden Beispielen?

a) Gesamtkantenlänge k eines Würfels: $k = 12a$

b) Ein Brief kostet 10 Cent mehr als eine Postkarte: $a + 10 = b$

c) In einer Schule kommen auf jeweils 28 Schüler ein Lehrer: $x = 28\cdot y$

d) Für den Flächeninhalt A eines Dreiecks gilt: $A = \frac{1}{2}\cdot g\cdot h$

4 (2 + 2 VP)

Löse die Gleichungen.

a) $2\cdot\left(\frac{1}{3}x - 5\right) - \frac{1}{4}\cdot(8 - x) = -1$, $x \in \mathbb{Q}$

b) $(((x + 1)\cdot 2 + 1)\cdot 3 + 1)\cdot 4 = 0$, $x \in \mathbb{Q}$

5 (2 + 2 VP)

Bei Holzwürfeln mit der Kantenlänge a wird wie in den Abbildungen 1 und 2 ein kleiner Würfel mit der Kantenlänge x herausgesägt.

Abbildung 1

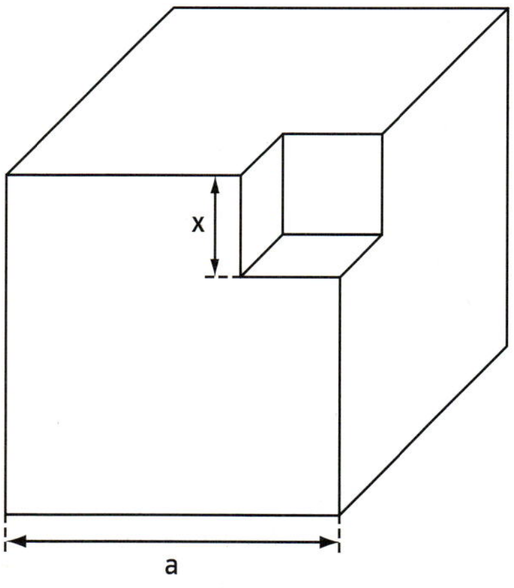

Abbildung 2

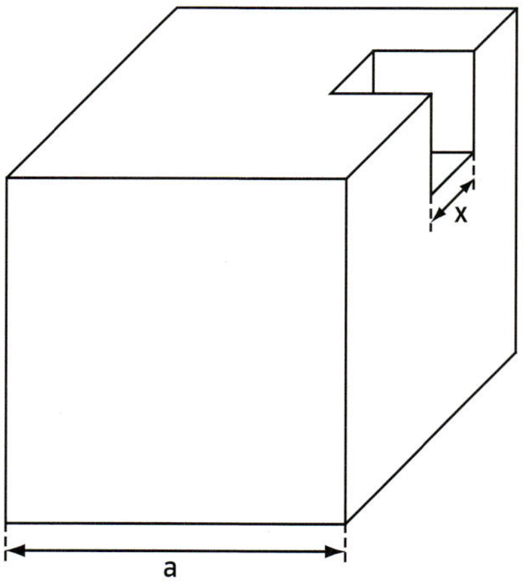

a) Gib jeweils eine Formel für die Kantenlängen der beiden Restkörper an.

b) Gib jeweils eine Formel für den Oberflächeninhalt der beiden Restkörper an.

6 (2 VP)

Ein Flohmarkthändler hat drei identische Artikel im Angebot. Den ersten verkauft er mit 15 % Gewinn, beim zweiten kann er noch 10 % verdienen. Den dritten Artikel gibt er zum Selbstkostenpreis ab. Insgesamt hat er für die drei Artikel 58,50 € eingenommen.

Was hat er beim Verkauf verdient?

Klassenarbeit 4.4

Anfangszeit: ____________ + 45 Minuten → Abgabe: ____________

1 (1 + 1 + 1 + 1 VP)
Welche der folgenden Termumformungen sind korrekt? Kreuze an.
Korrigiere die falschen Umformungen.

☐ $3x - x = 3$ ☐ $\left(\frac{2}{3}z - \frac{1}{4}\right):\left(-\frac{1}{3}\right) = -2z + \frac{3}{4}$

☐ $\left(\frac{1}{2}y + 2\right)\cdot 2 = y + 2$ ☐ $\frac{9u - 3}{3} = 3u - 3$

2 (3 VP)
Vereinfache den Term $(6x - 8)\cdot\frac{1}{2} - 2x\cdot 3$. Gib bei jedem Umformungsschritt die verwendeten Rechengesetze an (Assoziativgesetz AG, Kommutativgesetz KG, Distributivgesetz DG).

3 (2 + 1 VP)
a) Gibt es eine rationale Zahl, die um 3 größer ist als ihre Gegenzahl?
b) Gibt es eine rationale Zahl, die halb so groß ist wie ihre Gegenzahl?

4 (0,5 + 0,5 + 0,5 + 0,5 VP)
Gib jeweils eine Gleichung an, die
a) nur die Lösung $-\frac{1}{2}$ hat.
b) jede rationale Zahl als Lösung hat.
c) keine rationale Lösung hat.
d) nur die Lösungen 0 und 1 hat.

5 (2 + 2 VP)
Aus grauen und weißen Plättchen in Form von gleichseitigen Dreiecken werden Figuren gelegt.

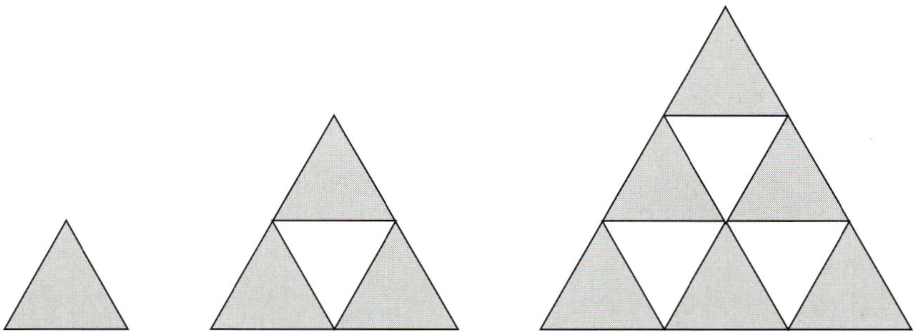

1. Figur 2. Figur 3. Figur

a) Wie viele Plättchen braucht man für die 4. Figur?
Wie viele dieser Plättchen sind grau?
b) Wie viele Plättchen braucht man wohl für die n-te Figur ($n \geq 1$)?
Wie viele dieser Plättchen sind grau?

6 (2 + 2 VP)
Knobelinchen behauptet: „Die Summe von drei aufeinander folgenden ungeraden Zahlen ist immer durch 3 teilbar."
Knobelix behauptet: „Die Summe von drei aufeinander folgenden ungeraden Zahlen ist nie durch 9 teilbar."
Wer hat Recht?
Begründe deine Antworten unter Verwendung geeigneter Terme.

7 (2 + 2 VP)
a) Für welche rationalen Zahlen gilt: $5(1 - 2x) > x$.
b) Für welche t, $t \in \mathbb{Q}$, hat die Gleichung $4x - 1 = t$ eine Lösung kleiner als -1?

Klassenarbeit 4.1

1 (2 + 2 + 2 + 2 VP)
Alle Aufgaben solltest du problemlos ohne Taschenrechner bewältigen! Mache bei den Termumformungen nicht zwei Schritte auf einmal, wenn du nicht ganz sicher bist. Wenn ein Minuszeichen vor der Klammer steht, solltest du zuerst das Distributivgesetz anwenden und dann im nächsten Schritt das Minuszeichen und die Klammer weglassen.

a) $3\cdot(x-5)-(2x+1)\cdot 4$
$=3\cdot x-3\cdot 5-(2x\cdot 4+1\cdot 4)$
$=3x-15-(8x+4)$
$=3x-15-8x-4$
$=-5x-19$

b) $0{,}7\cdot(4x-1)+0{,}2x-0{,}3$
$=0{,}7\cdot 4x-0{,}7\cdot 1+0{,}2x-0{,}3$
$=2{,}8x-0{,}7+0{,}2x-0{,}3$
$=3x-1$

c) $\left(\frac{1}{2}-\frac{2}{3}x\right)\cdot\frac{2}{5}+\frac{2}{5}x+\frac{4}{5}$
$=\frac{1}{2}\cdot\frac{2}{5}-\frac{2}{3}x\cdot\frac{2}{5}+\frac{2}{5}x+\frac{4}{5}$
$=\frac{1}{5}-\frac{4}{15}x+\frac{2}{5}x+\frac{4}{5}$
$=\frac{1}{5}-\frac{4}{15}x+\frac{6}{15}x+\frac{4}{5}$
$=\frac{2}{15}x+1$

d) $(1{,}5x-6):\frac{3}{2}-(x-5)$
$=(1{,}5x-6)\cdot\frac{2}{3}-(x-5)$
$=1{,}5x\cdot\frac{2}{3}-6\cdot\frac{2}{3}-x+5$
$=\frac{3}{2}x\cdot\frac{2}{3}-4-x+5$
$=1x-4-x+5$
$=1$

2 (0,5 + 0,5 + 0,5 + 0,5 VP)
Prüfe für die von dir notierten Terme durch Einsetzen von natürlichen Zahlen nach, ob sie die Forderung der Aufgabenstellung erfüllen. Es gibt oft mehr als eine Lösung.

a) $n^2,\ n\in\mathbb{N}$

b) *Du kannst die Variable für die kleinste, aber auch für die mittlere der drei Zahlen wählen.*
$n+(n+1)+(n+2),\ n\in\mathbb{N}$
oder: $(n-1)+n+(n+1),\ n\in\mathbb{N}$

c) $5\cdot n,\ n\in\mathbb{N}$
Eine Zahl ist durch 5 teilbar, wenn sie ein Vielfaches von 5 ist.

d) $3\cdot n+1,\ n\in\mathbb{N}$

3 (2 + 1 + 1 VP)

a) $t(3)=\frac{1}{4}\cdot 3-2=\frac{3}{4}-2=\frac{3}{4}-\frac{8}{4}=-\frac{5}{4}$
$t(-2)=\frac{1}{4}\cdot(-2)-2=-\frac{1}{2}-2=-\frac{1}{2}-\frac{4}{2}=-\frac{5}{2}$
$t\left(\frac{2}{3}\right)=\frac{1}{4}\cdot\frac{2}{3}-2=\frac{1}{6}-2=\frac{1}{6}-\frac{12}{6}=-\frac{11}{6}$
$t\left(-\frac{1}{4}\right)=\frac{1}{4}\cdot\left(-\frac{1}{4}\right)-2=-\frac{1}{16}-2=-\frac{1}{16}-\frac{32}{16}=-\frac{33}{16}$

b) $t(x)=-1$
$\frac{1}{4}x-2=-1 \quad |+2$
$\frac{1}{4}x=1 \quad |\cdot 4$
$1x=4$
$x=4$

c) $t(x)<0$
$\frac{1}{4}x-2<0 \quad |+2$
$\frac{1}{4}x<2 \quad |\cdot 4$
$1x<8$
$x<8$

4 (3 + 3 VP)

a) Die gesuchte Zahl heiße x, $x\in\mathbb{Q}$.
$21-5\cdot x=x+9 \quad |-21$
$-5x=x-12 \quad |-x$
$-6x=-12 \quad |:(-6)$
$x=2$
Die Zahl heißt 2.

b) *Denke daran: Beim Multiplizieren einer Ungleichung mit einer negativen Zahl muss man die Richtung des Ungleichzeichens ändern. Dies kannst du dir an der Zahlengeraden an einem Beispiel klarmachen: $2<3$ aber $-2>-3$*
Die gesuchte Zahl heiße x, $x\in\mathbb{Q}$.
$\frac{1}{2}\cdot x-14>2\cdot x+1 \quad |+14$
$\frac{1}{2}\cdot x>2\cdot x+15 \quad |-2\cdot x$
$-\frac{3}{2}\cdot x>15 \quad |\cdot\left(-\frac{2}{3}\right)$
$x<-10$
Die Bedingung trifft für alle Zahlen kleiner als −10 zu.

5 (4 VP)
Die gedachte Zahl heiße x, $x\in\mathbb{Q}$.
$[(x\cdot 5-3)\cdot 4+2]:10=23 \quad |\cdot 10$
$(x\cdot 5-3)\cdot 4+2=230 \quad |-2$
$(x\cdot 5-3)\cdot 4=228 \quad |:4$
$x\cdot 5-3=57 \quad |+3$
$x\cdot 5=60 \quad |:5$
$x=12$
Die gedachte Zahl heißt 12.

Alternativen
Konsequente Umformung der linken Seite:
$[20\cdot x-12+2]:10=23$
$[20x-10]:10=23$
$2x-1=23$
$2x=24$
$x=12$

Du kannst notfalls auch rückwärts rechnen. Lies den Aufgabentext vom Satzende her und führe die entsprechende Umkehroperation aus:

$23\xrightarrow{\cdot 10}230\xrightarrow{-2}228\xrightarrow{:4}57\xrightarrow{+3}60\xrightarrow{:5}12$

Klassenarbeit 4.2

1 (1 + 2 + 2 VP)

Eine häufige Fehlerquelle bei Termen mit Variablen ist die Missachtung des Distributivgesetzes, die zu einer falschen Rechnung wie z. B. $5x - 2x = 3$ führt.
Beachte: $5x - 2x = 5 \cdot x - 2 \cdot x = (5 - 2) \cdot x = 3 \cdot x = 3x$

a) $(-2) \cdot (1 - 0{,}4x)$
$= -2 \cdot 1 - (-2) \cdot 0{,}4x$
$= -2 + 0{,}8x$
$= \frac{4}{5}x - 2$

b) $1{,}6x + (0{,}4x - 1) \cdot (-2)$
$= 1{,}6x + 0{,}4x \cdot (-2) - 1 \cdot (-2)$
$= 1{,}6x - 0{,}8x + 2$
$= 0{,}8x + 2$
$= \frac{4}{5}x + 2$
$\neq \frac{4}{5}x - 2$

c) $\frac{2}{3}\left(3x + \frac{1}{2}\right) - \left(x + \frac{5}{2}\right) : \frac{5}{6}$
$= \frac{2}{3} \cdot 3x + \frac{2}{3} \cdot \frac{1}{2} - \left(x + \frac{5}{2}\right) \cdot \frac{6}{5}$
$= 2x + \frac{1}{3} - \left(x \cdot \frac{6}{5} + \frac{5}{2} \cdot \frac{6}{5}\right)$
$= 2x + \frac{1}{3} - \left(\frac{6}{5}x + 3\right)$
$= 2x + \frac{1}{3} - \frac{6}{5}x - 3$
$= \frac{4}{5}x - \frac{8}{3}$
$\neq \frac{4}{5}x - 2$

Nur der erste der drei Terme ist zum gegebenen Term äquivalent.

2 (1 + 1 + 1 + 1 VP)

a) a steht für die Seitenlänge des Quadrats.
b) a steht für die Kantenlänge des Würfels.
c) *Manchmal bringt auch eine sprachliche Umformulierung mehr Klarheit: „Wenn ich die Anzahl der CDs von Angela verfünffache, erhalte ich die Anzahl der CDs von Nelly."*
x steht für die Anzahl der CDs von Angela, y für die Anzahl der CDs von Nelly.
d) *„Wenn ich zum Alter von Bernd drei Jahre addiere, erhalte ich das Alter von Christian."*
u steht für das Alter von Bernd in Jahren, v für das Alter von Christian in Jahren.

3 (2 + 1 + 2 VP)

a) *Versuche, die angegebenen Terme an der Figur zu erkennen. Es muss sich um Flächen (hier: Rechtecke) handeln!*
Beschreibe zunächst die zur Flächenberechnung erforderlichen Streckenlängen durch geeignete Terme.

- ☐ $a \cdot a - x \cdot x$
- ☐ $a^2 - (4x)^2$
- ☐ $(a - x) \cdot a$
- ☒ $a^2 - 4x^2$
- ☒ $(a - 2x)^2 + 4(a - 2x) \cdot x$

Bemerkung
Der Term $a \cdot a - x \cdot x$ beschreibt den Flächeninhalt des großen Quadrats mit der Seitenlänge a abzüglich dem Flächeninhalt eines der kleinen Quadrate mit der Seitenlänge x (Abbildung 1).
Der Term $a^2 - (4x)^2$ beschreibt den Flächeninhalt des Quadrats mit der Seitenlänge a abzüglich dem Flächeninhalt eines Quadrats mit der Seitenlänge 4x. Ein solches Quadrat kommt in der Abbildung nicht vor! (Beachte: $(4x)^2 = 16 \cdot x^2 \neq 4 \cdot x^2$)
Der Term $(a - x) \cdot a$ beschreibt den Inhalt der in Abbildung 2 dunkel getönten Fläche.
Der Term $a^2 - 4x^2$ beschreibt den Inhalt der getönten Fläche korrekt.
Der Term $(a - 2x)^2 + 4(a - 2x) \cdot x$ beschreibt den Flächeninhalt des dunkel getönten Quadrats mit der Seitenlänge $a - 2x$ und den Flächeninhalt der vier etwas heller getönten Rechtecke mit den Seitenlängen $(a - 2x)$ und x (Abbildung 3).

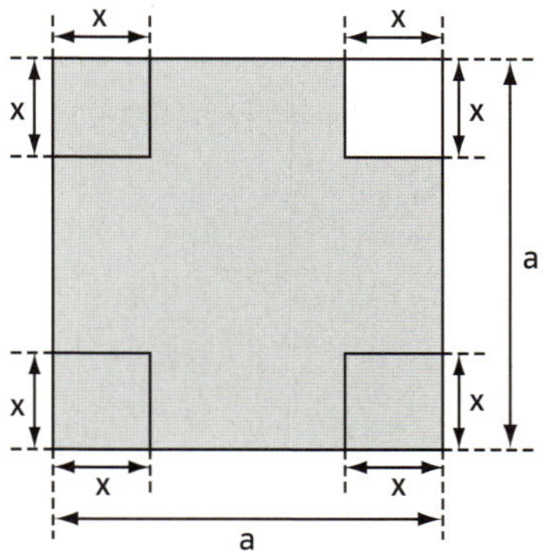

Abbildung 1

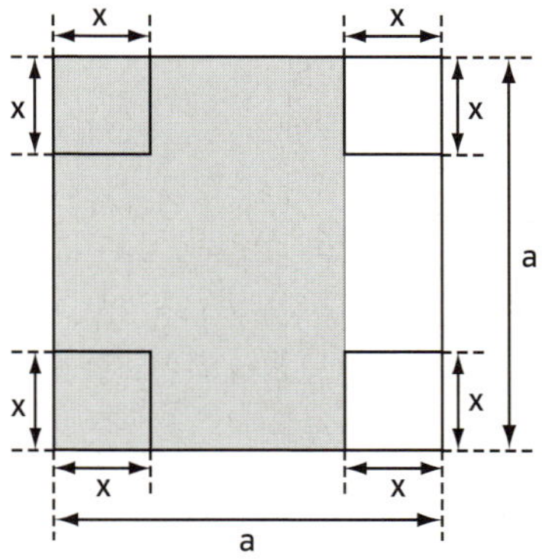

Abbildung 2

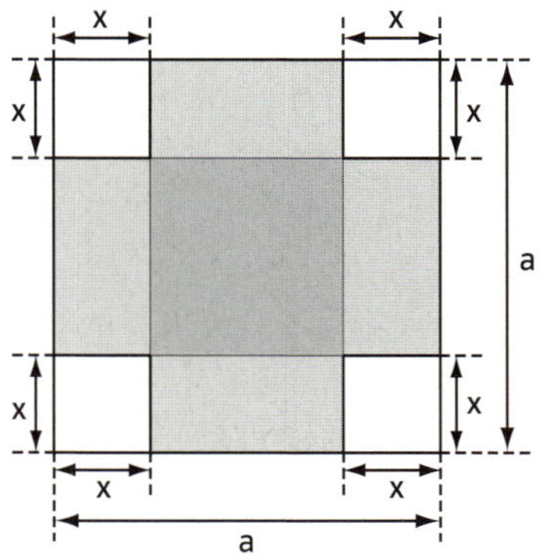

Abbildung 3

b) Eine Formel für den Umfang ist $U = 4 \cdot a$.
Dies sieht man unmittelbar an der Figur:

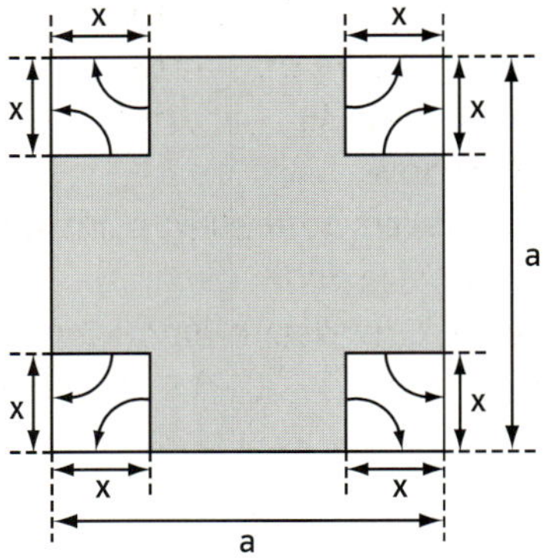

Dies erkennt man z.B. aber auch durch Aufschreiben der Terme aller vorkommenden Streckenlängen:
$U = [x + x + (a - 2x)] \cdot 4$
Äquivalente Umformung ergibt hierfür $4 \cdot a$.
c) Formel für den Flächeninhalt
Aus Teilaufgabe a) weiß man: $A = a^2 - 4x^2$
Mit $x = \frac{1}{4}a$ folgt daraus:
$A = a^2 - 4 \cdot \left(\frac{1}{4}a\right)^2$
$A = a^2 - 4 \cdot \frac{1}{16}a^2$
$A = a^2 - \frac{1}{4}a^2$
$A = \frac{3}{4}a^2$

Formel für den Umfang
Aus Teilaufgabe b) weiß man: $U = 4 \cdot a$
Der Umfang ist unabhängig von x.
Bemerkung
Verwendet man die Formel $U = [x + x + (a - 2x)] \cdot 4$, so erhält man nach Einsetzen von $x = \frac{1}{4}a$ dasselbe Ergebnis:
$U = \left[\frac{1}{4}a + \frac{1}{4}a + \left(a - 2 \cdot \frac{1}{4}a\right)\right] \cdot 4$
$U = \left[\frac{1}{2}a + a - \frac{1}{2}a\right] \cdot 4$
$U = 4 \cdot a$

4 (2 + 2 + 2 VP)

a) $-\frac{3}{4}x + 0{,}4 = \frac{1}{2}x - 1 \quad | -\frac{1}{2}x$
$-\frac{3}{4}x - \frac{1}{2}x + 0{,}4 = -1 \quad | -0{,}4$
$-\frac{3}{4}x - \frac{2}{4}x = -1 - 0{,}4$
$-\frac{5}{4}x = -1{,}4 \quad | \cdot\left(-\frac{4}{5}\right)$
$1x = -1{,}4 \cdot \left(-\frac{4}{5}\right)$
$x = -\frac{14}{10} \cdot \left(-\frac{4}{5}\right)$
$x = +\frac{28}{25}$

Die Lösung heißt $\frac{28}{25}$.

b) $3 \cdot \left(-\frac{7}{12}\right) - t = -2$
$-\frac{7}{4} - t = -2 \quad | +\frac{7}{4}$
$-t = -2 + \frac{7}{4}$
$-t = -\frac{1}{4} \quad | \cdot(-1)$
$t = \frac{1}{4}$

Man muss für t die Zahl $\frac{1}{4}$ einsetzen.

c) $2t \cdot (-3) + t = 8$
$-6t + t = 8$
$-5t = 8 \quad | :(-5)$
$t = -\frac{8}{5}$

Wenn man $t = -\frac{8}{5}$ wählt, dann hat die gegebene Gleichung die Lösung −3.

5 (2 + 2 VP)

Oft werden die vier Zahlen mit n, n + 2, n + 4 und n + 6 bezeichnet. Dabei wird nicht bedacht, dass für n jede natürliche Zahl eingesetzt werden darf, insbesondere also auch jede ungerade Zahl. Damit beschreibt der Ausdruck nicht immer vier aufeinanderfolgende gerade Zahlen sondern vier aufeinanderfolgende Zahlen, die sich um jeweils 2 unterscheiden. Diese können also auch negativ sein.

Die erste der vier aufeinanderfolgenden geraden Zahlen heiße $2 \cdot n$, $n \in \mathbb{N}$. Die drei folgenden geraden Zahlen sind dann $2 \cdot n + 2$, $2 \cdot n + 4$ und $2 \cdot n + 6$.
Für die Summe dieser vier Zahlen gilt:
$2 \cdot n + (2 \cdot n + 2) + (2 \cdot n + 4) + (2 \cdot n + 6)$
$= 8 \cdot n + 12$
$= 4 \cdot (2n + 3)$
Für alle $n \in \mathbb{N}$ ist $2n$ eine gerade Zahl und daher steht in der Klammer eine ungerade Zahl. Die Summe der vier Zahlen ist folglich wegen des Faktors 4 durch 4 teilbar, aber nie durch 8 teilbar.
Knobelix hat nicht Recht.
Für die Prüfung der Behauptung von Knobelinchen, kann man Beispiele notieren!

2 + 4 + 6 + 8 = 20	keine Quadratzahl
4 + 6 + 8 + 10 = 28	keine Quadratzahl
6 + 8 + 10 + 12 = 36	Quadratzahl

Da es ein Beispiel für vier aufeinanderfolgende gerade Zahlen gibt, deren Summe eine Quadratzahl ist, hat Knobelinchen Recht.
Bemerkung
Es gibt viele weitere Beispiele für die Behauptung von Knobelinchen:

22 + 24 + 26 + 28 = 100	*Quadratzahl*
46 + 48 + 50 + 52 = 196	*Quadratzahl*

Erkennst du eine Regelmäßigkeit?

Klassenarbeit 4.3

1 (2 + 2 + 2 VP)

a) $(2 + x)\cdot\left(-\frac{4}{3}\right) - \frac{1}{2}\cdot\left(\frac{2}{3}x + \frac{16}{3}\right)$
$= 2\cdot\left(-\frac{4}{3}\right) + x\cdot\left(-\frac{4}{3}\right) - \left(\frac{1}{2}\cdot\frac{2}{3}x + \frac{1}{2}\cdot\frac{16}{3}\right)$
$= -\frac{8}{3} - \frac{4}{3}x - \left(\frac{1}{3}x + \frac{8}{3}\right)$
$= -\frac{8}{3} - \frac{4}{3}x - \frac{1}{3}x - \frac{8}{3}$
$= -\frac{5}{3}x - \frac{16}{3}$

b) $\left[(0{,}6x + 1)\cdot\left(-\frac{3}{5}\right) + 0{,}4\right]\cdot(-5)$
$= \left[0{,}6x\cdot\left(-\frac{3}{5}\right) + 1\cdot\left(-\frac{3}{5}\right) + 0{,}4\right]\cdot(-5)$
$= \left[\frac{3}{5}x\cdot\left(-\frac{3}{5}\right) - \frac{3}{5} + \frac{2}{5}\right]\cdot(-5)$
$= \left[-\frac{9}{25}x - \frac{1}{5}\right]\cdot(-5)$
$= -\frac{9}{25}x\cdot(-5) - \frac{1}{5}\cdot(-5)$
$= +\frac{9}{5}x + 1$

c) $\frac{5x+2}{4} - \frac{x-3}{2} : \frac{1}{2}$
$= (5x + 2)\cdot\frac{1}{4} - \left[(x - 3)\cdot\frac{1}{2}\right] : \frac{1}{2}$
$= 5x\cdot\frac{1}{4} + 2\cdot\frac{1}{4} - \left[(x - 3)\cdot\frac{1}{2}\right]\cdot\frac{2}{1}$
$= \frac{5}{4}x + \frac{1}{2} - (x - 3)$
$= \frac{5}{4}x + \frac{1}{2} - x + 3$
$= \frac{1}{4}x + \frac{7}{2}$

2 (1 + 1 + 2 VP)

a) $-\frac{4}{9}x + 1 = 0 \qquad | -1$
$-\frac{4}{9}x = -1 \qquad | \cdot\left(-\frac{9}{4}\right)$
$x = (-1)\cdot\left(-\frac{9}{4}\right)$
$x = +\frac{9}{4}$

Die Einsetzzahl ist $\frac{9}{4}$.

b) Es reicht die Angabe eines Beispiels.

Für $x = 6$ gilt: $t(6) = -\frac{2}{3}\cdot 6 + 3 = -1 < 0$

Allgemeine Überlegung:

Es soll gelten: $x > 0$ und $t(x) < 0$.

$t(x) < 0$
$-\frac{2}{3}x + 3 < 0 \qquad | -3$
$-\frac{2}{3}x < -3 \qquad | \cdot\left(-\frac{3}{2}\right)$
$1\cdot x > \frac{9}{2}$

Für alle $x > \frac{9}{2}$ ist der Termwert negativ.

c) Da für $x = 0$ der Termwert $\frac{1}{3}$ sein soll, hat der Term die Form $t\cdot x + \frac{1}{3}$ mit noch unbekanntem t. Damit ergibt sich für die Einsetzzahl −2 der Termwert $t\cdot(-2) + \frac{1}{3} = -2t + \frac{1}{3}$. Dieser Termwert soll $-\frac{2}{3}$ sein.

$-2t + \frac{1}{3} = -\frac{2}{3} \qquad | -\frac{1}{3}$
$-2t = -\frac{2}{3} - \frac{1}{3}$
$-2t = -1 \qquad | \cdot\left(-\frac{1}{2}\right)$
$t = \frac{1}{2}$

Der Term heißt $\frac{1}{2}x + \frac{1}{3}$.

3 (1 + 1 + 1 + 1 VP)

a) a steht für die Kantenlänge des Würfels.

b) a steht für den Portobetrag der Postkarte in Cent, b für den Portobetrag des Briefes in Cent.

c) x steht für die Anzahl der Schüler, y steht für die Anzahl der Lehrer dieser Schule.

Achte auf eine genaue Formulierung. x steht nicht für die Schüler, sondern für deren Anzahl.

d) g steht für die Länge der Grundseite eines Dreiecks, h für die Länge der zu dieser Grundseite gehörenden Höhe.

4 (2 + 2 VP)

a) $2\cdot\left(\frac{1}{3}x - 5\right) - \frac{1}{4}\cdot(8 - x) = -1$
$2\cdot\frac{1}{3}x - 2\cdot 5 - \left(\frac{1}{4}\cdot 8 - \frac{1}{4}\cdot x\right) = -1$
$\frac{2}{3}x - 10 - \left(2 - \frac{1}{4}x\right) = -1$
$\frac{2}{3}x - 10 - 2 + \frac{1}{4}x = -1$
$\frac{8}{12}x + \frac{3}{12}x - 12 = -1 \qquad | +12$
$\frac{11}{12}x = 11 \qquad | \cdot\frac{12}{11}$
$x = 11\cdot\frac{12}{11}$
$x = 12$

Die Gleichung hat die Lösung 12.

b) $(((x + 1)\cdot 2 + 1)\cdot 3 + 1)\cdot 4 = 0 \qquad | :4$
$((x + 1)\cdot 2 + 1)\cdot 3 + 1 = 0 \qquad | -1$
$((x + 1)\cdot 2 + 1)\cdot 3 = -1 \qquad | :3$
$(x + 1)\cdot 2 + 1 = -\frac{1}{3} \qquad | -1$
$(x + 1)\cdot 2 = -\frac{4}{3} \qquad | :2$
$x + 1 = -\frac{2}{3} \qquad | -1$
$x = -\frac{5}{3}$

Die Gleichung hat die Lösung $-\frac{5}{3}$.

Alternative Lösung

Berechnung der Klammern von innen nach außen:

$(((x + 1)\cdot 2 + 1)\cdot 3 + 1)\cdot 4 = 0$
$((2x + 2 + 1)\cdot 3 + 1)\cdot 4 = 0$
$((2x + 3)\cdot 3 + 1)\cdot 4 = 0$
$(6x + 9 + 1)\cdot 4 = 0$
$(6x + 10)\cdot 4 = 0$
$24x + 40 = 0$
$24x = -40$
$x = -\frac{40}{24}$
$x = -\frac{5}{3}$

5 (2 + 2 VP)

a) Körper in Abbildung 1

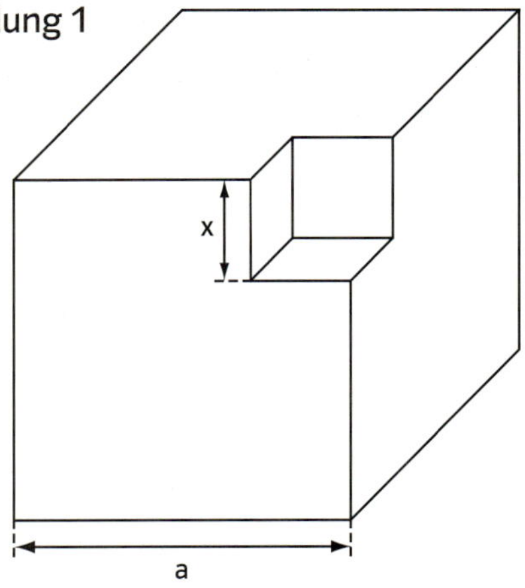

Vom großen Würfel haben neun der zwölf Kanten unverändert die Länge a, drei Kanten werden auf die Länge a − x verkürzt. Hinzu kommen durch den herausgesägten Würfel weitere neun Kanten der Länge x.

Somit gilt für die Kantenlänge des Restkörpers:

$k = 9 \cdot a + 3 \cdot (a - x) + 9 \cdot x$

$k = 9a + 3a - 3x + 9x$

$k = 12a + 6x$

Körper in Abbildung 2

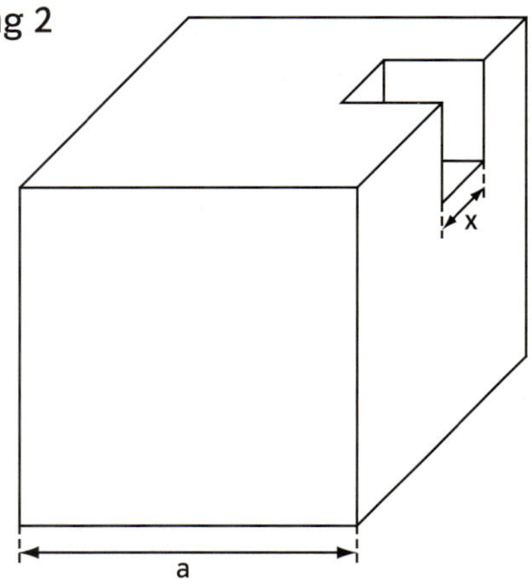

Vom großen Würfel haben elf der zwölf Kanten unverändert die Länge a, eine Kante wird auf die Länge a − x verkürzt. Hinzu kommen elf Kanten der Länge x.

Somit gilt für die Kantenlänge des Restkörpers:

$k = 11 \cdot a + 1 \cdot (a - x) + 11 \cdot x$

$k = 11a + a - x + 11x$

$k = 12a + 10x$

b) Körper in Abbildung 1

Dieser Körper hat denselben Oberflächeninhalt wie der ursprüngliche Würfel, also $O = 6a^2$.

Durch das Heraussägen des kleinen Würfels fallen an drei Würfelflächen Quadrate mit der Seitenlänge x weg, die dafür aber auch am Restkörper wieder auftreten. Daher ändert sich der Oberflächeninhalt nicht.

Körper in Abbildung 2

Der Oberflächeninhalt des Restkörpers beträgt $O = 6a^2 + 2x^2$.

Durch das Heraussägen des kleinen Würfels werden aus der Oberfläche des großen Würfels zwei Quadrate mit der Seitenlänge x entfernt. Gleichzeitig kommen aber auch vier Quadrate mit der Seitenlänge x dazu.

6 (2 VP)

Angenommen, jeder der drei identischen Artikel hat im Einkauf x € gekostet.

Verkaufspreis des ersten Artikels (in €):

$x + \frac{15}{100}$ von $x = x + \frac{15}{100} \cdot x = 1{,}15 \cdot x$

Verkaufspreis des zweiten Artikels (in €):

$x + \frac{10}{100}$ von $x = x + \frac{10}{100} \cdot x = 1{,}10 \cdot x$

Verkaufspreis des dritten Artikels (in €):

x

Daher gilt für die Gesamteinnahmen des Händlers:

$$\begin{aligned} 1{,}15 \cdot x + 1{,}10 \cdot x + x &= 58{,}50 \\ 3{,}25 \cdot x &= 58{,}50 \\ x &= 18 \end{aligned}$$

Jeder Artikel hat im Einkauf 18 € gekostet.

Da er beim Einkauf $3 \cdot 18$ € = 54 € bezahlt hat, ist sein Gewinn 4,50 €.

Klassenarbeit 4.4

1 (1 + 1 + 1 + 1 VP)
Es gilt:
$3x - x = 3 \cdot x - 1 \cdot x = (3 - 1) \cdot x = 2 \cdot x$
Die erste Umformung ist daher falsch.
$\left(\frac{1}{2}y + 2\right) \cdot 2 = \frac{1}{2}y \cdot 2 + 2 \cdot 2 = y + 4$
Die zweite Umformung ist falsch.
$\left(\frac{2}{3}z - \frac{1}{4}\right) : \left(-\frac{1}{3}\right) = \left(\frac{2}{3}z - \frac{1}{4}\right) \cdot (-3)$
$= \frac{2}{3}z \cdot (-3) - \frac{1}{4} \cdot (-3)$
$= -2z + \frac{3}{4}$
Die dritte Umformung ist korrekt.
$\frac{9u - 3}{3} = (9u - 3) : 3 = 9u : 3 - 3 : 3 = 3u - 1$
Die vierte Umformung ist falsch.

2 (3 VP)
$(6x - 8) \cdot \frac{1}{2} - 2x \cdot 3$ | DG
$= (6 \cdot x) \cdot \frac{1}{2} - 8 \cdot \frac{1}{2} - (2 \cdot x) \cdot 3$ | KG
$= \frac{1}{2} \cdot (6 \cdot x) - 4 - 3 \cdot (2 \cdot x)$ | AG
$= \left(\frac{1}{2} \cdot 6\right) \cdot x - 4 - (3 \cdot 2) \cdot x$
$= 3 \cdot x - 4 - 6 \cdot x$ | KG
$= 3 \cdot x - 6 \cdot x - 4$ | DG
$= (3 - 6) \cdot x - 4$
$= -3 \cdot x - 4$

3 (2 + 1 VP)
a) Angenommen, die rationale Zahl heiße x. Dann heißt ihre Gegenzahl −x.
Der Text fordert:
$x - 3 = -x$ | $+ x$
$2x - 3 = 0$ | $+ 3$
$2x = 3$ | $: 2$
$x = \frac{3}{2}$
Es gibt eine solche Zahl. Sie heißt $\frac{3}{2}$.
b) Angenommen, die rationale Zahl heiße x.
Der Text fordert:
$x = \frac{1}{2} \cdot (-x)$
$1 \cdot x = -\frac{1}{2} \cdot x$ | $+ \frac{1}{2} \cdot x$
$\frac{3}{2} \cdot x = 0$ | $\cdot \frac{2}{3}$
$x = 0$
Es gibt eine solche Zahl. Sie heißt 0.

4 (0,5 + 0,5 + 0,5 + 0,5 VP)
a) $x + \frac{1}{2} = 0$
b) $x = x$
c) $0 \cdot x = 1$
d) $x \cdot (x - 1) = 0$
Bemerkung
Die angegebenen Gleichungen sind die einfachst möglichen. Jede dazu äquivalente Gleichung ist ebenfalls eine Lösung der Aufgabe.

5 (2 + 2 VP)
a) Beobachtungen an den drei Figuren lassen Rückschlüsse auf das Aussehen und die Plättchenanzahlen der vierten Figur zu.

Nummer der Figur	1	2	3	4
Anzahl der grauen Plättchen	1	1 + 2	1 + 2 + 3	1 + 2 + 3 + 4
Anzahl der weißen Plättchen	0	1	1 + 2	1 + 2 + 3
Gesamtzahl der Plättchen	1	4	9	16

Für die 4. Figur braucht man 16 Plättchen. Davon sind 10 Plättchen grau.
b) Man erkennt an der Tabelle, dass die Gesamtzahl der Plättchen bei der n-ten Figur wohl n^2 sein wird.
Für die n-te Figur braucht man
$1 + 2 + 3 + \ldots + (n - 2) + (n - 1) + n$ graue Plättchen.
Bemerkung
Dies sind $\frac{1}{2} \cdot n \cdot (n + 1)$ Plättchen.
Kannst du herausfinden, warum?

6 (2 + 2 VP)
Die kleinste der drei ungeraden Zahlen sei $2z + 1$, $z \in \mathbb{Z}$. Die nächsten beiden ungeraden Zahlen sind dann um jeweils 2 größer, also $2z + 3$, $2z + 5$.
Für die Summe dieser drei Zahlen gilt:
$(2z + 1) + (2z + 3) + (2z + 5)$
$= 6z + 9$
$= 3 \cdot (2z + 3)$
Für alle $z \in \mathbb{Z}$ ist $2z + 3$ eine ganze Zahl. Die Summe ist daher ein Vielfaches von 3, also durch 3 teilbar. Knobelinchen hat Recht.
Die Summe kann nur durch 9 teilbar sein, wenn der Faktor $2z + 3$ noch durch 3 teilbar ist. Dies ist z. B. für $z = 3$ der Fall.
Knobelix hat somit nicht Recht.
Bemerkung
Für den Nachweis, dass Knobelix recht hat, genügt die Angabe eines Gegenbeispiels:
$8 + 9 + 10 = 27 = 3 \cdot 9$

7 (2 + 2 VP)

a) Lösung der Ungleichung

$$\begin{aligned} 5(1-2x) &> x \\ 5\cdot 1 - 5\cdot 2x &> x \\ 5 - 10x &> x && \mid -5 \\ -10x &> x - 5 && \mid -x \\ -11x &> -5 && \mid \cdot\left(-\tfrac{1}{11}\right) \\ x &< +\tfrac{5}{11} \end{aligned}$$

Die Ungleichung ist für alle rationalen Zahlen kleiner $\frac{5}{11}$ erfüllt.

b) Lösung der Gleichung

$$\begin{aligned} 4x - 1 &= t && \mid +1 \\ 4x &= t + 1 && \mid \cdot\tfrac{1}{4} \\ x &= (t+1)\cdot\tfrac{1}{4} \end{aligned}$$

Bedingung für die Lösung

$$\begin{aligned} (t+1)\cdot\tfrac{1}{4} &< -1 && \mid \cdot 4 \\ t + 1 &< -4 && \mid -1 \\ t &< -5 \end{aligned}$$

Für $t < -5$ hat die gegebene Gleichung eine Lösung kleiner als -1.

Carl Friedrich Gauß (1777 – 1855)

Eine Episode aus seinem Leben

Der Knabe zeigte einen so regen Geist und eine so scharfe Fassungskraft, daß er das Lesen von selbst lernte, indem er sich da und dort bei den Hausgenossen Auskunft erholte; für Zahlenverhältnisse aber entwickelte er schon in der frühesten Jugend eine solche Sicherheit, daß er später oft scherzweise behauptete, „er habe früher rechnen als sprechen können."
Bezeichnend ist ein Vorfall, den Gauß oft zu erzählen pflegte, wie sein Vater an einem Sonnabend-Abend seinen Maurergesellen den Wochenlohn auszahlte und nach geschlossener Abrechnung soeben zum Geldbeutel griff, als sich der kaum dreijährige Knabe, welcher der Verhandlung von seinem Lager aus zugehört hatte, erhob und rief: „Vater, die Rechnung ist falsch, es macht ...", indem er eine bestimmte Summe angab. Der Kleine war als Kopfrechner im Hause bereits so geachtet, daß Vater und die Gesellen die Abrechnung noch einmal vornahmen, und der Befund ergab genau die Summe, welche der Knabe angegeben hatte.
Als Gauß sieben Jahre alt war, wurde er in die Catharinen-Schule geschickt, die damals unter Büttner's strengem Regimente stand. Diese Schulstube hatte bei Weitem nicht jene Stattlichkeit wie die Klassen der jetzigen Bürgerschule am Steingraben. Büttner ging in dem niedrigen, von Kindern vollgestopften Zimmer mit der Karwatsche auf und ab, Fluch und Segen erteilend je nach Leistung der Schüler und nach eigener Stimmung. Der Knabe blieb hier zwei Jahre lang im großen Haufen; erst als er in die Rechenclasse emporrückte, machte sich seine Begabung bemerklich. Büttner ließ die Schüler, welche zuerst fertig waren, ihre Rechentafel zu unterst auf den Tisch mitten in der Classe legen; die Aufschichtung erfolgte je nach der Fertigkeit der einzelnen Schüler bis zum letzten. Gauß war soeben in die Rechenclasse aufgenommen worden, als der Lehrer ein Addirexempel aufgab. Kaum aber war die Zahlenreihe ausgesprochen, als der Knabe schon seine Tafel mit den Worten: „Ligget se!" (Da liegt sie!) auf den Tisch schob. Als am Schluß der Stunde die Tafeln nachgesehen wurden und viele Schüler mit der Karwatsche von ihren Fehlern überzeugt wurden, fand sich auf der untersten Tafel nur eine Zahl, aber diese war die richtige. Büttner erwies sich jetzt als treuen Lehrer, indem er sich des Knaben warm annahm, sogar ein neues, damals sehr beliebtes Rechenbuch aus Hamburg verschreiben ließ und – als damit sein Latein am Ende war – erklärte, nun könne der Junge bei ihm nichts mehr lernen.

Die Rechenaufgabe des Lehrers Büttner lautete:
„Addiert die Zahlen von 1 bis 60."
Auf der Schiefertafel von Carl Friedrich stand nur eine einzige Zahl, nämlich 1830.
Wie hat der Knirps das gemacht? Er erläutert dem Lehrer, er habe in Gedanken die höchste unter die niederste Zahl geschrieben, die zweithöchste unter die zweitniederste und so weiter, also:

1	2	3	4	...	29	30
60	59	58	57	...	32	31
61	61	61	61	...	61	61

Dann habe er stets je zwei addiert und die dreißig gleichen Resultate summiert, bzw. durch Multiplikation von 30 mit 61 die Summe erhalten. Dreimal 61 ist doch 183, 183 mal 10 ist 1830.

So einfach ist das! Aber darauf muss man erst einmal kommen! Mit diesem Trick kannst du das auch. Versuch es!
Was ergibt:

a) $1 + 2 + 3 + 4 + ... + 98 + 99 + 100$?
b) $1 + 2 + 3 + 4 + ... + 998 + 999$?
c) $1 + 2 + 3 + 4 + ... + (n - 1) + n$?
d) $11 + 12 + 13 + 14 + ... + 108 + 109 + 110$?

Pinboard – Beziehungen in geometris

Grundkonstruktionen

Konstruktion der Mittelsenkrechten zu einer Strecke mit den Endpunkten A und B

1. Zeichne um die Punkte A und B zwei Kreise mit gleich großen Radien.
   Die Schnittpunkte der beiden Kreise mögen S und T heißen.
2. Die Gerade durch die Punkte S und T ist die gesuchte Mittelsenkrechte m_{AB}.

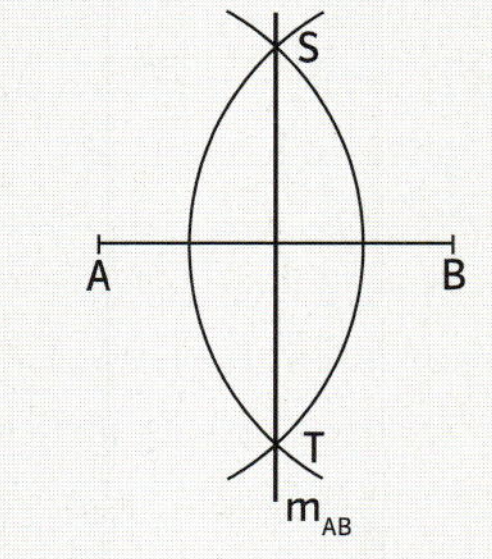

Konstruktion der Lotgeraden von einem Punkt P außerhalb einer Geraden g auf diese Gerade

1. Zeichne einen Kreis um P, der die Gerade g in zwei Punkten S und T schneidet.
2. Konstruiere die Mittelsenkrechte m_{ST} zur Strecke ST. Diese ist die gesuchte Lotgerade.

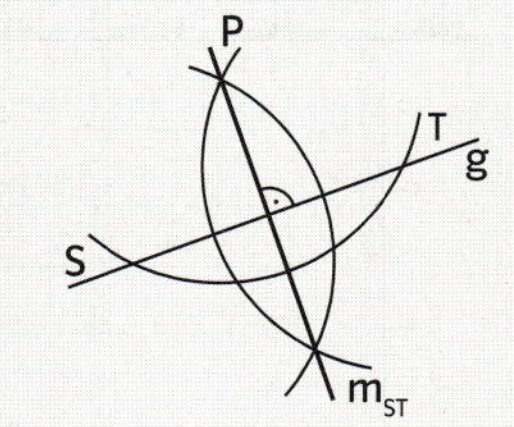

Konstruktion der Lotgeraden durch einen Punkt P auf einer Geraden g auf diese Gerade

1. Zeichne einen Kreis um P. Die Schnittpunkte dieses Kreises mit der Geraden g mögen S und T heißen.
2. Die Mittelsenkrechte m_{ST} zur Strecke ST ist die gesuchte Lotgerade.

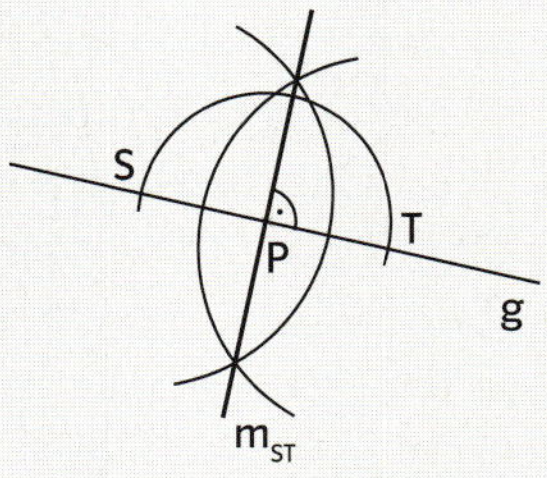

Konstruktion der Winkelhalbierenden eines Winkels

1. Zeichne einen Kreis um den Winkelscheitel W. Dieser Kreis schneidet die beiden Winkelschenkel in den Punkten S und T.
2. Zeichne um S und T zwei Kreise mit gleich großen Radien, die sich in den Punkten U und V schneiden mögen.
3. Die Gerade durch W und U ist die gesuchte Winkelhalbierende w.

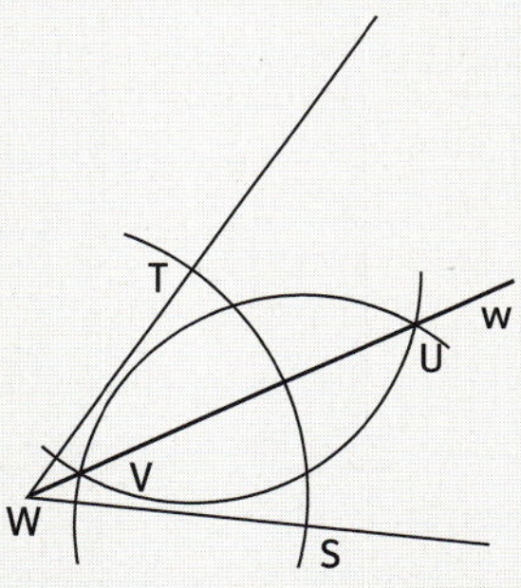

Besondere Linien und Punkte am Dreieck

Satz von den Mittelsenkrechten

In jedem Dreieck schneiden sich die drei Mittelsenkrechten in einem Punkt.

Folgerungen

Dieser Punkt hat von allen Eckpunkten des Dreiecks denselben Abstand. Daher gibt es einen Kreis um diesen Punkt, der durch alle Dreiecksecken geht.
Dieser Kreis heißt der Umkreis des Dreiecks, sein Mittelpunkt heißt Umkreismittelpunkt. Dieser wird mit U bezeichnet. Der Radius dieses Kreises heißt Umkreisradius r_U.

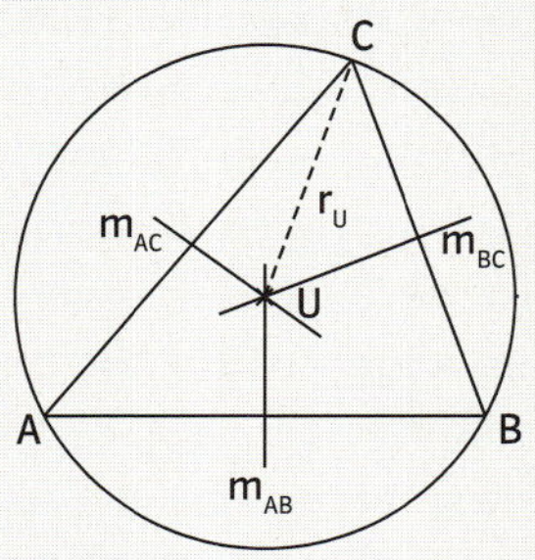

Satz von den Winkelhalbierenden

In jedem Dreieck schneiden sich die drei Winkelhalbierenden in einem Punkt.

Folgerungen

Dieser Punkt hat von allen Seiten des Dreiecks denselben Abstand. Daher gibt es einen Kreis um diesen Punkt, der alle Dreiecksseiten berührt.
Dieser Kreis heißt der Inkreis des Dreiecks, sein Mittelpunkt heißt Inkreismittelpunkt. Dieser wird mit I bezeichnet. Der Radius dieses Kreises heißt Inkreisradius ϱ.

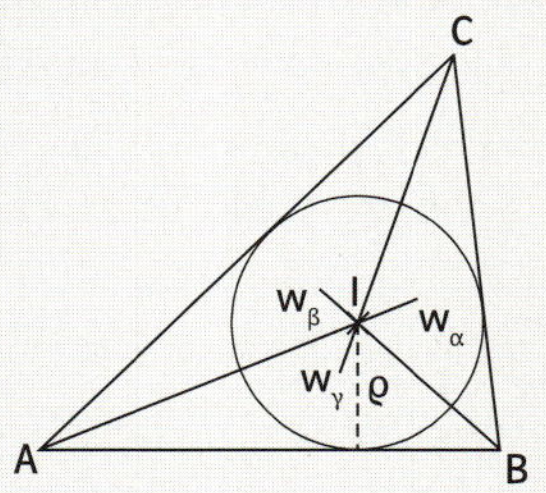

Winkelsummensätze

In jedem Dreieck beträgt die Summe der Innenwinkelweiten 180°.

In jedem Viereck beträgt die Summe der Innenwinkelweiten 360°.

In jedem n-Eck ($n > 4$) beträgt die Summe der Innenwinkelweiten $(n - 2) \cdot 180°$.

Ortslinien

Satz	Kehrsatz
Wenn ein Punkt von zwei Punkten A und B den gleichen Abstand hat, dann liegt er auf der Mittelsenkrechten zur Strecke AB.	Wenn ein Punkt auf der Mittelsenkrechten zur Strecke AB liegt, dann hat er von A und B den gleichen Abstand.
Wenn ein Punkt von zwei sich schneidenden Geraden den gleichen Abstand hat, dann liegt er auf einer der beiden Winkelhalbierenden des Winkels, den diese Geraden einschließen.	Wenn sich zwei Geraden schneiden und ein Punkt auf einer Winkelhalbierenden eines der von ihnen eingeschlossenen Winkels liegt, dann hat er von den beiden Geraden den gleichen Abstand.
Wenn ein Punkt von zwei parallelen Geraden den gleichen Abstand hat, dann liegt er auf der Mittelparallelen zu diesen Geraden.	Wenn ein Punkt auf der Mittelparallele von zwei parallelen Geraden liegt, dann hat er von diesen Geraden den gleichen Abstand.

n Figuren

Winkel an sich schneidenden Geraden

Satz

Scheitelwinkel an zwei sich schneidenden Geraden sind gleich groß.

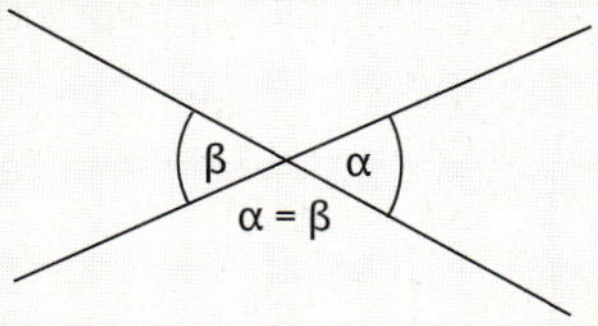

Satz

Nebenwinkel an zwei sich schneidenden Geraden ergänzen sich zu 180°.

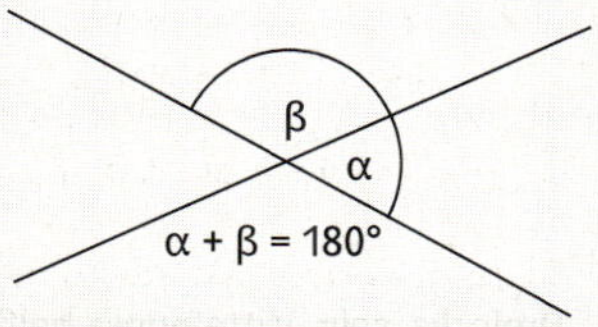

Winkel an parallelen Geraden

Satz

Wenn zwei parallele Geraden von einer dritten Geraden geschnitten werden, dann sind Wechselwinkel gleich weit.

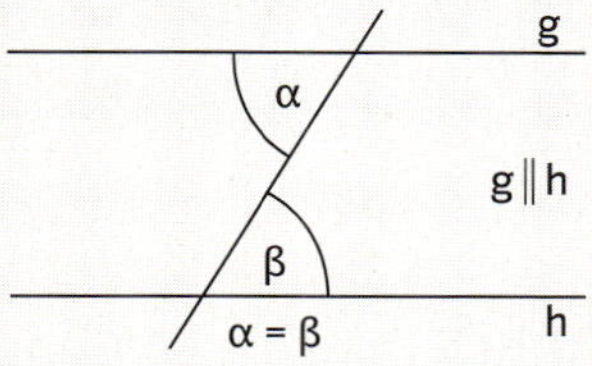

Satz

Wenn zwei parallele Geraden von einer dritten Geraden geschnitten werden, dann sind Stufenwinkel gleich weit.

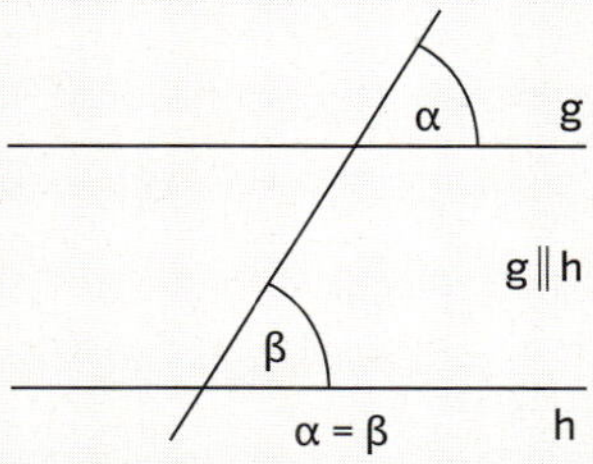

Sehen ist nicht so einfach, wie es aussieht!

Der Satz des Thales

Satz

Wenn eine Seite eines Dreiecks ein Kreisdurchmesser ist und die dritte Ecke auf dem zugehörigen Kreis liegt, dann ist der Innenwinkel des Dreiecks mit dieser Ecke als Scheitel ein rechter Winkel.

Kehrsatz

Wenn eine Seite eines Dreiecks ein Kreisdurchmesser ist und der ihr gegenüberliegende Innenwinkel ein rechter Winkel ist, dann liegt dessen Scheitel auf dem zugehörigen Kreis.

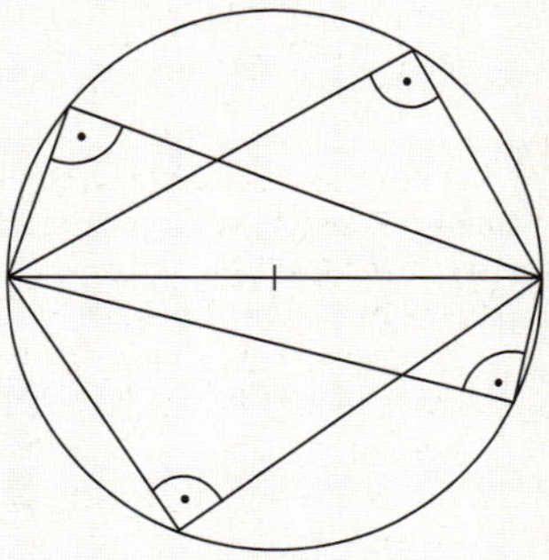

Um eine Tür zu öffnen, genügt es nicht, den Schlüssel zu besitzen!

Bist du sicher?

1 a) Zeichne eine Raute ABCD mit einem Innenwinkel der Weite 68°.
b) Berechne die Weiten der anderen Innenwinkel.
c) Geht der Kreis mit dem Durchmesser AB durch den Diagonalenschnittpunkt?

2 a) Konstruiere ein Dreieck ABC aus c = 5,7 cm, h_c = 4,0 cm und α = 50°.
b) Unter welchem Winkel schneidet die Winkelhalbierende von α die Höhe h_c?

3 Konstruiere ein Dreieck ABC aus c = 7,3 cm, β = 70° und dem Inkreisradius ϱ = 2,0 cm.

4 Zeichne zwei parallele Geraden g und h im Abstand 5,0 cm. Markiere einen beliebigen Punkt P auf einer dieser Geraden. Konstruiere alle Punkte, die von g und h den gleichen Abstand und von P den Abstand d = 4,5 cm haben. Für welche Werte von d gibt es keine solchen Punkte?

5 Wie groß ist β, falls α = 36° gilt? Gib β allgemein in Abhängigkeit von α an.

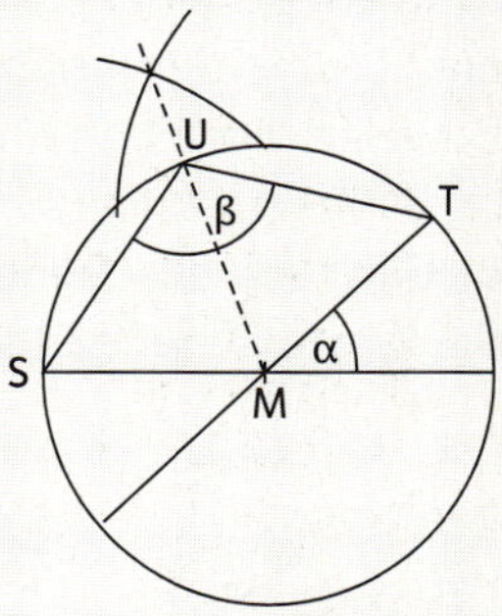

Lösungen

1 a) Alle Seiten der Raute sind gleich lang und paarweise parallel. b) Mit α = 68° folgt: β = 112°, γ = 68°, δ = 112°. c) Die Diagonalen sind zueinander orthogonal. Mit der Umkehrung des Satzes von Thales folgt daraus, dass der Diagonalenschnittpunkt auf dem Kreis mit dem Durchmesser AB liegt. **2** a) AB mit der Länge c; Parallele p zu AB im Abstand h_c; α in A an AB antragen. Der freie Schenkel von α schneidet p in C. (Zur Kontrolle: β = 60°.) b) Winkelweite 65°. **3** AB mit c = 7,3 cm; β = 70° in B an AB; Winkelhalbierende $w_β$ (Grundkonstruktion); Parallele p zu AB im Abstand ϱ = 2,0 cm schneidet $w_β$ im Inkreismittelpunkt I; Inkreis. Der Thaleskreis über AI schneidet den Inkreis in zwei Punkten, von denen einer auf AB liegt. Der andere Schnittpunkt heiße D. Die Gerade durch A und D schneidet den freien Schenkel von β im Punkt C. **4** Die beiden Schnittpunkte der Mittelparallelen von g und h mit dem Kreis um P mit dem Radius 4,5 cm haben die geforderte Eigenschaft. Für d < 2,5 cm gibt es keine solchen Punkte. **5** Für α = 36° erhält man β = 108°. Allgemein gilt: $β = 90° + \frac{1}{2}α$. (Nebenwinkel, Winkelhalbierende, Basiswinkel in gleichschenkligen Dreiecken, Winkelsummensatz).

Anfangszeit: ____________ + 45 Minuten → Abgabe: ____________

1 (3 + 1 VP)

Das Viereck ABCD ist ein Rechteck, das Viereck DSCE ist eine Raute.

a) Gib die Winkelweiten der Winkel $\sphericalangle$DCA, $\sphericalangle$CDE, $\sphericalangle$BSC, $\sphericalangle$DSA, $\sphericalangle$SAD und $\sphericalangle$DEC an.

b) Ist AS so lang wie AD?

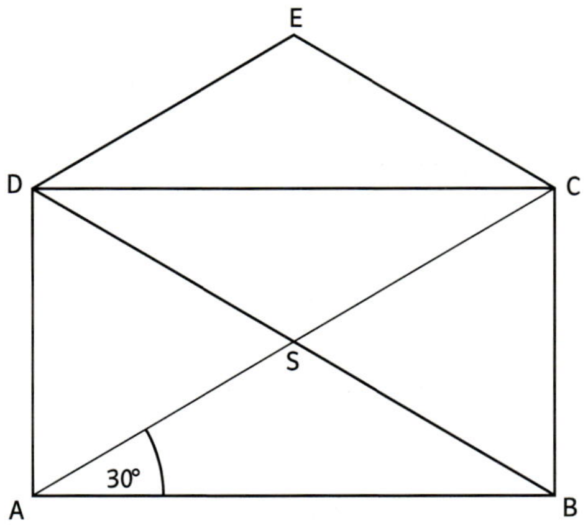

2 (1 + 2 + 2 VP)

a) Zeichne zwei Geraden g und h, die sich im Punkt S unter einem Winkel der Weite 60° schneiden. Konstruiere dann alle Punkte, die von g und h den gleichen Abstand haben.

b) Wie findest du die Punkte von g, die von h den Abstand 3,0 cm haben?
Zeichne diese Punkte ein.

c) Färbe die Punkte, die von h mindestens 3,0 cm und von S höchstens 4,0 cm Abstand haben.

3 (3 + 4 VP)

a) Berechne die Winkelweite α.

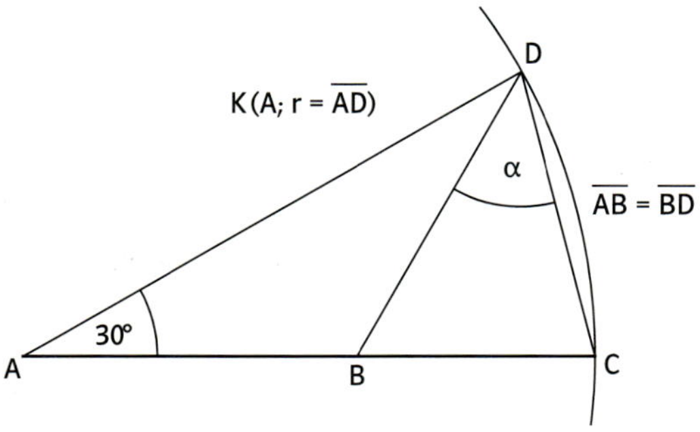

b) Berechne die Winkelweite α in Abhängigkeit von β.

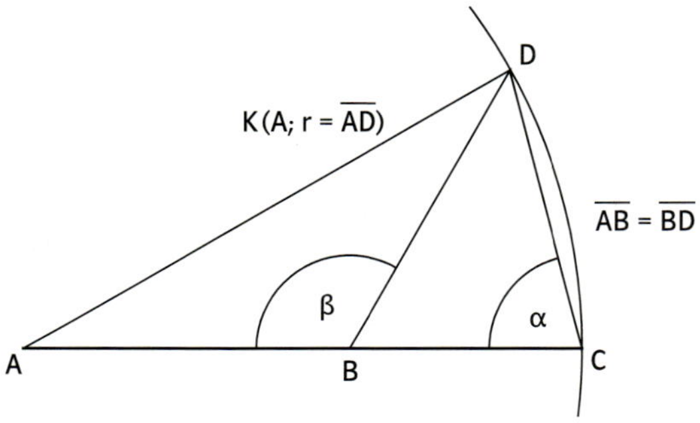

4 (4 VP)

Konstruiere ein Dreieck ABC mit b = 8,0 cm, α = 40° und β = 90°.

5 (2 + 2 VP)

a) In jedem Siebeneck *ohne* einspringende Ecke ist die Summe der Innenwinkelweiten 900°.
Beweise diese Behauptung unter Verwendung der nebenstehenden Figur.

b) Hat auch das Siebeneck *mit* einspringender Ecke die Winkelsumme 900°?

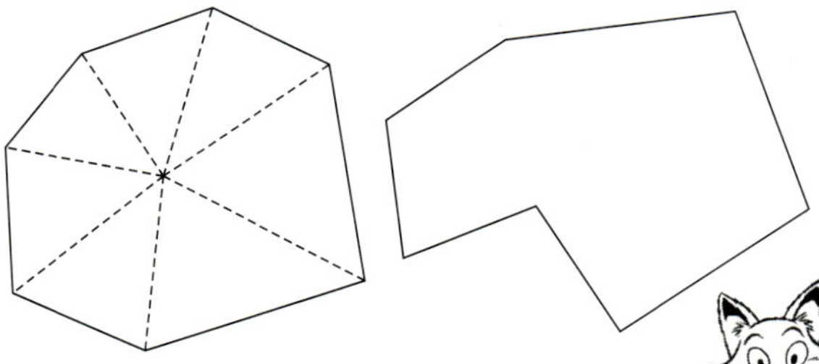

Lerntipps

zu Aufgabe 2
Unterscheide „Zeichnen“ und „Konstruieren“.

zu Aufgabe 3
Denke an gleichschenklige Dreiecke und den Satz von der Winkelsumme im Dreieck.

zu Aufgabe 4
Der Winkel der Weite 90° liegt der Seite der Länge b gegenüber. Wo liegt sein Scheitel?

zu Aufgabe 5
b) Zeichne alle Diagonalen von der einspringenden Ecke aus.

Klassenarbeit 5.2

Anfangszeit: ______________ + 45 Minuten → Abgabe: ______________

1 (1 + 1 + 1 + 1 VP)
Welche der folgenden Behauptungen sind wahr, welche falsch?
Begründe deine Antworten.
a) Jedes Dreieck hat immer höchstens zwei spitze Winkel.
b) Es gibt keine Dreiecke mit einem rechten und einem stumpfen Winkel.
c) Manche Dreiecke haben die Winkelsumme von 270°.
d) Wenn ein Dreieck einen spitzen Winkel hat, dann hat es wenigstens auch noch einen zweiten.

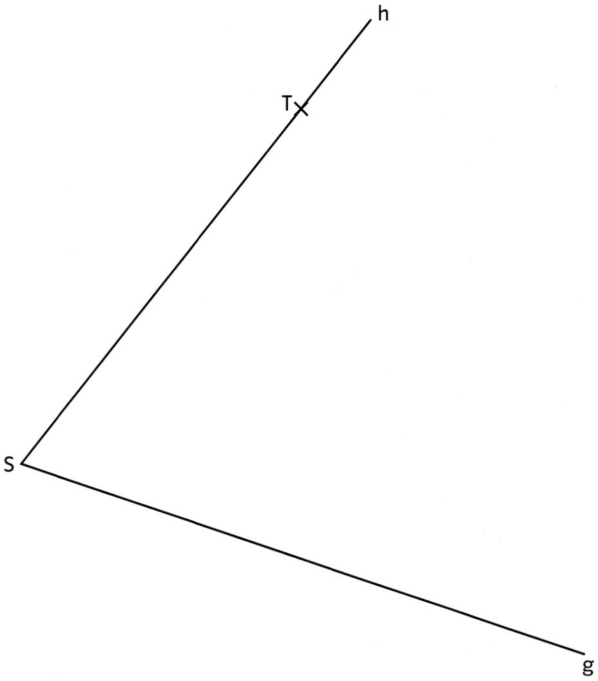

2 (3 + 2 VP)
a) Bestimme durch Konstruktion alle Punkte, die sowohl von S und T den gleichen Abstand haben als auch von g und h den gleichen Abstand haben.
b) Konstruiere einen Kreis, der g und h berührt und durch T geht.

3 (5 + 1 VP)
a) Konstruiere ein Dreieck ABC mit a = 8,0 cm, $\alpha = 90°$ und $h_a = 3{,}0$ cm.
(Planfigur, Konstruktion, Konstruktionsbeschreibung)
b) Für welche Werte von a ist (bei sonst unveränderten Daten) diese Konstruktion überhaupt möglich?

4 (1 + 2 + 2 VP)
a) Gib für $\alpha = 30°$ die Weite des Winkels ∢MSU an.
b) Gib die Weite des Winkels ∢MSU allgemein in Abhängigkeit von α an.
Wie verändert sich diese Winkelweite, wenn sich α um 10° vergrößert?
c) Ist die Winkelhalbierende des Winkels ∢UMS orthogonal zur Strecke SU?

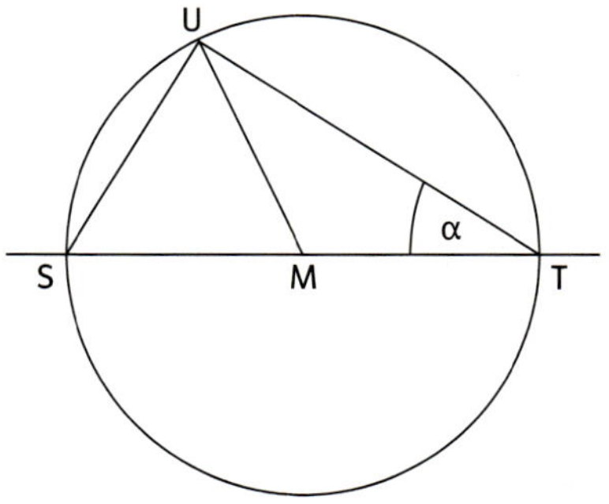

5 (4 VP)
Es gilt folgender Lehrsatz:
In jedem Fünfeck ist die Summe der Innenwinkelweiten 540°.
Bestimme unter dieser Voraussetzung die Summe der Innenwinkelweiten im fünfzackigen Stern.

Lerntipps

Wahr oder falsch?
Eine falsche Behauptung kann man durch ein einziges Gegenbeispiel widerlegen.
Eine richtige Behauptung erfordert immer eine Begründung unter Verwendung bereits bekannter Lehrsätze. Noch so viele Beispiele können den Beweis nicht ersetzen!

Klassenarbeit 5.3

Anfangszeit: ____________________ + 45 Minuten → Abgabe: ____________________

1 (2 + 2 VP)
a) Zeichne zwei parallele Geraden g und h im Abstand 4,0 cm sowie eine Gerade m, die g unter einem Winkel der Weite 45° schneidet.
Konstruiere alle Punkte, die von h und m den gleichen Abstand haben und zugleich auf g liegen.
b) Markiere in nebenstehender Abbildung alle Punkte, die von g und h den gleichen Abstand und von A höchstens 3,0 cm Abstand haben.

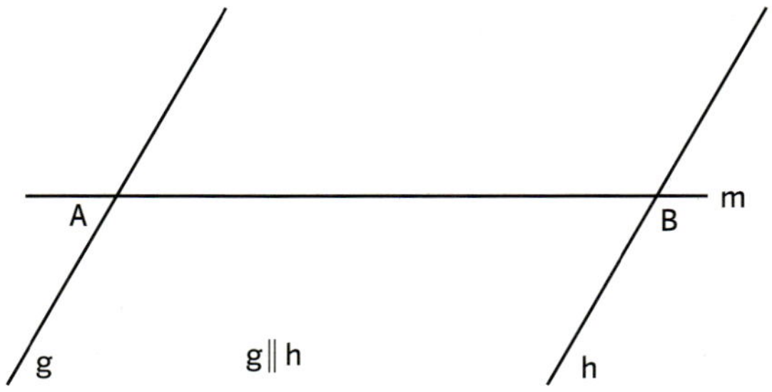

2 (1 + 1 + 1 + 1 VP)
a) Berechne β für α = 23°.
b) Kann man α so wählen, dass α = β gilt?
c) Kann man β so wählen, dass $\alpha = \frac{2}{3}\beta$ gilt?
d) Welche Veränderung bei β bewirkt eine Vergrößerung von α um einen Winkel der Weite ε (solange α + ε ≤ 90° bleibt)?

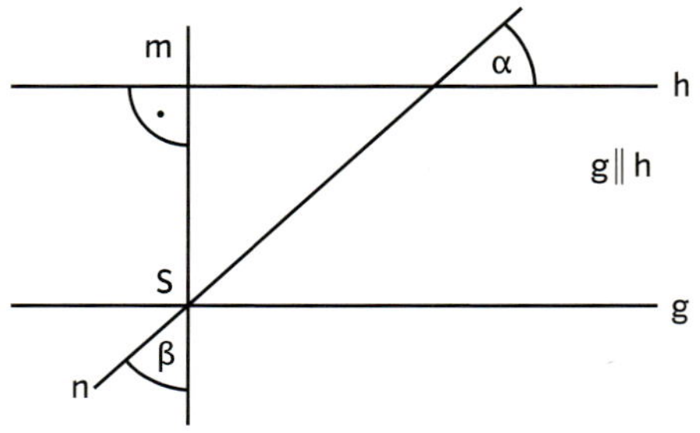

3 (3 + 2 + 2 VP)
a) Berechne α.
b) Sind die Geraden durch B und C sowie durch M und D parallel?
c) Sind die Geraden durch B und D sowie durch M und C orthogonal?

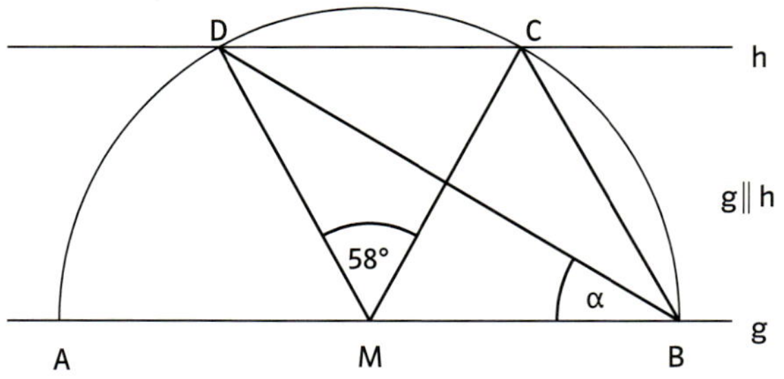

4 (2 VP)
Anne behauptet: „Die Punkte A, H_c und H liegen auf einem Kreis."
Barbara behauptet: „Die Punkte A, H und H_b liegen auf einem Kreis."
Christina behauptet: „Die Punkte A, B, H_a und H_b liegen auf einem Kreis."
Wer hat Recht?

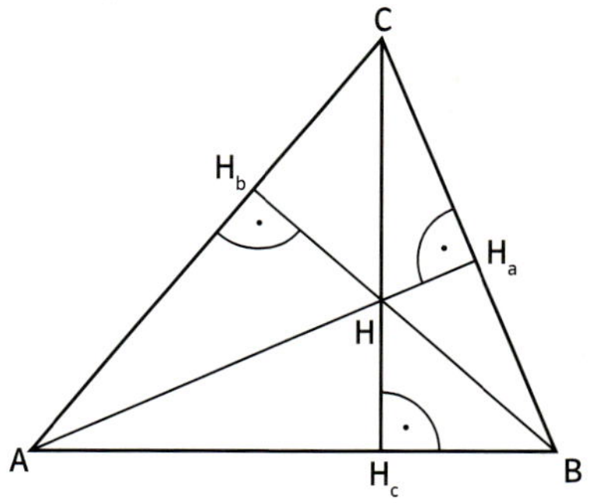

5 (5 + 2 VP)
a) Konstruiere ein Dreieck ABC aus c = 7,4 cm, α = 60° und Inkreisradius r_i = 2,0 cm.
b) Ein Dreieck ABC mit γ = 56° hat den Inkreismittelpunkt I.
Wie groß ist der Winkel ∢AIB?

Lerntipps

Lehrsätze sammeln!
Hast du schon einmal daran gedacht, mathematische Lehrsätze zu sammeln? Besorge dir Karteikarten (z. B. in Postkartengröße) und notiere auf der Vorderseite einen Lehrsatz, evtl. mit einer geeigneten Abbildung. Auf der Rückseite schreibst du einen Beweis des Lehrsatzes auf und gegebenenfalls ein Anwendungsbeispiel. Auf diese Weise entsteht im Laufe der Zeit eine stattliche mathematische Bibliothek.

Anfangszeit: ______________ + 45 Minuten → Abgabe: ______________

1 (3 + 1 VP)
a) Es gibt zwei Kreise durch den Punkt P, die g und h berühren.
Konstruiere diese Kreise.
b) Gibt es für jede mögliche Lage von P zwischen g und h zwei Kreise?

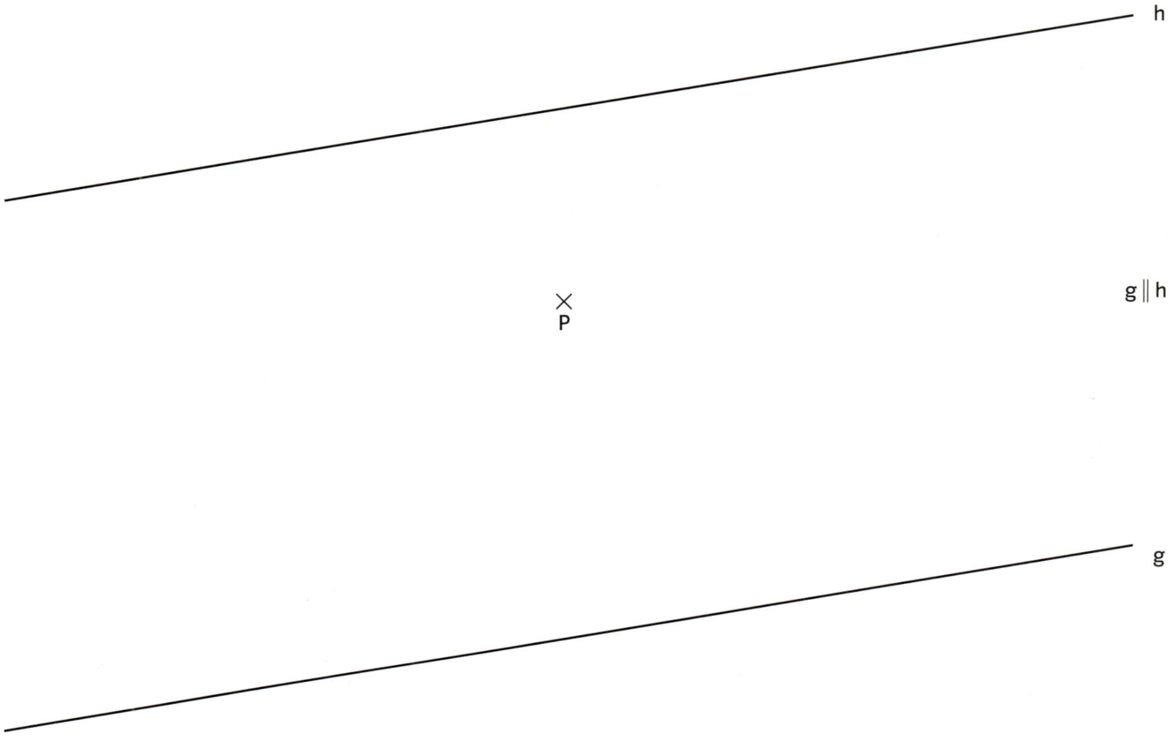

2 (4 + 2 VP)
a) Konstruiere die Tangenten von P aus an den Kreis k(M; r).
Beschreibe und begründe die Konstruktion.

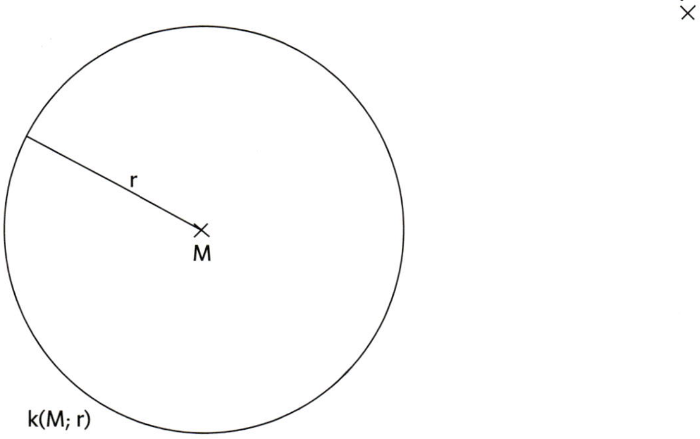

b) Zeichne die beiden Kreistangenten im Punkt A. Der kleinere der beiden Winkel zwischen den Tangenten habe die Weite α.
Bestimme einen Zusammenhang zwischen α und der Weite des Winkels $\sphericalangle M_1AM_2$.

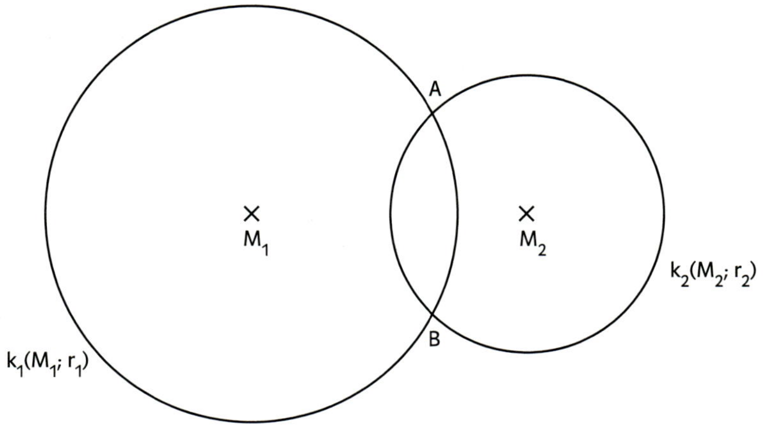

3 (2 + 3 + 2 VP)
a) Ist das Viereck ABCD ein Trapez?
b) Bestimme die Winkelweiten der Winkel $\sphericalangle MEB$ und $\sphericalangle EBF$.
c) Wie groß ist der Winkel $\sphericalangle EGF$?

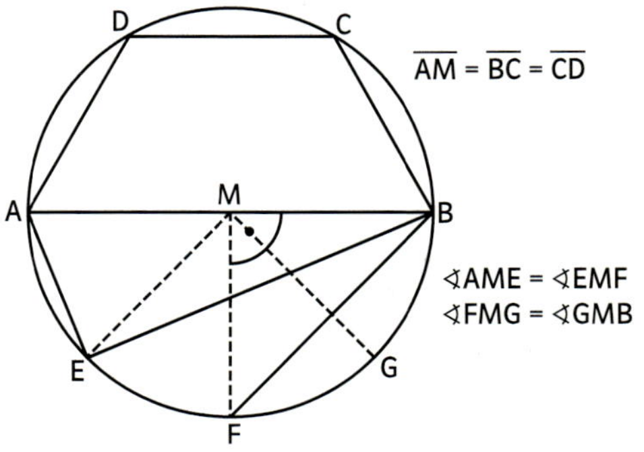

4 (4 + 1 VP)
Zeichne die Punkte A(1 | −2), S(7 | 0,5) und T(−1 | 5) in einem Koordinatensystem.
a) Konstruiere auf der Geraden g durch S und T zwei Punkte B und C so, dass das Dreieck ABC mit der Basis BC gleichschenklig ist und die Schenkel die Länge 6,0 cm haben.
b) Ist das Dreieck ABC sogar gleichseitig? Erläutere, wie du dies nachprüfen kannst.

5 (2 VP)
Max Schlaumaier behauptet:
„Es gibt kein Dreieck ABC mit Inkreismittelpunkt I, sodass der Winkel $\sphericalangle AIB$ ein rechter Winkel ist."
Was meinst du?

Lerntipps

Begründen in der Geometrie
Begründungen fallen dir leichter, wenn du die bisher behandelten Lehrsätze kennst. Memoriere immer wieder die in deiner Sammlung enthaltenen Lehrsätze. Wiederhole auch die Beweise und mache dir die Beweisideen klar. Kannst du die folgenden Lehrsätze vervollständigen?
Wenn zwei parallele Geraden von einer dritten Geraden geschnitten werden, dann …
Wenn in einem beliebigen Dreieck die Mittelsenkrechten konstruiert werden, dann …
Wenn in einem Dreieck zwei Seiten gleich lang sind, dann …
Wenn …, dann hat das Dreieck einen rechten Winkel.
Wenn …, dann schneiden sich diese drei Geraden in einem Punkt. Dieser Schnittpunkt hat von allen Dreiecksseiten den gleichen Abstand.
Wenn in einem Dreieck …, dann sind alle drei Seiten gleich lang.

Klassenarbeit 5.1

1 (3 + 1 VP)

Denke an Scheitelwinkel, Wechselwinkel und den Winkelsummensatz für Dreiecke. Begründe deine Aussagen über Winkelweiten zumindest stichwortartig durch den jeweils verwendeten Lehrsatz. Mache auch deutlich, in welchen Teilfiguren du argumentierst. Selbstverständlich gelingt mit dem Messen von Streckenlängen oder Winkelweiten keine zulässige Argumentation.

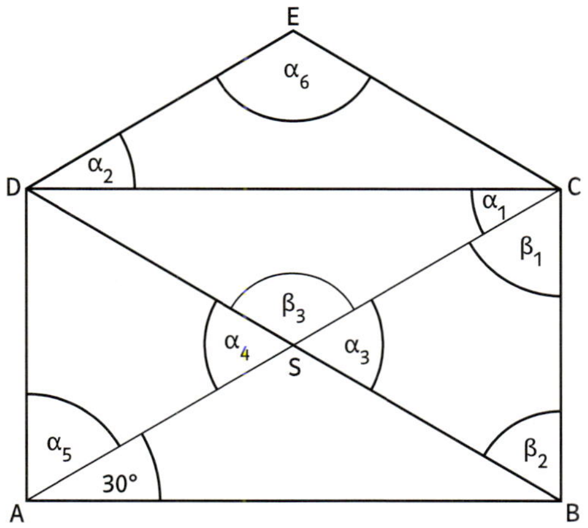

a) ∢DCA hat die Weite $\alpha_1 = 30°$ (Wechselwinkel an parallelen Geraden (AB) und (CD)).
∢CDE hat die Weite $\alpha_2 = 30°$ (Wechselwinkel an parallelen Geraden (SC) und (DE)).
∢BSC hat die Weite $\alpha_3 = 60°$.
(Das Dreieck BCS ist gleichschenklig mit $\overline{BS} = \overline{CS}$, da die Diagonalen im Rechteck gleich lang sind und sich gegenseitig halbieren. Daher: $\beta_1 = \beta_2$.
Der Winkel ∢DCB ist ein rechter Winkel, daher:
$\beta_1 = 90° - \alpha_1 = 90° - 30° = 60°$.
Der Winkelsummensatz im Dreieck BCS ergibt:
$\alpha_3 = 180° - \beta_1 - \beta_2 = 180° - 2\beta_1 = 180° - 120° = 60°$.)
∢DSA hat die Weite $\alpha_4 = 60°$ (Scheitelwinkel beim Scheitel S).
∢SAD hat die Weite $\alpha_5 = 60°$ (Das Viereck ABCD ist ein Rechteck. Daher: $\alpha_5 = 90° - 30° = 60°$).
∢DEC hat die Weite $\alpha_6 = 120°$. (Da das Viereck SCED eine Raute ist, ist der Winkel ∢CSD genau so groß wie der Winkel ∢DEC. ∢CSD hat die Weite
$\beta_3 = 180° - \alpha_3 = 180° - 60° = 120°$.
Daher: $\alpha_6 = \beta_3 = 120°$.)
b) Im Dreieck ASD haben zwei Winkel die Weite 60°: $\alpha_4 = \alpha_5 = 60°$. Wegen dem Winkelsummensatz im Dreieck hat auch der dritte Winkel ∢ADS die Weite 60°. Das Dreieck ist demzufolge gleichseitig und daher ist AS so lang wie AD.

2 (1 + 2 + 2 VP)

Alle Punkte, die von zwei sich schneidenden Geraden denselben Abstand haben, liegen auf den Winkelhalbierenden der von den Geraden eingeschlossenen Winkel. Dafür kennst du eine Grundkonstruktion.
Alle Punkte, die von einer Geraden denselben Abstand haben, liegen auf zwei parallelen Geraden. Achte darauf, dass du diese Parallelen im richtigen Abstand zeichnest.
Alle Punkte, die von einem gegebenen Punkt denselben Abstand haben, liegen auf einem Kreis um diesen Punkt.

a)

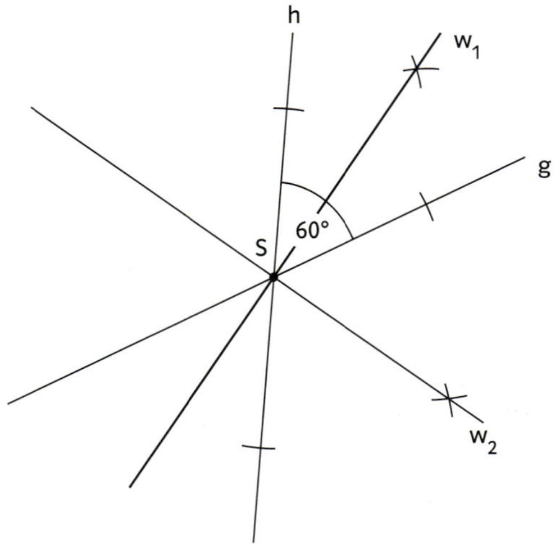

Bemerkung
Nach Aufgabenstellung war der 60°-Winkel zu zeichnen. Du kennst aber auch eine Möglichkeit, diesen Winkel zu konstruieren. Weißt du noch, wie?

b)

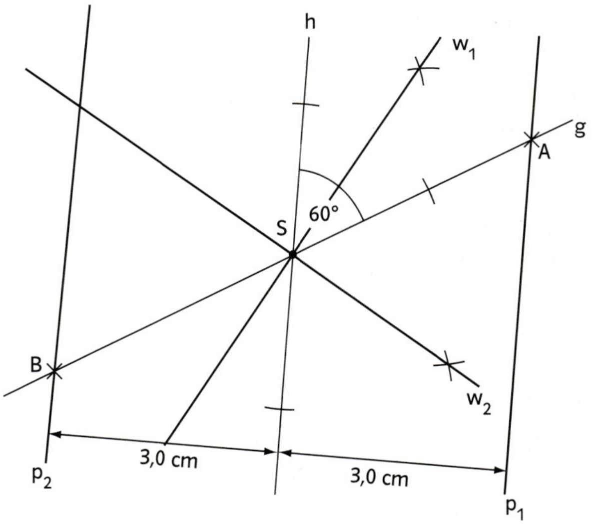

Die Punkte, die von h den Abstand 3,0 cm haben, liegen auf den beiden zu h parallelen Geraden p_1 und p_2 im Abstand 3,0 cm. Die Schnittpunkte A bzw. B von p_1 bzw. p_2 mit g sind die gesuchten Punkte. Die Abbildung aus Teilaufgabe a) wird hier ergänzt.

c)

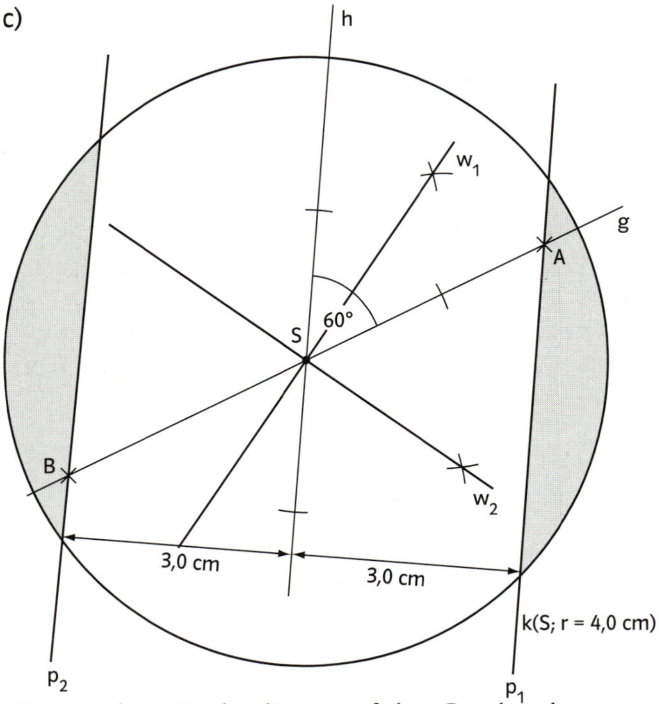

Die gesuchten Punkte liegen auf dem Rand und außerhalb des von p_1 und p_2 gebildeten Streifens und zugleich auf dem Kreis um S mit dem Radius 4,0 cm und innerhalb dieses Kreises.

3 (3 + 4 VP)

a) *Suche in der Figur gleichschenklige Dreiecke. Was weißt du über Winkelweiten in gleichschenkligen Dreiecken? Bezeichne weitere Winkelweiten in der Abbildung.*

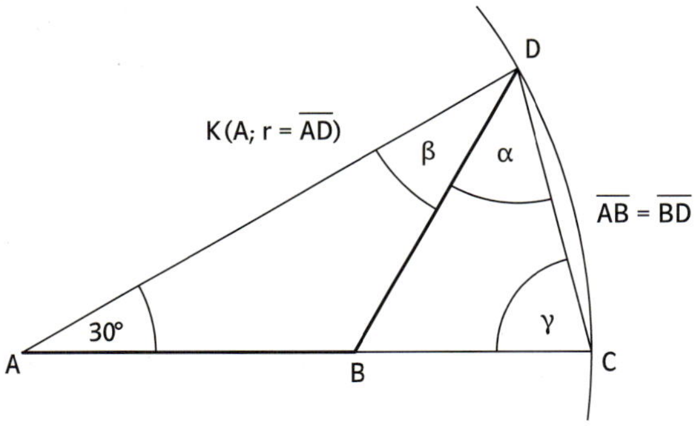

Das Dreieck ABD ist gleichschenklig mit $\overline{AB} = \overline{BD}$. Daher sind die Basiswinkel gleich weit und es gilt $\beta = 30°$.

Das Dreieck ACD ist gleichschenklig mit $\overline{AC} = \overline{AD}$. Daher sind die Basiswinkel gleich weit und es gilt:

$$\beta + \alpha = \gamma$$
$$\alpha = \gamma - \beta$$
$$\alpha = \gamma - 30°$$

Der Winkelsummensatz im Dreieck ACD ergibt:

$$30° + \gamma + (\beta + \alpha) = 180°$$
$$\gamma + (\beta + \alpha) = 150°$$
$$\gamma + \gamma = 150°$$
$$\gamma = 75°$$

Somit: $\alpha = 75° - 30°$

$\alpha = 45°$

b) *Ziel ist es, die Winkelweite α in Abhängigkeit von β auszudrücken. Du musst hier also mit Variablen rechnen. Du kannst das Ergebnis deiner Rechnung kontrollieren: Für $\beta = 120°$ solltest du $\alpha = 75°$ erhalten.*

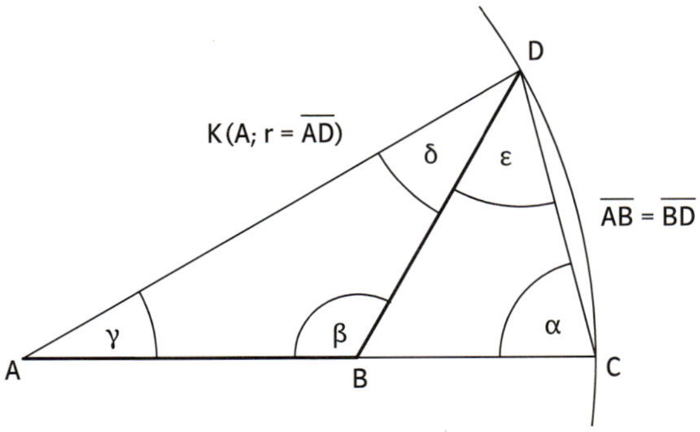

Das Dreieck ACD ist gleichschenklig mit $\overline{AC} = \overline{AD}$.
Daher sind die Basiswinkel gleich weit: $\alpha = \varepsilon + \delta$.
Der Winkelsummensatz im Dreieck ACD ergibt:

$$\gamma + \alpha + (\delta + \varepsilon) = 180°$$
$$\gamma + \alpha + \alpha = 180°$$
$$2 \cdot \alpha = 180° - \gamma$$
$$\alpha = 90° - \tfrac{1}{2} \cdot \gamma$$

Das Dreieck ABD ist gleichschenklig mit $\overline{AB} = \overline{BD}$.
Daher sind die Basiswinkel gleich weit: $\gamma = \delta$.
Der Winkelsummensatz im Dreieck ABD ergibt:

$$\gamma + \beta + \delta = 180°$$
$$\gamma + \beta + \gamma = 180°$$
$$2\gamma = 180° - \beta$$
$$\gamma = 90° - \tfrac{1}{2} \cdot \beta$$

Somit: $\alpha = 90° - \tfrac{1}{2} \cdot \left(90° - \tfrac{1}{2} \cdot \beta\right)$

$\alpha = 90° - 45° + \tfrac{1}{4} \cdot \beta$

$\alpha = 45° + \tfrac{1}{4} \cdot \beta$

4 (4 VP)

Eine Planfigur lässt dich leichter erkennen, welche Konstruktionsschritte du in welcher Reihenfolge erledigen kannst.
Was signalisiert dir die Angabe der Winkelweite 90°?

Planfigur

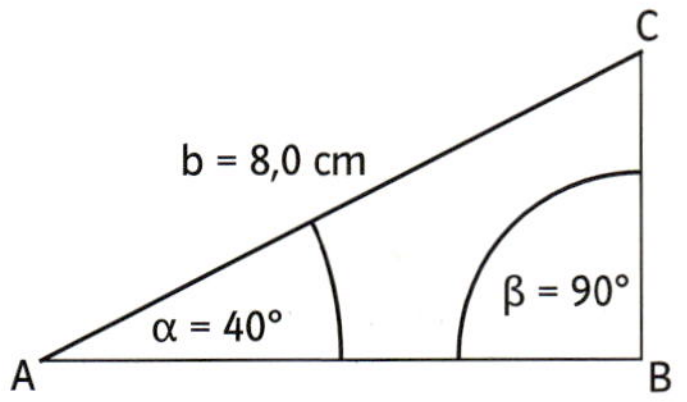

Konstruktionsüberlegungen

Da $\beta = 90°$, liegt B auf dem Thaleskreis über AC. B liegt außerdem auf dem freien Schenkel des Winkels der Weite $\alpha = 40°$, der in A an AC angetragen wird.

Konstruktion

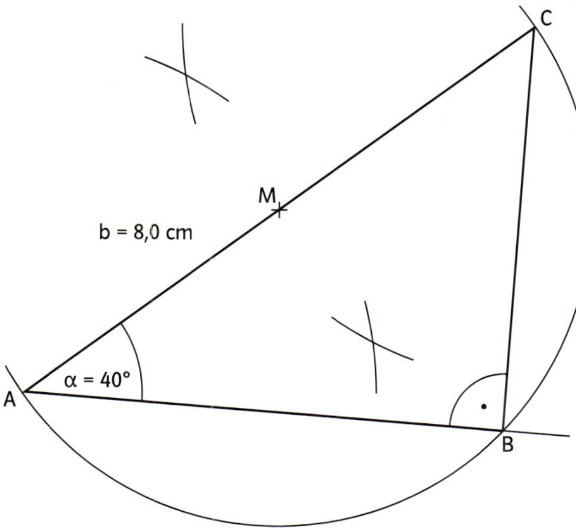

5 (2 + 2 VP)

a)

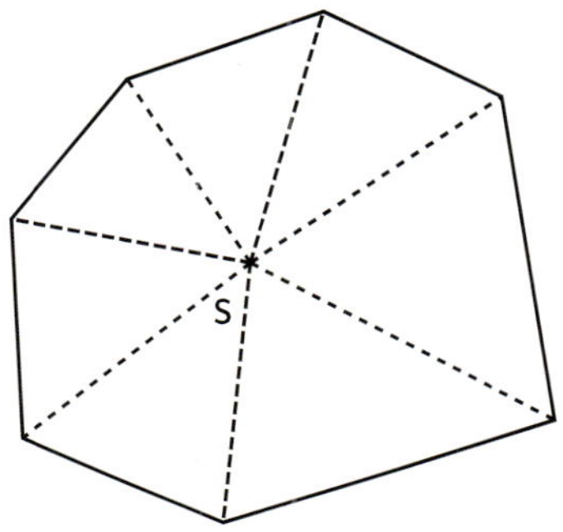

Die Winkelsumme des Siebenecks ergibt sich durch Addition der Winkelsummen der sieben Dreiecke und Subtraktion der Weite des Vollwinkels bei S, der ja nicht als Innenwinkel des Siebenecks auftritt:

$7 \cdot 180° - 360° = 900°$

Dies war behauptet worden.

b)

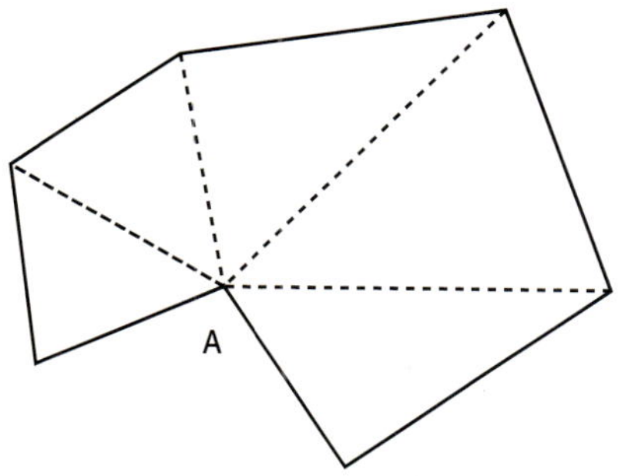

Zeichnet man von der einspringenden Ecke A aus die Verbindungsstrecken zu allen Eckpunkten des Siebenecks, so wird dieses Siebeneck in fünf Dreiecke zerlegt. Die Innenwinkel dieser Dreiecke sind genau die Innenwinkel des Siebenecks. Daher beträgt dessen Winkelsumme $5 \cdot 180° = 900°$.

Auch bei Siebenecken mit einspringender Ecke beträgt die Winkelsumme 900°.

Bemerkung

Kannst du entsprechende Überlegungen auch für Vielecke mit größeren Eckenzahlen durchführen?

Klassenarbeit 5.2

1 (1 + 1 + 1 + 1 VP)

a) Die Behauptung ist falsch.

Ein gleichseitiges Dreieck hat z. B. *drei* spitze Winkel der Weite 60°.

b) Die Behauptung ist wahr.

Wenn ein Dreieck einen rechten Winkel hat, dann haben die beiden anderen Winkel zusammen die Weite 90°. Keiner dieser beiden Winkel kann also größer als 90° sein. Es gibt daher keine Dreiecke mit einem rechten und einem stumpfen Winkel.

c) Diese Behauptung ist falsch.

Der Satz von der Winkelsumme im Dreieck besagt, dass *alle* Dreiecke die Winkelsumme 180° haben.

d) Die Behauptung ist wahr.

Wenn ein Dreieck genau einen spitzen Winkel hätte, dann müssten die anderen beiden Winkel mindestens jeweils die Weite 90° haben. Dann wäre die Winkelsumme im Dreieck aber größer als 180°, was nicht möglich ist. Daher muss ein Dreieck mit einem spitzen Winkel mindestens noch einen zweiten spitzen Winkel haben.

2 (3 + 2 VP)

a) *Alle Punkte, die von zwei gegebenen Punkten A und B den gleichen Abstand haben, liegen auf der Mittelsenkrechten von Strecke AB. Du kennst diese Grundkonstruktion.*

Alle Punkte, die von zwei gegebenen Geraden g und h den gleichen Abstand haben, liegen auf der Winkelhalbierenden der von den Geraden eingeschlossenen Winkel.

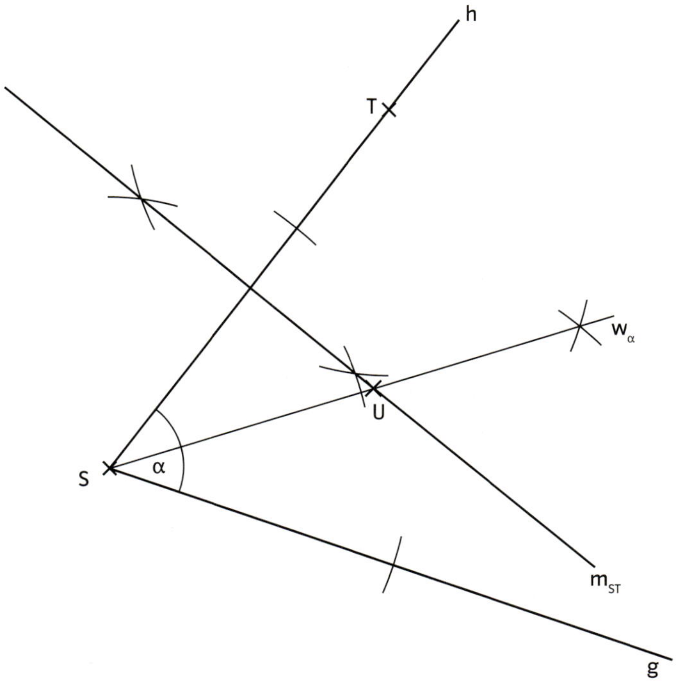

Konstruktionsbeschreibung

1. *Konstruiere die Mittelsenkrechte m_{ST} der Strecke ST (Grundkonstruktion).*
2. *Konstruiere die Winkelhalbierende w_α des Winkels ∢(g; h) (Grundkonstruktion).*
3. *Die Mittelsenkrechte m_{ST} und die Winkelhalbierende w_α schneiden sich im gesuchten Punkt U.*

b) *Auf welcher Ortslinie muss der Kreismittelpunkt M liegen? Was weißt du über die Verbindungsstrecke MT? Den Kreisradius darfst du nicht durch Probieren finden! Du kannst konstruieren!*

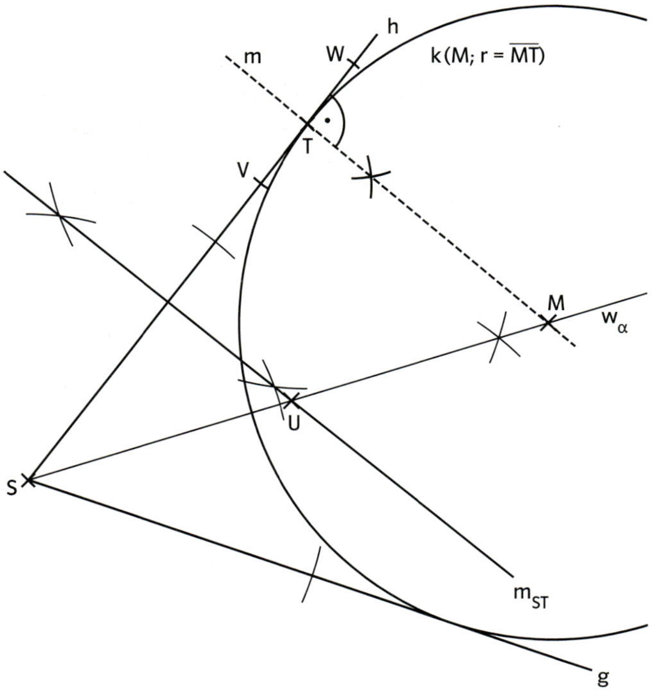

Konstruktionsbeschreibung

1. *Konstruiere die orthogonale Gerade m zum Winkelschenkel h durch den Punkt T (Grundkonstruktion).*
2. *Diese Gerade m schneidet die Winkelhalbierende w_α im Punkt M.*
3. *Der Kreis um M mit dem Radius $\overline{MT}$ ist die gesuchte Punktmenge.*

3 (5 + 1 VP)

a) Planfigur

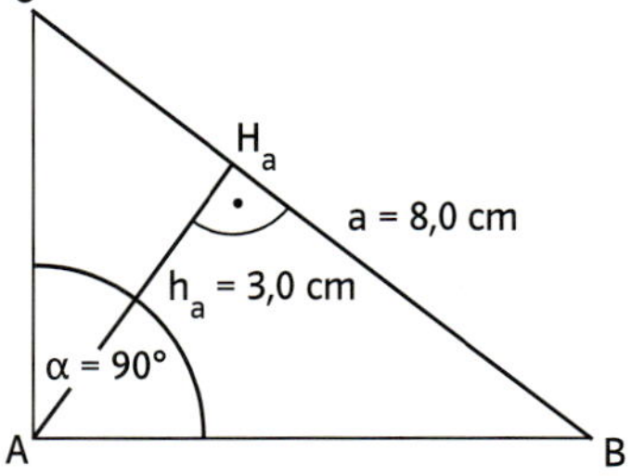

Bei deinen Konstruktionsüberlegungen kannst du ganz systematisch vorgehen. Angenommen, du willst mit α beginnen. Jetzt weißt du nicht, in welcher Richtung h_a angetragen werden soll. Du weißt auch nicht, wie weit die Punkte B bzw. C von A entfernt sind, um α einzuzeichnen. Folglich ist der Beginn mit α nicht geeignet.

Würdest du mit h_a beginnen und damit A und H_a festlegen, so könntest du zwar eine dazu orthogonale Gerade durch H_a zeichnen, wüsstest aber nicht, wie weit z.B. Punkt B von H_a entfernt sein soll. Auch dieser Weg führt nicht zum Ziel.

Du solltest also wohl mit der Strecke BC der Länge a beginnen! Du weißt jetzt von Punkt A zweierlei: A hat von BC den Abstand h_a und der Winkel ∢BAC hat die Weite 90°. Für beide Bedingungen kennst du eine Ortslinie!

Konstruktion

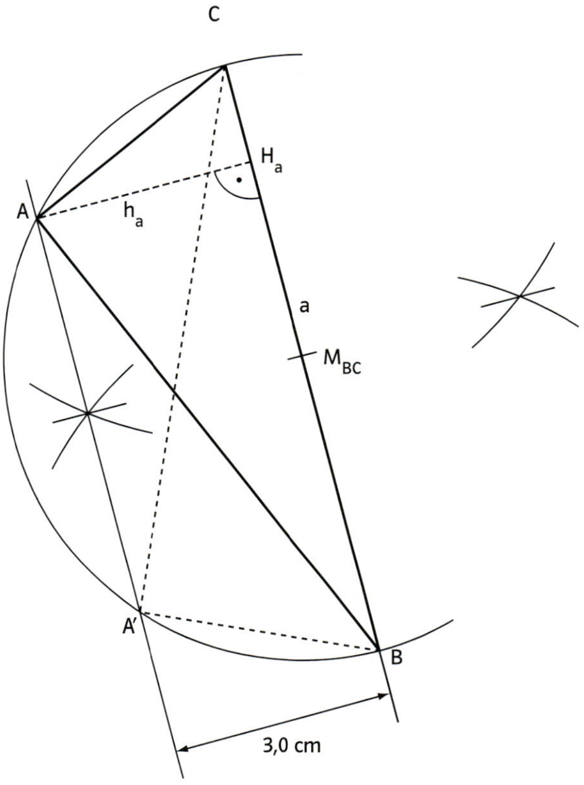

Konstruktionsbeschreibung

Die Punkte B und C sind durch $\overline{BC}$ = a = 8,0 cm festgelegt.

Der Punkt A liegt:

1. auf dem Thaleskreis über BC,
2. auf der Parallelen zu (BC) im Abstand h_a = 3,0 cm.

Bemerkung

Es gibt zwei Lösungsdreiecke ABC und A'BC auf derselben Seite der Geraden (BC). Die Dreiecke auf der anderen Seite von (BC) sind hier nicht konstruiert, da sie einen anderen Umlaufsinn haben.

b) Damit der Punkt A als Schnittpunkt des Thaleskreises mit der Parallelen zu (BC) im Abstand h_a entstehen kann, darf h_a höchstens so groß werden wie der Radius des Thaleskreises. Daher lautet die Bedingung für a: $h_a \leq \frac{a}{2}$ bzw. $a \geq 2 \cdot h_a$.

4 (1 + 2 + 2 VP)
a) Der Punkt U liegt auf dem Thaleskreis über ST. Daher hat der Winkel SUT die Weite 90°.

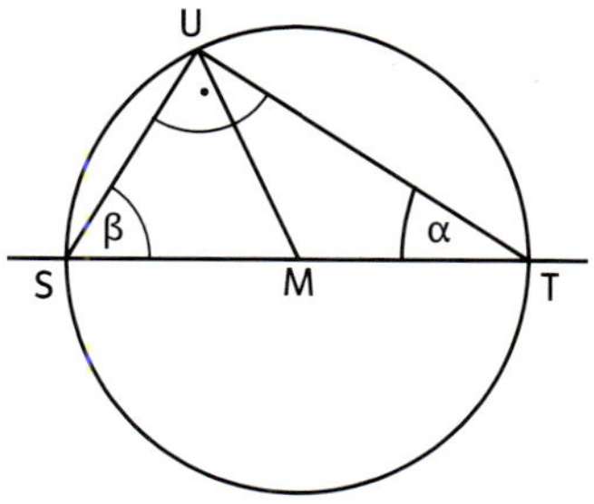

Mit dem Winkelsummensatz im Dreieck STU folgt daher:
$\beta = 180° - 90° - 30°$
$\beta = 60°$
b) Allgemein gilt entsprechend:
$\beta = 180° - 90° - \alpha$
$\beta = 90° - \alpha$
Nun sei $\alpha' = \alpha + 10°$. Dann folgt:
$\beta' = 90° - \alpha'$
$\beta' = 90° - (\alpha + 10°)$
$\beta' = 90° - \alpha - 10°$
$\beta' = (90° - \alpha) - 10°$
$\beta' = \beta - 10°$
Wenn sich α um 10° vergrößert, verkleinert sich β um 10°.
c)

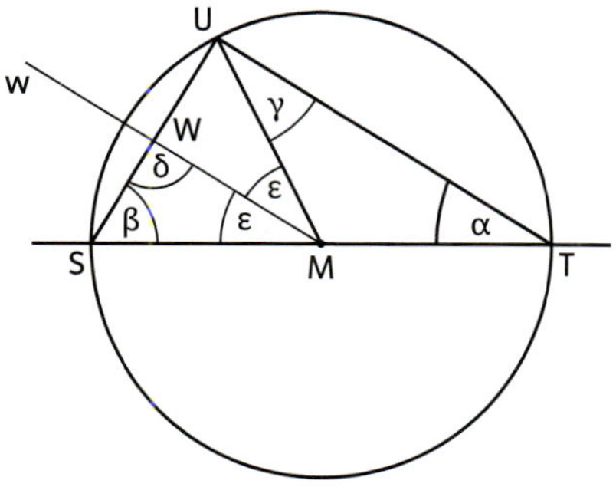

Das Dreieck TUM ist gleichschenklig mit $\overline{MT} = \overline{MU}$ (Kreisradius).
In jedem gleichschenkligen Dreieck sind die Basiswinkel gleich weit: $\alpha = \gamma$.
Der Winkel ∢TMU an der Spitze des Dreiecks hat nach dem Winkelsummensatz die Weite
$180° - \alpha - \gamma = 180° - 2\alpha$.
Der Nebenwinkel ∢UMS hat folglich die Weite 2α.
Die Winkelhalbierende w zerlegt diesen Nebenwinkel in zwei gleich große Winkel mit den Weiten ε.
Folglich: $\varepsilon = \alpha$.
Die Umkehrung des Stufenwinkelsatzes an den Geraden (TU) und (MW) ergibt daher: (TU)‖(MW).
(SU) und (TU) sind orthogonal. Folglich sind auch (SU) und (MW) orthogonal.
Da die Winkelhalbierende w auf (MW) liegt, ist diese orthogonal zur Strecke SU.

5 (4 VP)
Zeichne ein geeignetes Fünfeck in den Stern ein! Markiere jetzt alle Innenwinkel des Sterns und überlege, wie sie sich aus den Innenwinkeln des Fünfecks und der Dreiecke zusammensetzen.

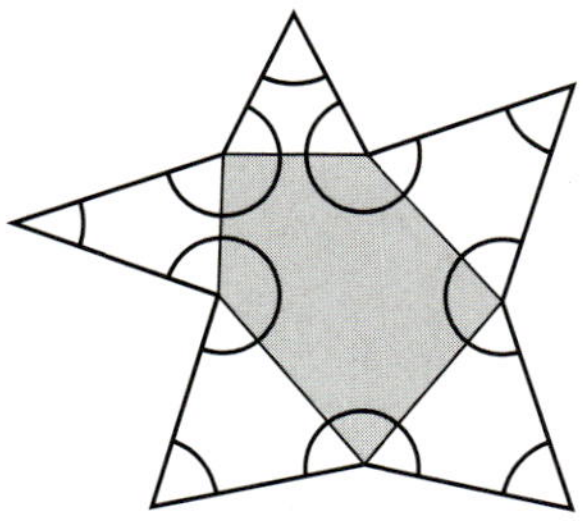

Alle Innenwinkel im fünfzackigen Stern setzen sich zusammen aus allen Innenwinkeln der fünf Dreiecke und allen Innenwinkel des getönten Fünfecks. Folglich beträgt die Winkelsumme im fünfzackigen Stern $5 \cdot 180° + 540° = 1440°$.

Klassenarbeit 5.3

1 (2 + 2 VP)

a)

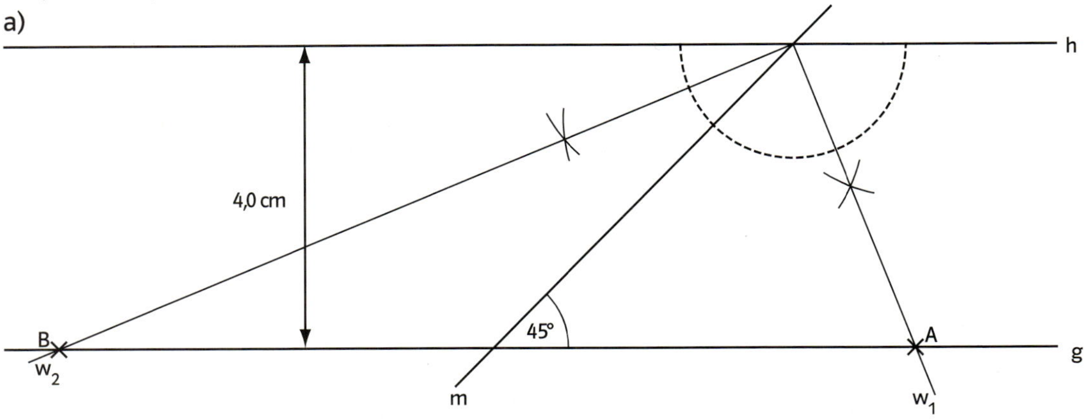

Begründung

Auf der Winkelhalbierenden eines Winkels liegen alle Punkte, die von den Winkelschenkeln den gleichen Abstand haben. Daher konstruiert man die Winkelhalbierenden w_1 und w_2 der Winkel zwischen h und m (Grundkonstruktion). Die Schnittpunkte A bzw. B dieser Winkelhalbierenden mit der Geraden g sind die gesuchten Punkte.

b)

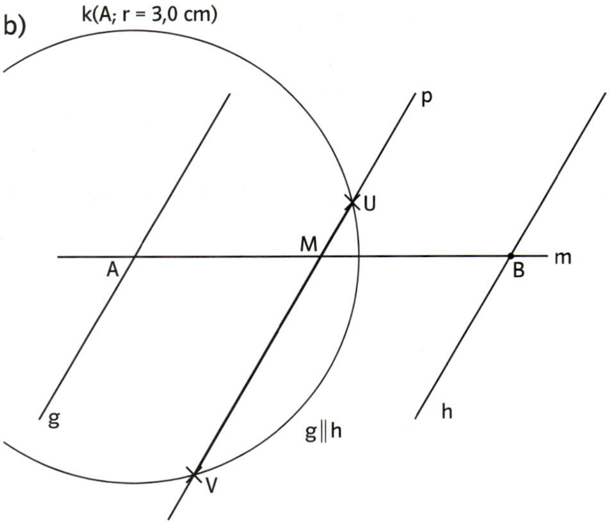

Begründung

Die Punkte, die von den parallelen Geraden g und h den gleichen Abstand haben, liegen auf der Mittelparallelen p von g und h. Diese Mittelparallele geht durch den Mittelpunkt M der Strecke AB und ist parallel zu g und h.

Die Punkte, die von A höchstens den Abstand 3,0 cm haben, liegen auf oder innerhalb des Kreises um A mit dem Radius r = 3,0 cm.

Punkte, die beide Bedingungen zugleich erfüllen, bilden die fett gezeichnete Strecke UV einschließlich der Endpunkte.

2 (1 + 1 + 1 + 1 VP)

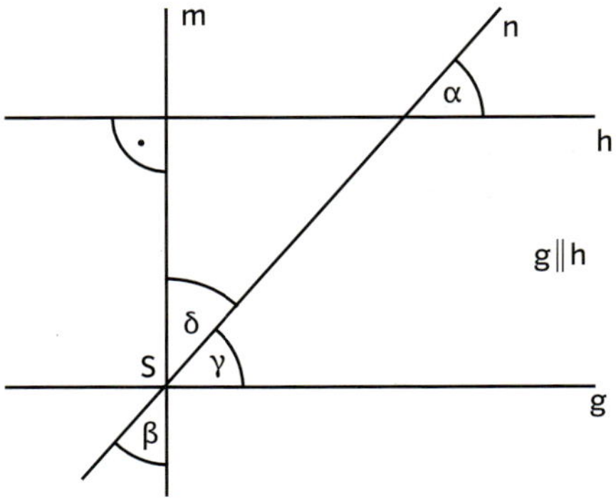

a) Die Winkel mit den Weiten α und γ sind Stufenwinkel an den Parallelen g und h, also gleich weit: $\gamma = \alpha = 23°$.

Da m orthogonal ist zu g, ergänzen sich γ und δ zu 90°. Folglich: $\delta = 67°$.

Die Winkel der Weiten β und δ sind Scheitelwinkel und daher gleich weit.

Somit: $\beta = \delta = 67°$

b) Allgemein gilt mit den entsprechenden Begründungen wie in Teilaufgabe a):

$\gamma = \alpha$

$\delta = 90° - \gamma$

$\delta = 90° - \alpha$

$\beta = \delta$

$\beta = 90° - \alpha$

Falls $\alpha = \beta$ gelten soll, dann erfordert dies:

$\alpha = 90° - \alpha \quad | + \alpha$

$2\alpha = 90° \quad | :2$

$\alpha = 45°$

c) Falls $\alpha = \frac{2}{3}\beta$ gelten soll, so erfordert dies:

$\beta = 90° - \frac{2}{3}\beta \quad | + \frac{2}{3}\beta$

$\frac{5}{3}\beta = 90° \quad | \cdot\frac{3}{5}$

$\beta = 54°$

$\alpha = \frac{2}{3}\cdot 54°$

$\alpha = 36°$

d) Nun gelte $\alpha' = \alpha + \varepsilon$. Damit erhält man nach Teilaufgabe b):

$\beta' = 90° - \alpha'$
$\beta' = 90° - (\alpha + \varepsilon)$
$\beta' = (90° - \alpha) - \varepsilon$
$\beta' = \beta - \varepsilon$

Wenn man α um ε vergrößert, so verkleinert sich β um ε.

3 (3 + 2 + 2 VP)

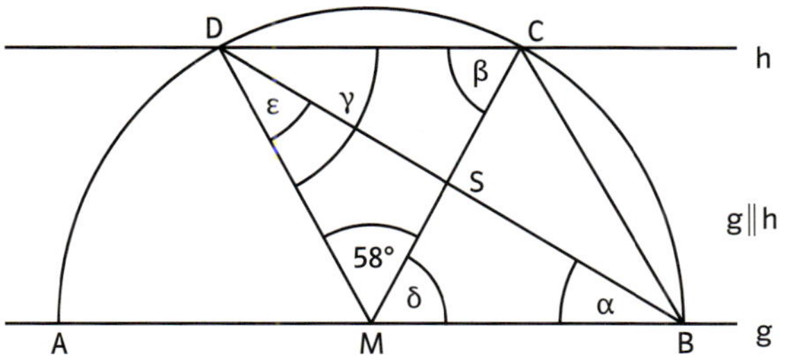

a) Das Dreieck CDM ist gleichschenklig mit $\overline{MC} = \overline{MD}$ (Kreisradius). Daher sind die Basiswinkel gleich weit: $\beta = \gamma$.
Mit dem Winkelsummensatz im Dreieck CDM folgt:

$\beta + \gamma + 58° = 180°$
$\beta + \gamma = 122°$
$2 \cdot \beta = 122°$
$\beta = 61°$
$\gamma = 61°$

Die Geraden g und h sind nach Voraussetzung parallel. Nach dem Satz von den Wechselwinkeln gilt $\delta = \beta = 61°$.
Das Dreieck BDM ist gleichschenklig mit $\overline{MB} = \overline{MD}$. Daher sind die Basiswinkel gleich weit: $\alpha = \varepsilon$.
Mit dem Winkelsummensatz im Dreieck BDM folgt:

$\alpha + \varepsilon + 58° + \delta = 180°$
$\alpha + \varepsilon + 58° + 61° = 180°$
$\alpha + \varepsilon = 61°$
$2 \cdot \alpha = 61°$
$\alpha = 30{,}5°$

Der gesuchte Winkel hat die Weite $\alpha = 30{,}5°$.
b) Das Dreieck BCM ist gleichschenklig mit $\overline{MB} = \overline{MC}$ (Kreisradius). Daher sind die Basiswinkel gleich weit: $\sphericalangle MCB = \sphericalangle CBM$.
Mit dem Winkelsummensatz im Dreieck BCM folgt:

$\delta + \sphericalangle MCB + \sphericalangle CBM = 180°$
$61° + 2 \cdot \sphericalangle MCB = 180°$
$2 \cdot \sphericalangle MCB = 119°$
$\sphericalangle MCB = 59{,}5°$

Die beiden Wechselwinkelweiten $\sphericalangle MCB = 59{,}5°$ und $\sphericalangle CMD = 58°$ an den Geraden (BC) und (MD) sind somit nicht gleich groß und die Geraden folglich nicht parallel.

c) Die Geraden (BD) und (MC) schneiden sich in S.
Im Dreieck MBS gilt mit dem Winkelsummensatz:

$\delta + \alpha + \sphericalangle MSB = 180°$
$61° + 30{,}5° + \sphericalangle MSB = 180°$
$91{,}5° + \sphericalangle MSB = 180°$
$\sphericalangle MSB = 88{,}5°$

Der Winkel $\sphericalangle MSB$ ist kein rechter Winkel, die Geraden (BD) und (MC) sind nicht orthogonal.

4 (2 VP)

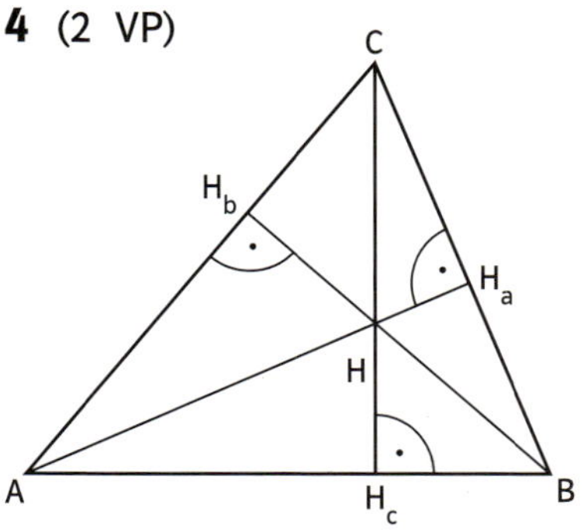

Die Behauptung von Anne ist wahr.
Drei Punkte liegen immer auf einem Kreis, insbesondere also auch die Punkte A, H_c und H (Umkreis des Dreiecks AH_cH; hier ist der Umkreis zugleich der Thaleskreis über der Strecke AH).
Die Behauptung von Barbara ist daher ebenfalls wahr.
Die Behauptung von Christina ist wahr.
Wegen der rechten Winkel bei H_a und H_b liegen sowohl H_a als auch H_b nach der Umkehrung des Satzes von Thales auf dem Kreis mit dem Durchmesser AB.
Alle drei Mädchen haben Recht.

5 (5 + 2 VP)

a) Planfigur

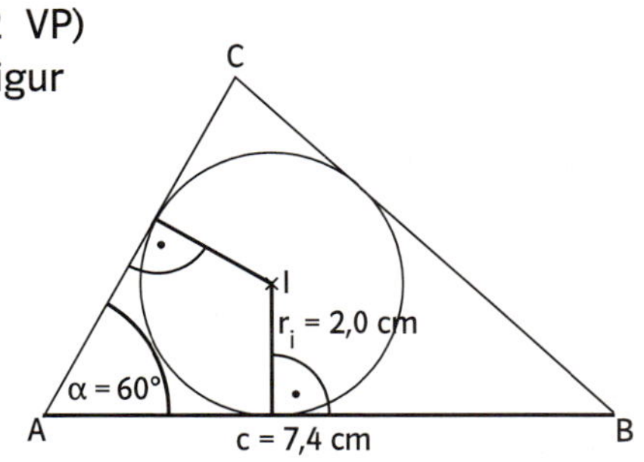

Konstruktionsbeschreibung
Zeichne die Strecke AB mit der Länge c = 7,4 cm. Konstruiere einen Winkel der Weite $\alpha = 60°$ in A an AB (Grundkonstruktion) und die Winkelhalbierende w_α.
Zeichne eine Parallele p zu (AB) im Abstand $r_i = 2{,}0$ cm.
Die Winkelhalbierende w_α schneidet die Parallele p im Inkreismittelpunkt I. Zeichne den Inkreis.
Konstruiere den Thaleskreis über IB. Dieser Thaleskreis schneidet den Inkreis in zwei Punkten. Der nicht auf AB liegende Schnittpunkt sei der Punkt T.
Zeichne die Gerade durch B und T. Diese Gerade schneidet den freien Schenkel von α in C.

Konstruktion

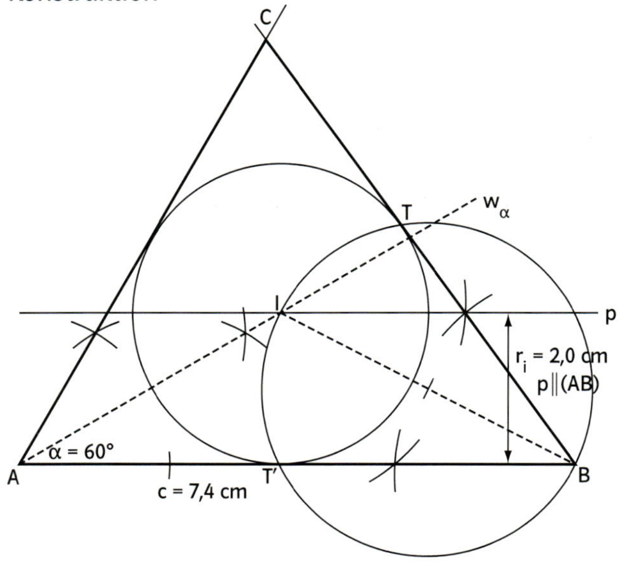

Alternative Konstruktion

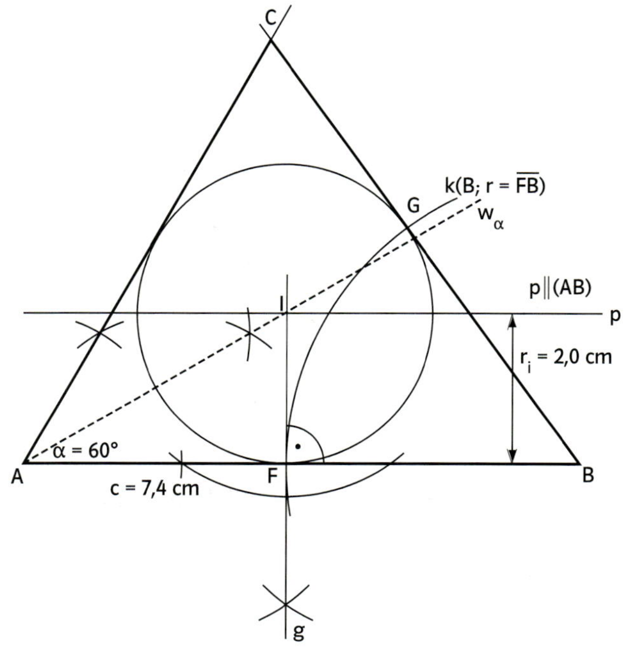

Konstruktionsbeschreibung
Zeichne die Strecke AB mit der Länge c = 7,4 cm. Konstruiere einen Winkel der Weite α = 60° in A an AB (Grundkonstruktion) und die Winkelhalbierende w_α.
Zeichne eine Parallele p zu (AB) im Abstand r_i = 2,0 cm.
Die Winkelhalbierende w_α schneidet die Parallele p im Inkreismittelpunkt I.
Konstruiere die orthogonale Gerade g zu (AB) durch I (Grundkonstruktion).
Die Gerade g schneidet AB in F.
Zeichne den Inkreis um I mit dem Radius $\overline{IF}$.
Zeichne den Kreis um B mit dem Radius $\overline{BF}$.
Dieser Kreis schneidet den Inkreis (außer in F) in G.
Zeichne die Gerade durch B und G.
Diese Gerade schneidet den freien Schenkel von α in C.

b) Skizze

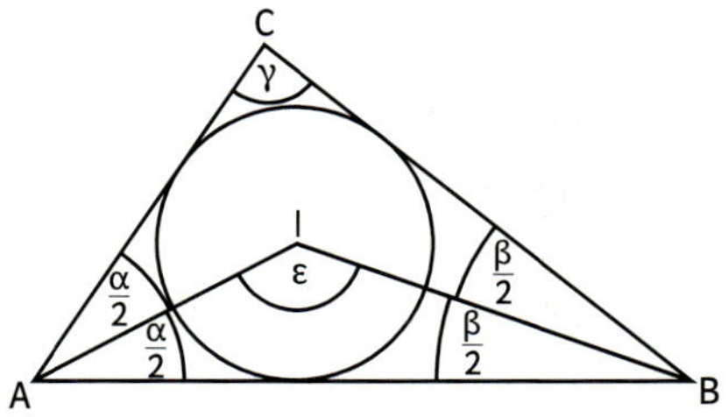

Der Inkreismittelpunkt I ist der Schnittpunkt der Winkelhalbierenden des Dreiecks ABC. Im Dreieck ABI gilt mit dem Satz von der Winkelsumme im Dreieck:

$\frac{\alpha}{2} + \frac{\beta}{2} + \varepsilon = 180°$

$\varepsilon = 180° - \frac{\alpha}{2} - \frac{\beta}{2}$

$\varepsilon = 180° - \frac{1}{2}(\alpha + \beta)$

Im Dreieck ABC gilt:

$\alpha + \beta + \gamma = 180°$

$\alpha + \beta = 180° - \gamma$

$\alpha + \beta = 180° - 56°$

$\alpha + \beta = 124°$

Damit erhält man:

$\varepsilon = 180° - \frac{1}{2} \cdot 124°$

$\varepsilon = 180° - 62°$

$\varepsilon = 118°$

Der Winkel ∢AIB hat die Weite 118°.

Klassenarbeit 5.4

1 (3 + 1 VP)

a) *Konstruktionsbeschreibung*

1. Wähle Punkt A auf h und konstruiere die orthogonale Gerade m zu h durch A (Grundkonstruktion). Die Gerade m schneidet g in B.

2. Konstruiere die Mittelsenkrechte von Strecke AB (Grundkonstruktion). Sie ist zugleich die Mittelparallele m von g und h.

3. Zeichne einen Kreis um P mit dem Radius $r = \frac{1}{2} \cdot \overline{AB}$. Dieser Kreis schneidet die Mittelparallele m in den Punkten C und D.

4. Die Kreise um C und D mit dem Radius $r = \frac{1}{2} \cdot \overline{AB}$ sind die gesuchten Kreise.

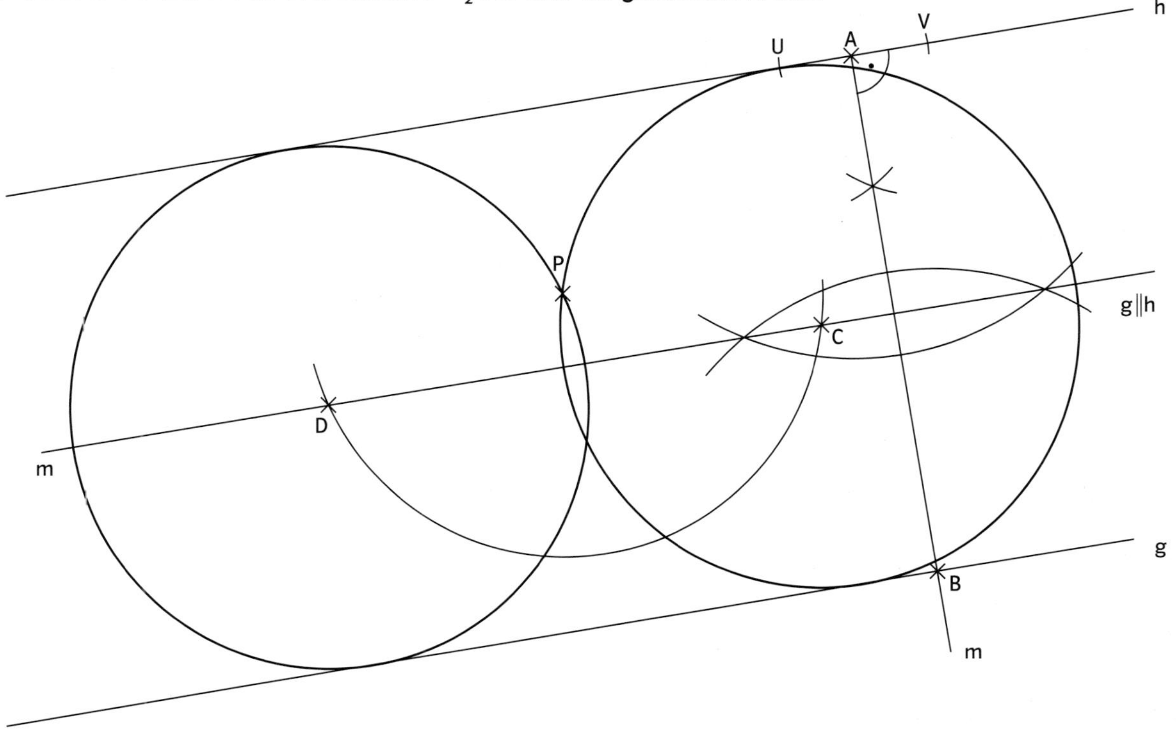

b) Es gibt immer zwei Kreise, wenn der Kreis um P mit dem Radius $r = \frac{1}{2}\overline{AB}$ die Mittelparallele m in zwei Punkten schneidet.
Dies ist für jede Lage von P im Streifen zwischen g und h der Fall.

2 (4 + 2 VP)

a) Konstruktion

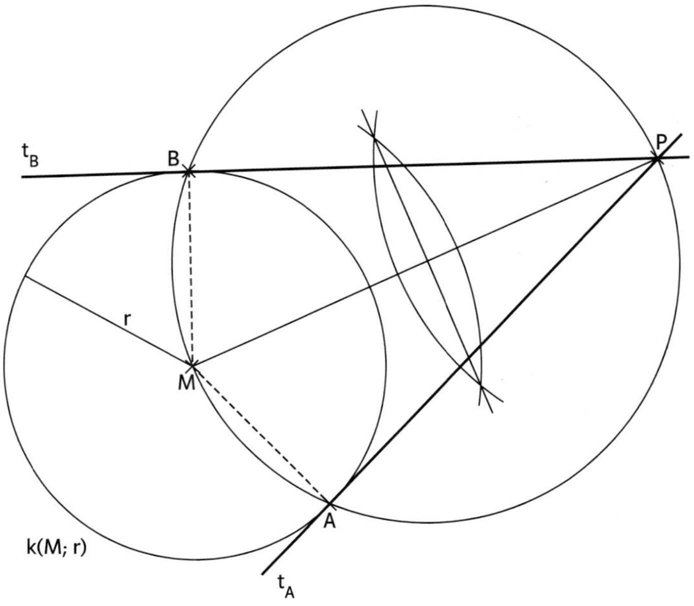

Beschreibung

Konstruiere den Thaleskreis über der Strecke MP (Grundkonstruktion).

Der Thaleskreis schneidet den gegebenen Kreis in zwei Punkten A und B. Zeichne die Geraden durch A und P bzw. durch B und P. Dies sind die gesuchten Tangenten t_A und t_B.

Begründung

Nach dem Satz von Thales haben die Winkel $\sphericalangle PAM$ und $\sphericalangle MBP$ die Weite 90°. Die Gerade (AP) ist daher orthogonal zum Kreisradius MA und geht durch den Kreispunkt A. Somit ist die Gerade (AP) Kreistangente.

Entsprechendes gilt für (BP).

b)

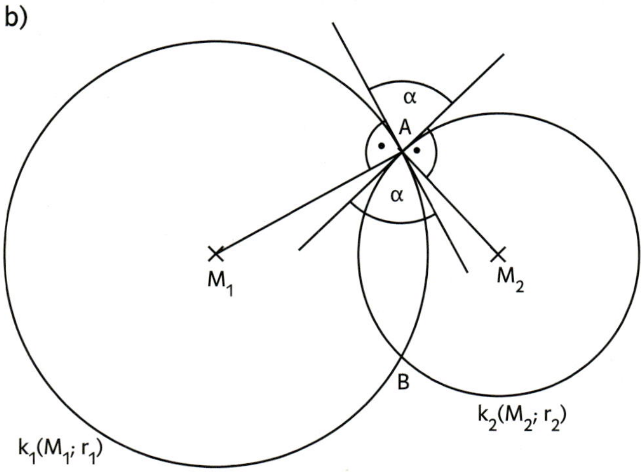

Betrachten des Vollwinkels mit dem Scheitel A ergibt:

$\sphericalangle M_1AM_2 + 90° + \alpha + 90° = 360°$

$\sphericalangle M_1AM_2 + \alpha = 180°$

$\sphericalangle M_1AM_2 = 180° - \alpha$

3 (2 + 3 + 2 VP)

a)

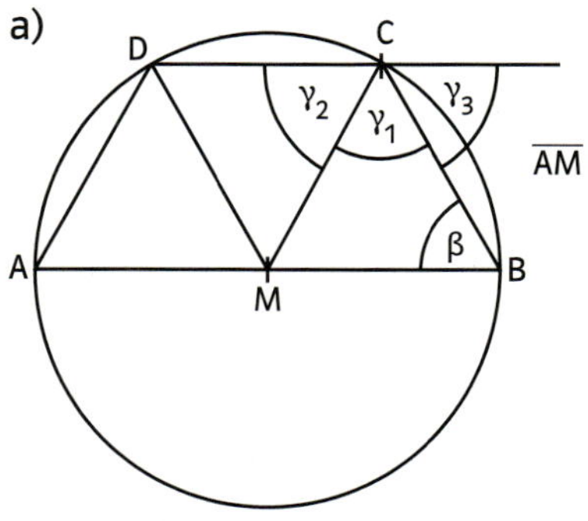

Das Viereck ABCD ist dann ein Trapez, wenn die Seiten AB und CD parallel sind.

Auf Grund der Konstruktion des Punktes C ist das Dreieck MBC gleichseitig. Daher haben alle Innenwinkel die Weite 60°. Insbesondere gilt: $\beta = \gamma_1 = 60°$.

Entsprechendes gilt für das Dreieck MCD und daher $\gamma_2 = 60°$.

Für γ_3 ergibt sich:

$\gamma_3 = 180° - \gamma_1 - \gamma_2$

$\gamma_3 = 180° - 60° - 60°$

$\gamma_3 = 60°$

Die beiden Winkel mit den Weiten β und γ_3 sind gleich groß. Nach der Umkehrung des Wechselwinkelsatzes sind die Geraden (AB) und (CD) parallel. Das Viereck ABCD ist demnach ein Trapez.

b)

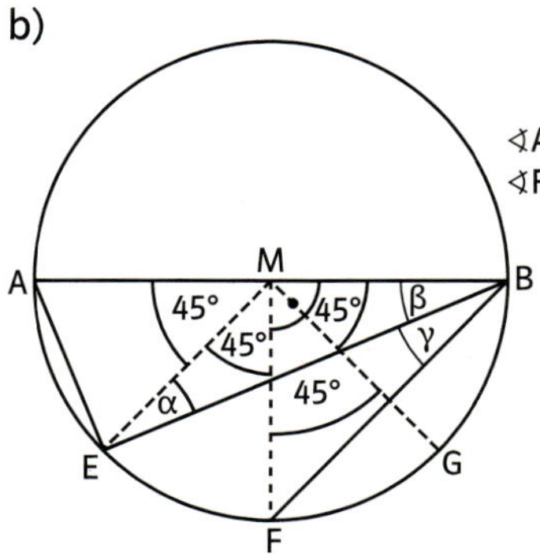

Die Winkel $\sphericalangle AME$ und $\sphericalangle EMF$ haben die Weite 45°, denn

$\sphericalangle AMF = \sphericalangle AME + \sphericalangle EMF$

$90° = 2 \cdot \sphericalangle AME$

$\sphericalangle AME = 45°$

$\sphericalangle EMF = 45°$

Entsprechend gilt:

$\sphericalangle FMG = 45°$

$\sphericalangle GMB = 45°$

Das Dreieck EBM ist gleichschenklig mit $\overline{ME} = \overline{MB}$.

Daher sind die Basiswinkel gleich weit: $\alpha = \beta$.

Der Winkel an der Spitze M hat die Weite $45° + 90° = 135°$.

Mit dem Satz von der Winkelsumme im Dreieck EBM folgt:

$\alpha + \beta + 135° = 180°$

$\alpha + \beta = 45°$

$2\alpha = 45°$

$\alpha = 22{,}5°$

$\beta = 22{,}5°$

Das Dreieck FBM ist gleichschenklig mit $\overline{MF} = \overline{MB}$.

Daher sind die Basiswinkel gleich weit. Da das Dreieck sogar rechtwinklig ist, hat jeder Basiswinkel die Weite 45°.

Folglich:

$\beta + \gamma = 45°$

$\gamma = 45° - \beta$

$\gamma = 45° - 22{,}5°$

$\gamma = 22{,}5°$

Die Winkel $\sphericalangle MEB$ und $\sphericalangle EBF$ haben beide die Weite 22,5°.

c)

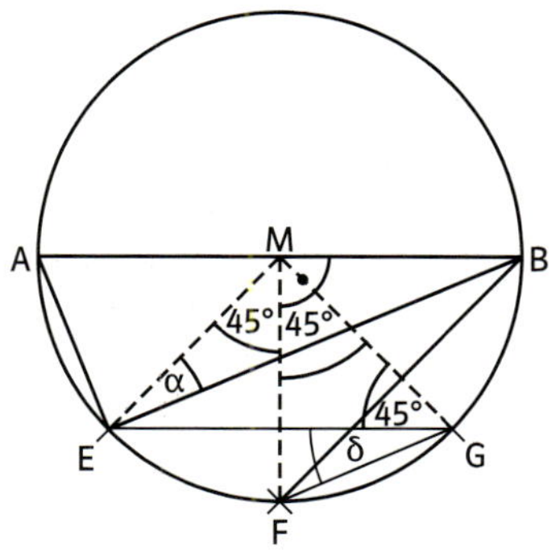

Das Dreieck EGM ist gleichschenklig mit $\overline{ME} = \overline{MG}$. Daher sind die Basiswinkel gleich weit. Der Winkel an der Spitze M hat die Weite 90°. Jeder Basiswinkel, insbesondere ∢MGE, hat die Weite 45°.
Das Dreieck FGM ist gleichschenklig mit $\overline{MF} = \overline{MG}$. Die Basiswinkel haben daher gleiche Weite 45° + δ. Der Winkel an der Spitze hat die Weite 45°. Mit dem Winkelsummensatz im Dreieck FGM folgt:

$$2\cdot(45° + \delta) + 45° = 180°$$
$$2\cdot(45° + \delta) = 135°$$
$$45° + \delta = 67{,}5°$$
$$\delta = 22{,}5°$$

Der Winkel ∢EGF hat die Weite 22,5°.

4 (4 + 1 VP)

a) Konstruktion des Dreiecks ABC

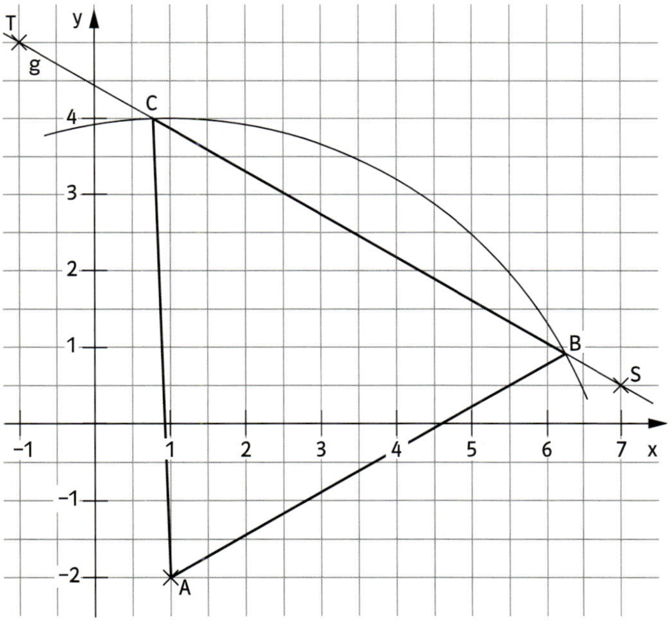

b) Nachmessen ergibt: $\overline{BC} \approx 6{,}3$ cm. Das Dreieck hat nicht drei gleichlange Seiten, ist also nicht gleichseitig.

Bemerkung

Man kann auch die Innenwinkelweiten messen. Da diese Weiten nicht alle 60° betragen, ist das Dreieck nicht gleichseitig.

5 (2 VP)

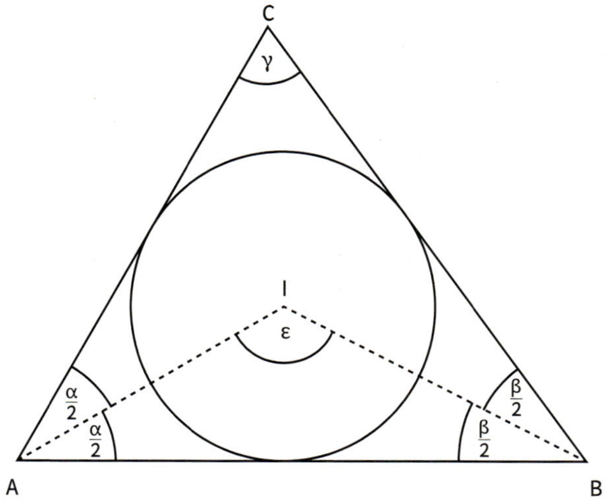

Der Inkreismittelpunkt I ist der Schnittpunkt der Winkelhalbierenden des Dreiecks ABC. Im Dreieck ABI gilt mit dem Satz von der Winkelsumme im Dreieck:

$$\frac{\alpha}{2} + \frac{\beta}{2} + \varepsilon = 180°$$
$$\varepsilon = 180° - \frac{\alpha}{2} - \frac{\beta}{2}$$
$$\varepsilon = 180° - \frac{1}{2}\cdot(\alpha + \beta)$$

Im Dreieck ABC gilt:

$$\alpha + \beta + \gamma = 180°$$
$$\alpha + \beta = 180° - \gamma$$

Somit:

$$\varepsilon = 180° - \frac{1}{2}\cdot(180° - \gamma)$$
$$\varepsilon = 180° - 90° + \frac{1}{2}\gamma$$
$$\varepsilon = 90° + \frac{1}{2}\gamma$$

Da in jedem Dreieck $\gamma > 0°$ gelten muss, kann ε kein 90°-Winkel sein.
Max Schlaumaier hat Recht.

Pinboard – Systeme linearer Gleichungen

Lineare Gleichungen

Definitionen	Beispiele
Jede Gleichung $y = m \cdot x + n$, $x \in \mathbb{Q}$, $m, n \in \mathbb{Q}$ heißt lineare Gleichung (in den zwei Variablen x und y).	$y = 3 \cdot x - 1$, $y = -2 \cdot x + 5$ $y = 4 \cdot x$, $y = \frac{1}{2} \left(= 0 \cdot x + \frac{1}{2}\right)$
Ein Zahlenpaar $(x_1 \mid y_1)$ heißt Lösung der linearen Gleichung $y = m \cdot x + n$, $x \in \mathbb{Q}$, falls gilt: $y_1 = m \cdot x_1 + n$.	$y = 5 \cdot x - 2$ hat die Lösungen $(-1 \mid -7)$, denn $-7 = 5 \cdot (-1) - 2$, $(0 \mid -2)$, denn $-2 = 5 \cdot 0 - 2$, $\left(\frac{2}{5} \mid 0\right)$, denn $0 = 5 \cdot \frac{2}{5} - 2$.
Verallgemeinerung Jede Gleichung $a \cdot x + b \cdot y = c$, $x, y \in \mathbb{Q}$, $a, b, c \in \mathbb{Q}$ heißt lineare Gleichung (in den Variablen x und y).	$2 \cdot x + 5 \cdot y = 1$ $-1 \cdot x + y = \frac{1}{2}$ $0 \cdot x + 2 \cdot y = 3$ $2 \cdot x + 0 \cdot y = -6$
Folgerungen	**Beispiel**
Die unendlich vielen Lösungen der linearen Gleichung $a \cdot x + b \cdot y = c$, $x, y \in \mathbb{Q}$, $a, b, c \in \mathbb{Q}$ wobei nicht a und b beide zugleich Null sind, lassen sich als Punkte auf einer Geraden interpretieren. Wählt man den x-Wert einer Lösung, so lässt sich mit Hilfe der Gleichung der zugehörige y-Wert berechnen. Wählt man den y-Wert, so erhält man entsprechend den zugehörigen x-Wert.	$3 \cdot x + 2 \cdot y = 7$ kann umgeformt werden zu $y = -\frac{3}{2} \cdot x + \frac{7}{2}$. 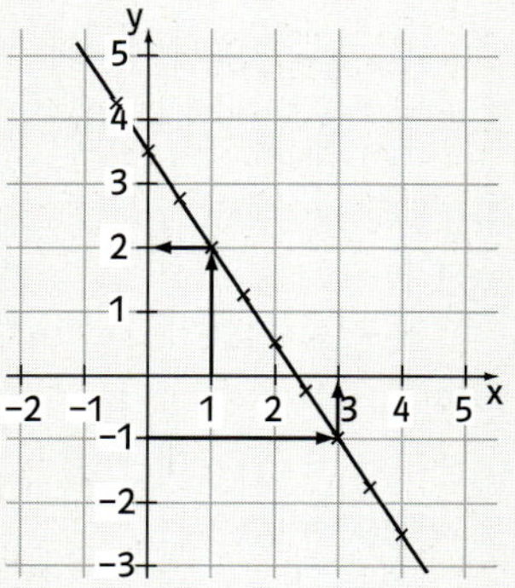
Die Gleichung $0 \cdot x + 0 \cdot y = 0$ hat jedes Zahlenpaar $(x_1 \mid y_1)$ als Lösung. Die Gleichung beschreibt also alle Punkte der xy-Ebene.	
Die Gleichung $0 \cdot x + 0 \cdot y = c$ mit $c \neq 0$ hat kein Zahlenpaar $(x_1 \mid y_1)$ als Lösung. Die Gleichung beschreibt also keinen einzigen Punkt der xy-Ebene.	

Lineare Gleichungssysteme

Definitionen	Beispiele
Zwei zusammengehörende lineare Gleichungen mit zwei Variablen bezeichnet man als lineares Gleichungssystem aus zwei Gleichungen mit zwei Variablen (2 x 2-System).	(1) $y = 3 \cdot x + 1$ (2) $2 \cdot x - y = 5$ (1) $5 \cdot x - 3 \cdot y = 3$ (2) $-\frac{1}{2} \cdot x + y = 0$
Wenn ein Zahlenpaar Lösung jeder der beiden Gleichungen eines linearen Gleichungssystems ist, so heißt dieses Zahlenpaar Lösung des Gleichungssystems.	(1) $x + 4 \cdot y = 3$ (2) $-2 \cdot x + 6 \cdot y = -\frac{5}{2}$ hat die Lösung $\left(2 \mid \frac{1}{4}\right)$, denn es gilt: (1) $2 + 4 \cdot \frac{1}{4} = 3$ (2) $-2 \cdot 2 + 6 \cdot \frac{1}{4} = -\frac{5}{2}$
Folgerungen	**Beispiele**
Es gibt lineare Gleichungssysteme mit genau einer Lösung. Geometrische Bedeutung: Die beiden Geraden schneiden sich.	(1) $x - y = 6$ (2) $3 \cdot x + y = 10$ Die Lösung ist $(4 \mid -2)$. Die Lösungsmenge ist $L = \{(4 \mid -2)\}$.
Es gibt lineare Gleichungssysteme mit keiner Lösung. Geometrische Bedeutung: Die beiden Geraden sind parallel und verschieden.	(1) $x + 2 \cdot y = 1$ (2) $x + 2 \cdot y = 2$ Es gibt keine Lösung. Die Lösungsmenge ist $L = \{\,\}$.
Es gibt lineare Gleichungssysteme mit unendlich vielen Lösungen. Geometrische Bedeutung: Die beiden Geraden sind identisch (fallen zusammen).	(1) $2 \cdot x + y = 1$ (2) $4 \cdot x + 2 \cdot y = 2$ Es gibt unendlich viele Lösungen. $L = \{(x \mid y) \mid 2 \cdot x + y = 1 \text{ und } x \in \mathbb{Q}\}$

Vom Lösen linearer Ungleichungssysteme

Verfahren	Beispiel
Die Lösungsmenge einer linearen Ungleichung kann durch die Punkte einer Halbebene in einem Koordinatensystem dargestellt werden. Die Gleichung der Randgeraden dieser Halbebene erhält man, indem man in der Ungleichung ein Gleichheitszeichen anstelle des Ungleichheitszeichens setzt. Die Randgerade gehört zur Halbebene dazu, wenn in der Ungleichung das Zeichen ≤ oder ≥ steht, sonst nicht.	(1) $y \leq -x + 4$ (2) $y < \frac{1}{2}x + 2$ (3) $x > 0$ (4) $y > 0$ mit $x \in \mathbb{Q}$ 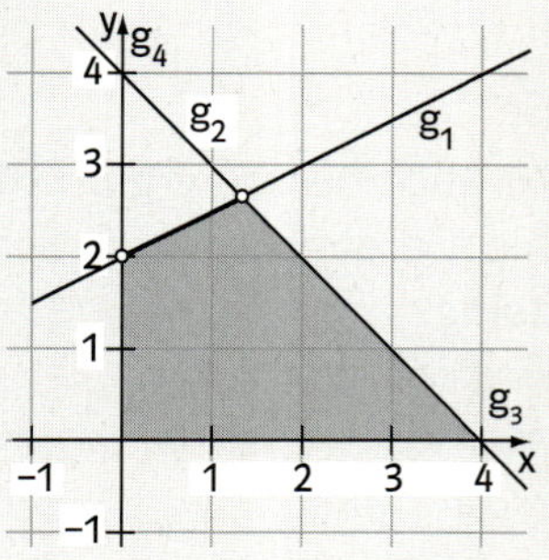
Die Lösungsmenge eines linearen Ungleichungssystems kann durch die gemeinsamen Punkte aller Halbebenen dargestellt werden: Punkte unterhalb von g_1 oder auf g_1, unterhalb von g_2, oberhalb der x-Achse und rechts von der y-Achse.	

Die Symbole stehen für die Anzahlen der Äpfel, Bananen und Birnen.
Welche Zahl steht mindestens anstelle des Fragezeichens?

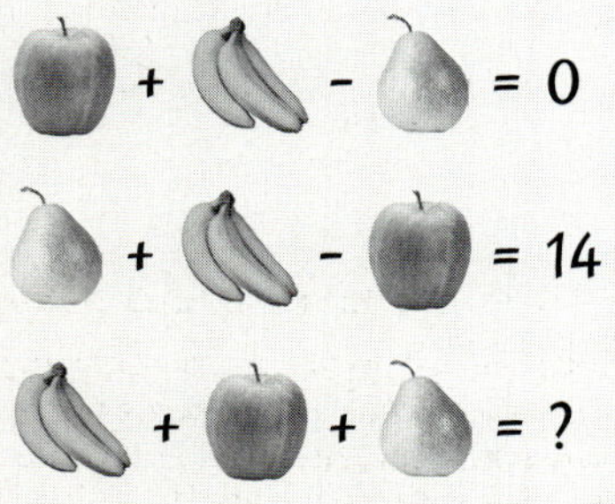

n

Lösungsverfahren für lineare Gleichungssysteme

Verfahren	Beispiele
Gleichsetzungsverfahren Beide Gleichungen sind bereits nach y aufgelöst. Man setzt die Terme der rechten Seite gleich und löst die entstehende lineare Gleichung nach x auf. Der gefundene x-Wert wird in eine der beiden Ausgangsgleichungen eingesetzt und der zugehörige y-Wert berechnet.	(1) $y = 3 \cdot x + 1$ (2) $y = 2 \cdot x - 5$ Gleichsetzen der Terme und Lösen der Gleichung: $3 \cdot x + 1 = 2 \cdot x - 5$ $x = -6$ Einsetzen in Gleichung (1): $y = -17$ Lösungsmenge: $L = \{(-6 \mid -17)\}$
Einsetzungsverfahren Eine Gleichung ist nach y aufgelöst. Man setzt den Term der rechten Seite in der anderen Gleichung anstelle von y ein und löst die entstehende Gleichung nach x auf. Anschließend berechnet man mit der bereits nach y aufgelösten Gleichung den zugehörigen y-Wert.	(1) $x + 4 \cdot y = -3$ (2) $y = x - 2$ Einsetzen des Terms aus (2) in (1) und Lösen der Gleichung: $x + 4 \cdot (x - 2) = -3$ $x + 4 \cdot x - 8 = -3$ $5 \cdot x = 5$ $x = 1$ Einsetzen in Gleichung (2): $y = -1$ Lösungsmenge: $L = \{(1 \mid -1)\}$

Verfahren	Beispiele
Additionsverfahren Keine der Gleichungen ist nach einer der Variablen aufgelöst. Man multipliziert eine der beiden Gleichungen mit einer geeigneten Zahl so, dass beim Addieren beider Gleichungen eine Variable, z. B. x entfällt. Die entstehende Gleichung mit der Variablen y löst man. Den erhaltenen y-Wert setzt man in eine der Gleichungen ein und berechnet den zugehörigen x-Wert.	(1) $3 \cdot x - y = 7$ (2) $x + 4 \cdot y = -2$ Multiplikation der zweiten Gleichung mit (−3): (1) $3 \cdot x - y = 7$ (2′) $-3 \cdot x - 12 \cdot y = +6$ Addieren von (1) zu (2′): (1) $3 \cdot x - y = 7$ (2″) $-13 \cdot y = 13$ $y = -1$ Einsetzen in (2): $x + 4 \cdot (-1) = -2$ $x = 2$ Lösungsmenge: $L = \{(2 \mid -1)\}$
Zeichnerische Lösung Man zeichnet die zu beiden Gleichungen gehörenden Geraden in ein gemeinsames Koordinatensystem ein. Die Koordinaten des Schnittpunkts geben die Lösung des Gleichungssystems an. Dieser Weg ist nur zu empfehlen, wenn die Zeichengenauigkeit ausreicht und keine exakte Lösung erforderlich ist.	(1) $x - y = 2$ (2) $\frac{1}{2} \cdot x + y = 1$ 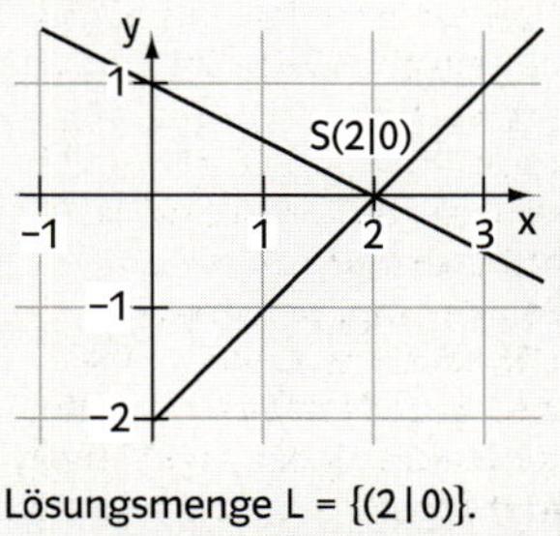 Lösungsmenge $L = \{(2 \mid 0)\}$.

Mischobst

In einer Obstschale liegen Äpfel, Birnen und Pflaumen, insgesamt etwas weniger als zwanzig Früchte. Äpfel und Birnen zusammen ergeben weniger als zwei Drittel aller Früchte. Außerdem sind es weniger Pflaumen als Äpfel. Von den Äpfeln sind jedoch fast doppelt so viele vorhanden wie von den Birnen.

Wie viele Früchte jeder Sorte liegen in der Schale?

Bist du sicher?

1 Löse die Gleichungssysteme durch Rechnung.

a) (1) $y = x - 2$
(2) $y = -\frac{1}{2}x + 1$

b) (1) $y = \frac{1}{4}x - 2$
(2) $y = -x - \frac{1}{3}$

c) (1) $y = 2x + 1$
(2) $2x + y = 3$

d) (1) $3x = 2 - 4y$
(2) $y = -x - 1$

e) (1) $x - y = 5$
(2) $x + 2y = 3$

f) (1) $2x - 6y = 3$
(2) $3x - 9y = 4$

g) (1) $x + y = 2$
(2) $x = -\frac{1}{2}(2y - 4)$

h) (1) $x - \frac{3}{2}y = 2$
(2) $\frac{2}{5}x + \frac{1}{2}y = 3$

i) (1) $0{,}8x + y = -0{,}4$
(2) $3x - 0{,}4y = 6{,}8$

2 Bestimme die Lösung durch eine Zeichnung.

a) (1) $y = 2x - 3$
(2) $y = -\frac{1}{2}x + 2$

b) (1) $2y = 3x - 3$
(2) $5x - 4y = 7$

c) (1) $\frac{1}{3}x + y + 1 = 0$
(2) $y = -\frac{1}{3}(x - 6)$

3 Gib jeweils ein lineares Gleichungssystem mit einer Lösung, keiner Lösung, unendlich vielen Lösungen an.

4 Eine zweistellige Zahl wird um 27 größer, wenn man ihre Ziffern vertauscht. Die Ziffernsumme ist 7.
Wie heißt die Zahl?

5 Welches Ungleichungssystem beschreibt die getönte Punktmenge?

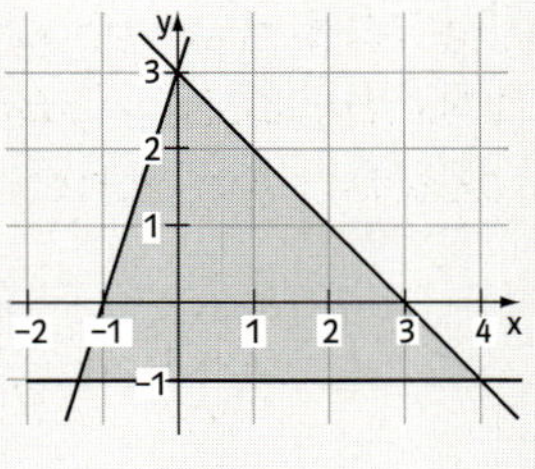

6 Stelle die Lösungen des Ungleichungssystems grafisch dar.
(1) $y \ge \frac{1}{2}x - 2$
(2) $y < -\frac{4}{5}x + 4$
(3) $y < 4x - 2$

Lösungen

1 a) $L = \{(2 \mid 0)\}$ b) $L = \left\{\frac{4}{3} \mid -\frac{5}{3}\right\}$ c) $L = \left\{\left(\frac{1}{2} \mid 2\right)\right\}$ d) $L = \{(-6 \mid 5)\}$ e) $L = \left\{\left(\frac{13}{3} \mid -\frac{2}{3}\right)\right\}$ f) $L = \{\ \}$ g) $L = \{(x \mid y) \mid x + y = 2, x \in \mathbb{Q}\}$ h) $L = \{(5 \mid 2)\}$ i) $L = \{(2 \mid -2)\}$ **2** a) $L = \{(2 \mid 1)\}$ b) $L = \{(-1 \mid -3)\}$ c) $L = \{\ \}$ **3** Freie Lösung! Gib jeweils zwei Gleichungen von Geraden an, die einen Schnittpunkt haben, keinen Schnittpunkt haben, aufeinander fallen. Zeichne! **4** Die Zahl heißt 25. **5** (1) $y < 3x + 3$ (2) $y < -x + 3$ (3) $y > -1$ **6** Die Geraden durch A(0|−2) und B(4|0), C(5|0) und D(0|4), E(1|2) und A(0|−2) begrenzen ein Dreieck. Die inneren Punkte des Dreiecks und die Punkte der Strecke AB sind Lösungspunkte.

Anfangszeit: ______________ + 45 Minuten → Abgabe: ______________

1 (2 + 1 + 3 VP)

a) Wie muss man n, $n \in \mathbb{Q}$, wählen, damit der Punkt $P(-3\,|\,-2)$ auf dem Graphen der linearen Zuordnung mit der Gleichung $y = -x + n$, $n \in \mathbb{Q}$, liegt?
In welchem Punkt schneidet der Graph die x-Achse?

b) Kann man m, $m \in \mathbb{Q}$, so wählen, dass der Punkt $Q\left(6\,|\,-\frac{9}{2}\right)$ auf dem Graphen der linearen Zuordnung mit der Gleichung $y = mx - \frac{1}{2}$, $x \in \mathbb{Q}$, liegt?

c) Zeichne die Gerade durch die Punkte $S(-2\,|\,0)$ und $T\left(3\,|\,\frac{5}{2}\right)$.
Gib die Gleichung der linearen Zuordnung an, die diesen Graphen hat.

2 (3 + 3 + 3 VP)

Bestimme durch Rechnung die Lösungen der linearen Gleichungssysteme mit $x, y \in \mathbb{Q}$.

a) (1) $y = 2x - 3$
(2) $y = -\frac{1}{2}x + 1$

b) (1) $y = \frac{2}{3}x + 4$
(2) $2x + 3y = 1$

c) (1) $\frac{3}{5}x + 2y = 12$
(2) $5x + 6y = 4$

3 (4 VP)

Ein Teehändler mischt aus zwei Teesorten 40 kg Tee, von dem jedes Kilogramm 22,50 € kostet. Die eine Sorte kostet 30 €, die andere 20 € je Kilogramm.
Wie viel Tee jeder Sorte werden gemischt?

4 (4 + 1 VP)

Alle Lösungen eines Ungleichungssystems sind in der Abbildung gefärbt.

a) Gib ein geeignetes Ungleichungssystem an.

b) Welche Lösungspaare $(x\,|\,y)$ mit $x, y \in \mathbb{Z}$ hat dieses Ungleichungssystem, falls zusätzlich $x > 0$ und $y > 0$ verlangt wird? Markiere diese im Bild.

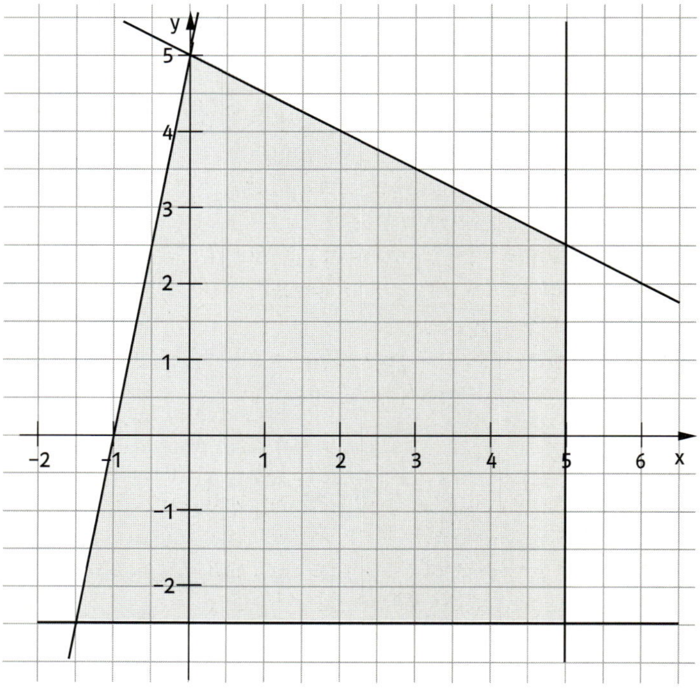

Lerntipps

zu Aufgabe 2
Bei Gleichungssystemen aus zwei Gleichungen mit zwei Unbekannten empfiehlt es sich, genau hinzuschauen:
Bei welchem der Gleichungssysteme verwendest du zweckmäßigerweise das Einsetzungsverfahren oder das Gleichsetzungsverfahren?
Bei einem dieser Gleichungssysteme ist die Multiplikation einer der Gleichungen mit (−3) geschickt.
Du kannst die Lösungen geometrisch kontrollieren!

zu Aufgabe 3
Schreibe eine Gleichung für die Massen der beiden verwendeten Teesorten auf und eine Gleichung für die Preise. Du kennst die Gesamtmasse der Mischung und den Gesamtpreis!

zu Aufgabe 4
Bestimme zuerst die Gleichungen der vier Geraden, die das getönte Gebiet begrenzen.

Klassenarbeit 6.2

Anfangszeit: ______________________ + 45 Minuten → Abgabe: ______________________

1 (3 + 5 VP)
Gegeben sind drei Geraden durch ihre Gleichungen:
g_1: $y = -\frac{2}{3}x + 4$, $x \in \mathbb{Q}$; g_2: $y = \frac{1}{6}x - 1$, $x \in \mathbb{Q}$; g_3: $y = \frac{5}{3}x + 5$, $x \in \mathbb{Q}$
a) Zeichne die drei Geraden in ein und dasselbe Koordinatensystem ein.
b) Berechne die Koordinaten der Schnittpunkte von g_1 und g_2 bzw. von g_1 und g_3.

2 (1 + 1 + 1 VP)
Gegeben ist die lineare Gleichung $4x + 3y = 6$, $x, y \in \mathbb{Q}$.
a) Gib ein Lösungspaar mit negativer x-Koordinate an.
b) Gib eine zweite lineare Gleichung an, so dass das System aus beiden Gleichungen keine Lösung hat.
c) Gib eine zweite lineare Gleichung an, so dass das System aus diesen beiden Gleichungen unendlich viele Lösungen hat.

3 (1 + 1 + 2 VP)
Die Abbildung zeigt an, wie sich der Inhalt des 80 Liter fassenden Benzintanks eines Autos im Laufe der Zeit verändert.
a) Wie viel Benzin hat das Auto während der gesamten Fahrt verbraucht?
Welche Bedeutung hat das waagrechte Kurvenstück in der dritten Stunde?
b) Der Fahrer behauptet, dass die Zapfsäule der Tankstelle mehr als 10 Liter Benzin je Minute in den Tank füllt. Stimmt das?
c) Ergänze die Abbildung durch einen Graphen, der beschreibt, wie viel Luft im Benzintank ist.

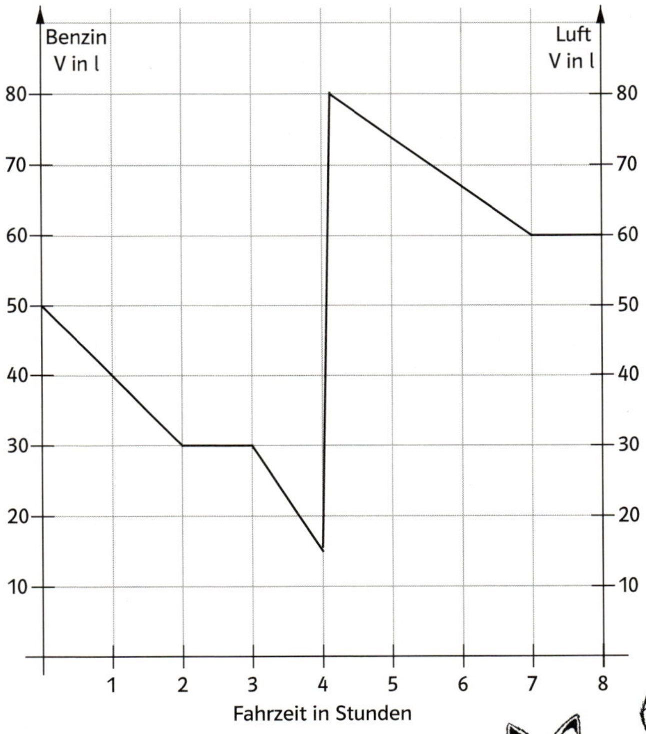

4 (4 VP)
Eine zweistellige Zahl ist viermal so groß wie ihre Quersumme (Ziffernsumme). Vertauscht man die Ziffern der Zahl, so ist die neue Zahl um 18 größer als die ursprüngliche. Wie heißt diese Zahl?

5 (5 VP)
Löse das Ungleichungssystem zeichnerisch für $x, y \in \mathbb{Q}$.
(1) $x + y < 4$ (2) $10x - 6y + 15 > 0$ (3) $x - 4y < 4$

Lerntipps

zu Aufgabe 2
b) Wenn zwei Gleichungen mit zwei Unbekannten keine Lösung haben, dann sind die entsprechenden Geraden parallel und verschieden.
c) Wie muss die zweite Gleichung aus der gegebenen Gleichung hervorgehen?
zu Aufgabe 3
Beachte, dass das steilste Stück des Schaubilds nicht parallel zur Hochachse ist.
zu Aufgabe 4
Die zweistellige Zahl 25 lässt sich in der Form $2 \cdot 10 + 5 \cdot 1$ schreiben. Ihre Quersumme ist 2 + 5.
zu Aufgabe 5
Zeichne zuerst die entsprechenden Randgeraden der Halbebenen auf.
Welche Halbebene musst du auf Grund eines Größer- bzw. Kleinerzeichens auswählen?
Woran musst du beim Multiplizieren oder Dividieren einer Ungleichung denken?

Klassenarbeit 6.3

Anfangszeit: ____________________ + 45 Minuten → Abgabe: ____________________

1 (3 + 3 VP)
Bestimme durch Rechnung die Lösungen der linearen Gleichungssysteme mit $x, y \in \mathbb{Q}$.

a) (1) $\frac{3}{4}x - y = -\frac{5}{4}$

(2) $-x + 3y = \frac{5}{2}$

b) (1) $x - \frac{x+1}{8} = y + \frac{9}{2}$

(2) $\frac{1}{4}(x - 1) - 2y - \frac{9}{2} = 0$

2 (2 + 2 VP)
a) Gegeben ist die lineare Gleichung $3x - 2y = 1$, $x, y \in \mathbb{Q}$.
Gib eine zweite lineare Gleichung an, sodass das System aus diesen beiden Gleichungen nur die Lösung $\left(\frac{2}{3} \mid 0\right)$ hat.
b) Ein lineares Gleichungssystem aus zwei Gleichungen mit zwei Variablen hat nur die Lösung $(1 \mid -1)$. Gib ein solches Gleichungssystem an.

3 (4 VP)
Der Umfang eines gleichschenkligen Dreiecks beträgt 30 cm. Die Basis ist 3 cm länger als jeder Schenkel. Wie lang sind die Seiten des Dreiecks?

4 (4 VP)
Ein Laborant soll aus 20 %-iger Säure und 80 %-iger Säure 3 Liter einer 60 %-igen Säure mischen. Wie viel von jeder Sorte muss er verwenden?

5 (4 + 2 VP)
Alle Lösungen eines Ungleichungssystems sind in der Abbildung gefärbt.

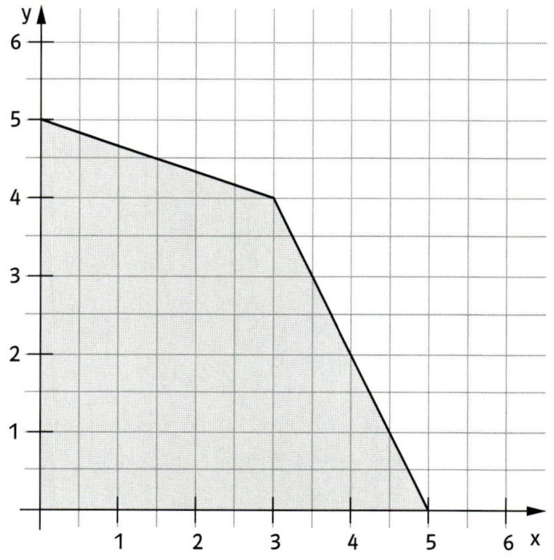

a) Gib ein solches Ungleichungssystem an.
b) Markiere alle Lösungen, bei denen die Summe aus beiden Koordinaten mindestens 4 ist.

Klassenarbeit 6.4

Anfangszeit: ______________________ + 45 Minuten → Abgabe: ______________________

1 (3 + 1 VP)

a) Zeige, dass das Zahlenpaar $\left(-\frac{1}{2} \middle| -\frac{1}{2}\right)$ eine Lösung der Gleichung $3x - 5y = 1$ ist.
Bestimme y_1 so, dass das Zahlenpaar $(4 \mid y_1)$ Lösung dieser Gleichung ist.
Kannst du ganzzahlige Werte für x_1, y_1 angeben, so dass $(x_1 \mid y_1)$ Lösung dieser Gleichung ist?
b) Gib eine lineare Gleichung an, welche die beiden Zahlenpaare $(0 \mid 1)$ und $(4 \mid 3)$ als Lösungen hat.

2 (4 VP)

Peter ist fünf Jahre jünger als Paul. Zusammen sind sie halb so alt wie ihre 62-jährige Oma.
Wie alt sind beide?

3 (5 VP)

Für die Klassenparty verdünnt Corinna eine gewisse Menge reinen Orangensaft mit Mineralwasser, um 60%-iges Orangensaftgetränk zu erhalten. Würde sie nur halb so viel Orangensaft nehmen und einen Liter Mineralwasser mehr, so erhielte sie ein 40%-iges Orangensaftgetränk.
Wie viel Orangensaft und wie viel Mineralwasser verwendet Corinna?

4 (4 + 5 VP)

Die Abbildung zeigt die Telefonkosten bei drei Anbietern in Abhängigkeit von der Anzahl der verbrauchten Telefoneinheiten.
a) Beschreibe in Worten die drei Tarife. Gib insbesondere auch die Einheitenpreise bzw. Grundgebühren an.
b) Berechne, ab wie vielen Einheiten der Anbieter Tele B günstiger ist als Tele A.

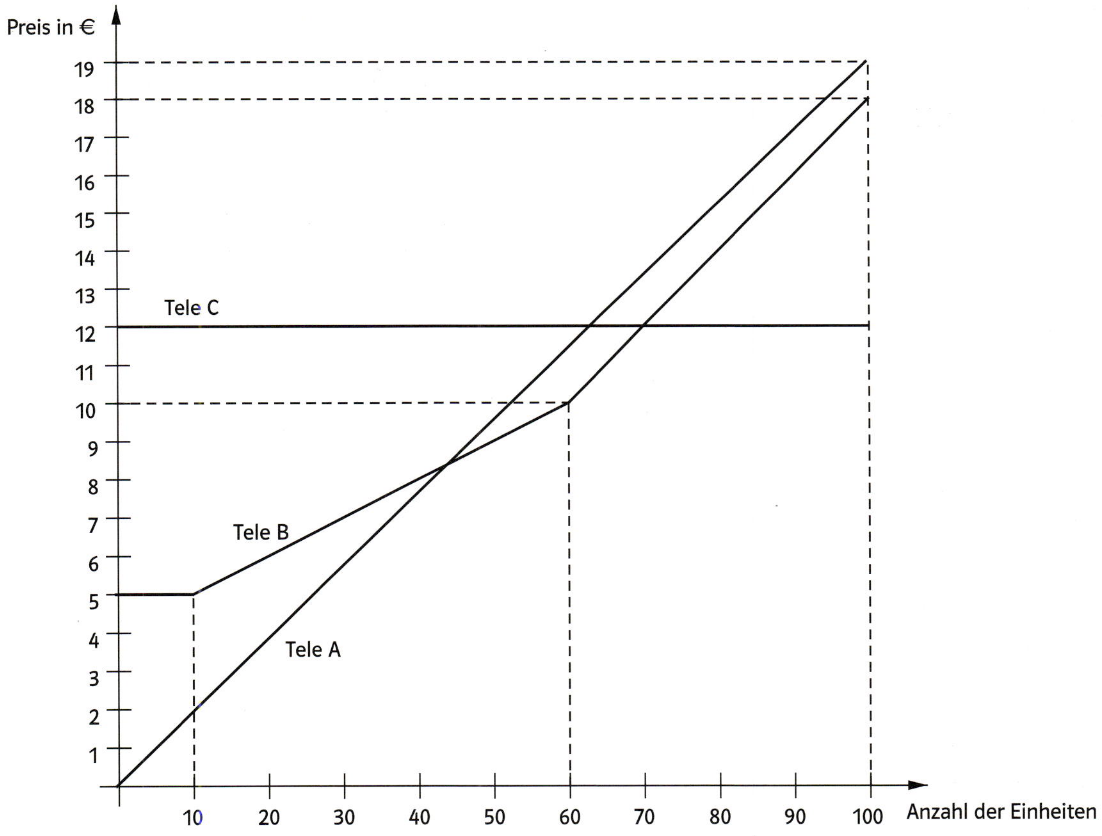

5 (2 VP)

Max Schlaumaier behauptet:
„Ich kann rationale Zahlen u und v so wählen, dass die beiden Geraden mit den Gleichungen $3x + uy = 1$ und $x - 2y = v$ zusammenfallen."
Nimm Stellung zu dieser Behauptung. Begründe deine Antwort.

Klassenarbeit 6.1

1 (2 + 1 + 3 VP)

a) *Ein Punkt liegt auf einer Geraden (oder beliebigen Kurve), wenn seine Koordinaten, eingesetzt in die entsprechende Gleichung, zu einer wahren Aussage führen. Bei Punkten auf einer Koordinatenachse hat jeweils eine Koordinate den Wert 0.*

Einsetzen der Koordinaten des Punktes $P(-3\,|\,-2)$ in die Gleichung ergibt:

$-2 = -(-3) + n$

$-2 = 3 + n \qquad |-3$

$-5 = n$

Die Gleichung des Graphen der linearen Zuordnung lautet $y = -x - 5$, $x \in \mathbb{Q}$.

Der Schnittpunkt mit der x-Achse sei $X(x_0\,|\,0)$.

Dann gilt:

$0 = -x_0 - 5 \qquad |+x_0$

$x_0 = -5$

Der Graph schneidet die x-Achse im Punkt $X(-5\,|\,0)$.

b) Einsetzen der Koordinaten des Punktes $Q\left(6\,|\,-\frac{9}{2}\right)$ in die Gleichung ergibt:

$-\frac{9}{2} = m \cdot 6 - \frac{1}{2} \qquad |+\frac{1}{2}$

$-\frac{9}{2} + \frac{1}{2} = m \cdot 6$

$-4 = m \cdot 6 \qquad |:6$

$-\frac{2}{3} = m$

Die Gleichung des Graphen der linearen Zuordnung lautet $y = -\frac{2}{3}x - \frac{1}{2}$, $x \in \mathbb{Q}$.

c) *Da die Gerade nicht parallel zur y-Achse verläuft, lässt sie sich durch eine Gleichung der Form $y = m \cdot x + n$ beschreiben.*

Du kannst ein Gleichungssystem von zwei Gleichungen mit zwei Unbekannten aufschreiben.

Zeichnung

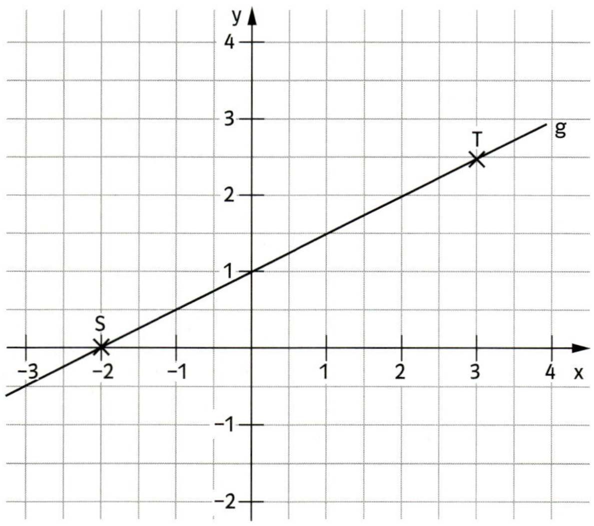

Ermittlung der Gleichung:

Der Graph lässt sich durch eine Gleichung der Form $y = m \cdot x + n$, $x \in \mathbb{Q}$, $m, n \in \mathbb{Q}$ beschreiben.

Da die Punkte $S(-2\,|\,0)$ und $T\left(3\,|\,\frac{5}{2}\right)$ auf dem Graphen liegen, müssen ihre Koordinaten diese Gleichung erfüllen.

Daher gilt: $y_S = m \cdot x_S + n$ und $y_T = m \cdot x_T + n$.

Folglich:

(1) $0 = m \cdot (-2) + n$

(2) $\frac{5}{2} = m \cdot 3 + n$

Aus der Gleichung (1) folgt: $n = 2m$.

Einsetzen in (2):

$\frac{5}{2} = 3m + 2m$

$\frac{5}{2} = 5m \qquad |:5$

$m = \frac{1}{2}$

Mit (1) ergibt sich:

$n = 2 \cdot \frac{1}{2}$

$n = 1$

Die Gerade hat die Gleichung $y = \frac{1}{2}x + 1$, $x \in \mathbb{Q}$.

Bemerkung

Wie verändert sich der y-Wert eines Punktes, wenn sein x-Wert um 1 vergrößert wird? Dies kannst du an den Koordinaten der gegebenen Punkte erkennen. Wenn sich der x-Wert um +5 verändert, dann ändert sich der y-Wert um $+\frac{5}{2}$.

Eine Veränderung des x-Wertes um +1 führt daher zu einer Veränderung des y-Werts um $\frac{1}{2}$.

Geht man daher von S aus um zwei Einheiten nach rechts, das heißt zu $x_1 = 0$, dann muss der zugeordnete y-Wert $y_1 = 2 \cdot \frac{1}{2} = 1$ sein. Die Gerade schneidet die y-Achse in $(0\,|\,1)$.

Geht man von diesem Punkt aus um eine Einheit nach rechts, so muss man um eine halbe Einheit nach oben. Die Gleichung der Geraden ist demnach $y = \frac{1}{2} \cdot x + 1$.

2 (3 + 3 + 3 VP)

a) *Verwende das jeweils geeignetste Rechenverfahren: Einsetzungsverfahren, Gleichsetzungsverfahren oder Additionsverfahren.*

(1) $y = 2x - 3$

(2) $y = -\frac{1}{2}x + 1$

Gleichsetzen der Terme auf den rechten Seiten von (1) und (2):

(2′) $2x - 3 = -\frac{1}{2}x + 1 \qquad |+3$

$2x = -\frac{1}{2}x + 4 \qquad |+\frac{1}{2}x$

$\frac{5}{2}x = 4 \qquad |\cdot\frac{2}{5}$

$x = \frac{8}{5}$

Einsetzen von x aus (2′) in (1):

(1′) $y = 2 \cdot \frac{8}{5} - 3$

$y = \frac{16}{5} - 3$

$y = \frac{1}{5}$

Das Gleichungssystem hat die Lösung $\left(\frac{8}{5}\,|\,\frac{1}{5}\right)$.

b) (1) $y = \frac{2}{3}x + 4$

(2) $2x + 3y = 1$

Einsetzen von y aus Gleichung (1) in (2):

(2′) $2x + 3 \cdot \left(\frac{2}{3}x + 4\right) = 1$

$2x + 2x + 12 = 1$

$4x + 12 = 1 \quad | -12$

$4x = -11 \quad | :4$

$x = -\frac{11}{4}$

Einsetzen von x aus (2′) in (1):

(1′) $y = \frac{2}{3} \cdot \left(-\frac{11}{4}\right) + 4$

$y = -\frac{11}{6} + 4$

$y = \frac{13}{6}$

Das Gleichungssystem hat die Lösung $\left(-\frac{11}{4} \middle| \frac{13}{6}\right)$.

c) (1) $\frac{3}{5}x + 2y = 12$

(2) $5x + 6y = 4$

Multiplikation der Gleichung (1) mit −3:

(1′) $-\frac{9}{5}x - 6y = -36$

(2) $5x + 6y = 4$

Addition der Gleichung (2) zu (1′):

(1″) $-\frac{9}{5}x + 5x = -36 + 4$

$\frac{16}{5}x = -32 \quad | \cdot \frac{5}{16}$

$x = -10$

Einsetzen von x aus (1″) in (2):

(2′) $5 \cdot (-10) + 6y = 4$

$-50 + 6y = 4 \quad | +50$

$6y = 54 \quad | :6$

$y = 9$

Das Gleichungssystem hat die Lösung (−10 | 9).

3 (4 VP)

Von den Teesorten zum Preis von 30 € je Kilogramm werden x kg, von der anderen Teesorte y kg zur Mischung verwendet.

Beim Zusammenschütten der beiden Teesorten geht kein Tee verloren. Die Gesamtmasse ist daher die Summe der Einzelmassen.

Bedingung für die Massen (in kg):

$x + y = 40$

Für x kg Tee der ersten Sorte ergibt sich ein Preis von x · 30 €. Für y kg Tee der zweiten Sorte beträgt der Preis y · 20 €. Der Gesamtpreis ist 40 · 22,50 €.

Bedingung für die Preise (in €):

$x \cdot 30 + y \cdot 20 = 40 \cdot 22{,}50$

Somit:

(1) $x + y = 40$

(2) $30x + 20y = 900$

(1′) $y = 40 - x$

(2) $30x + 20y = 900$

Einsetzen von y aus (1′) in (2):

(2′) $30x + 20(40 - x) = 900$

$30x + 800 - 20x = 900$

$10x + 800 = 900 \quad | -800$

$10x = 100 \quad | :10$

$x = 10$

Einsetzen von x aus (2′) in (1′):

$y = 40 - 10$

$y = 30$

Der Teehändler mischt 10 kg Tee zum Preis von 30 € je Kilogramm mit 30 kg Tee zum Preis von 20 € je Kilogramm.

4 (4 + 1 VP)

a)

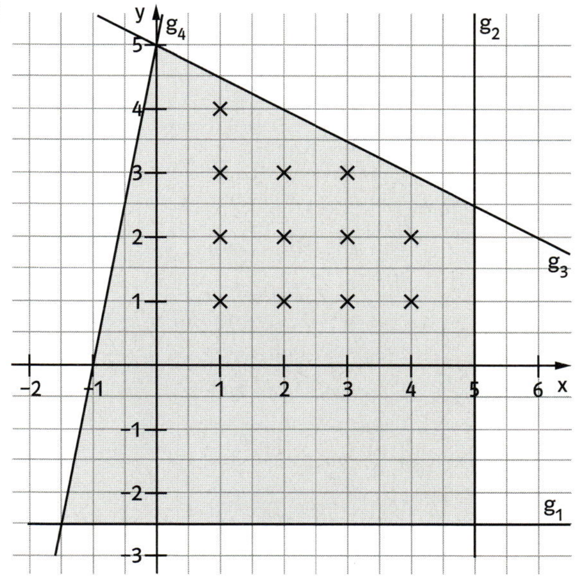

Gleichungen der vier Geraden:

g_1: $y = -2{,}5, \quad x \in \mathbb{Q}$

g_2: $y = 5, \quad x \in \mathbb{Q}$

g_3: $y = -\frac{1}{2}x + 5, \quad x \in \mathbb{Q}$

g_4: $y = 5x + 5, \quad x \in \mathbb{Q}$

Die getönte Fläche liegt oberhalb von g_1, links von g_2, unterhalb von g_3 und unterhalb von g_4.

Daher lautet das Ungleichungssystem:

(1) $y > -2{,}5$

(2) $x < 5$

(3) $y < -\frac{1}{2}x + 5$

(4) $y < 5x + 5$

b) Die Punkte zu Lösungspaaren mit ganzzahligen und positiven x- und y-Koordinaten, die innerhalb der getönten Fläche liegen, sind in der Abbildung durch Kreuze markiert.

Klassenarbeit 6.2

1 (3 + 5 VP)

a) *Du musst zwei Punkte der jeweiligen Geraden bestimmen. Bequemerweise wählst du $x_0 = 0$ und $x_1 = 1$. Dann erhältst du aber bei den y-Koordinaten Bruchzahlen. Dadurch wird das Einzeichnen der Punkte erschwert bzw. ungenau.*
Warum ist bei der ersten Geraden $x_1 = 3$ oder $x_1 = 6$ eine bessere Wahl?

Zeichnung der Geraden

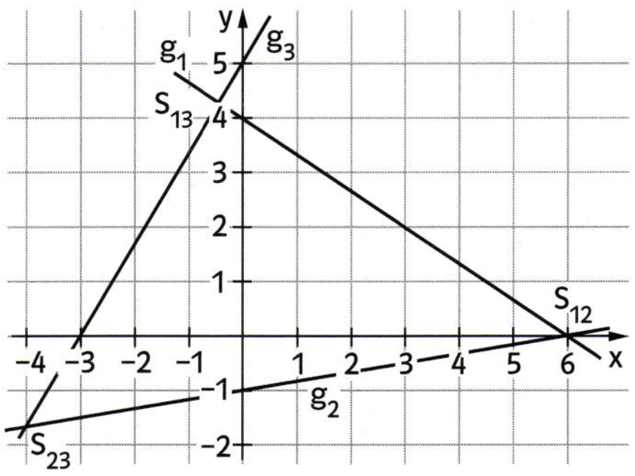

b) *Wieso weißt du beim Betrachten der Geradengleichungen, dass sich die Geraden sicher schneiden?*
Die Koordinaten eines Schnittpunkts müssen beide Gleichungen erfüllen. Wie gehst du also vor?
Prüfe deine Rechenergebnisse anhand der Schaubilder aus der vorherigen Teilaufgabe nach.

Schnittpunkt von g_1 und g_2
Lösung des Gleichungssystems:

(1) $y = -\frac{2}{3}x + 4$
(2) $y = \frac{1}{6}x - 1$

Gleichsetzen der Terme auf den rechten Seiten von (1) und (2):

$$\begin{aligned} (2')\quad -\tfrac{2}{3}x + 4 &= \tfrac{1}{6}x - 1 \quad &&| -4 \\ -\tfrac{2}{3}x &= \tfrac{1}{6}x - 5 \quad &&| -\tfrac{1}{6}x \\ -\tfrac{2}{3}x - \tfrac{1}{6}x &= -5 \\ -\tfrac{5}{6}x &= -5 \quad &&| \cdot\left(-\tfrac{6}{5}\right) \\ x &= 6 \end{aligned}$$

Einsetzen von x aus (2′) in (1):

$y = -\frac{2}{3}\cdot 6 + 4$
$y = 0$

Der Schnittpunkt von g_1 und g_2 ist $S_{12}(6\,|\,0)$.

Schnittpunkt von g_1 und g_3
Lösung des Gleichungssystems:

(1) $y = -\frac{2}{3}x + 4$
(2) $y = \frac{5}{3}x + 5$

Gleichsetzen der Terme auf den rechten Seiten von (1) und (2):

$$\begin{aligned} (2')\quad \tfrac{5}{3}x + 5 &= -\tfrac{2}{3}x + 4 \quad &&| -5 \\ \tfrac{5}{3}x &= -\tfrac{2}{3}x - 1 \quad &&| +\tfrac{2}{3}x \\ \tfrac{5}{3}x + \tfrac{2}{3}x &= -1 \\ \tfrac{7}{3}x &= -1 \quad &&| \cdot\tfrac{3}{7} \\ x &= -\tfrac{3}{7} \end{aligned}$$

Einsetzen von x aus (2′) in (1):

$y = -\frac{2}{3}\cdot\left(-\frac{3}{7}\right) + 4$
$y = \frac{2}{7} + 4$
$y = \frac{30}{7}$

Der Schnittpunkt von g_1 und g_3 ist $S_{13}\left(-\frac{3}{7}\,\middle|\,\frac{30}{7}\right)$.

2 (1 + 1 + 1 VP)

a) *Es ist lediglich ein Beispiel gefragt.*
Mit x = −1 folgt:

$$\begin{aligned} 4\cdot(-1) + 3y &= 6 \\ -4 + 3y &= 6 \quad &&| +4 \\ 3y &= 10 \quad &&| :3 \\ y &= \tfrac{10}{3} \end{aligned}$$

Ein mögliches Lösungspaar ist $\left(-1\,\middle|\,\frac{10}{3}\right)$.

Bemerkung
Du kannst jeden beliebigen negativen x-Wert auswählen und den zugehörigen y-Wert berechnen.

b) *Gegebenenfalls kannst du hier die zur gegebenen Gleichung gehörende Gerade zeichnen. Welche Eigenschaft muss dann diejenige Gerade haben, die zur gesuchten Gleichung gehört?*
Eine zweite lineare Gleichung kann z. B. $4x + 3y = 0$, $x \in \mathbb{Q}$, sein. Die zu den Gleichungen gehörenden Geraden sind dann parallel und verschieden.

Bemerkung
Du hättest auch jede Gleichung $4x + 3y = t$ mit beliebigem $t \in \mathbb{Q}$, $t \neq 6$, wählen können. Die Lösung der nächsten Teilaufgabe zeigt dir, warum du $t = 6$ hier ausschließen musst.

c) Eine zweite Gleichung ist z. B. $8x + 6y = 12$, $x, y \in \mathbb{Q}$. Die zu den Gleichungen gehörenden Geraden sind dann identisch.

3 (1 + 1 + 2 VP)

a) *Auch nach dem Volltanken wird noch Benzin verbraucht.*
In den ersten vier Stunden nimmt der Tankinhalt von 50 l auf 15 l ab. Es werden also 35 l Benzin verbraucht. Nach dem Volltanken auf 80 l nimmt der Tankinhalt bis zum Ende der Fahrt auf 60 l ab. Es werden also weitere 20 l verbraucht.
Der Gesamtverbrauch während der Fahrt beträgt 55 l Benzin.

In der dritten Stunde bleibt das Benzinvolumen im Tank unverändert. Dies bedeutet, dass der Motor nicht läuft und sich das Fahrzeug in dieser Zeit nicht bewegt (Pause auf einem Parkplatz, Reifenpanne, usw.).

b) *Lies am Diagramm ab, wie lange der Tankvorgang höchstens dauern kann.*

Am Diagramm lässt sich ablesen, dass der Tankvorgang vier Stunden nach Antritt der Fahrt beginnt und etwa eine zehntel Stunde (sechs Minuten) lang dauert. In dieser Zeit fließen 65 Liter Benzin in den Tank. In jeder Minute werden also durchschnittlich mehr als 10 Liter Benzin in den Tank gefüllt. Die Behauptung stimmt.

c) *Warum musst du hier so gut wie nicht rechnen?*

Schaubild

Die gestrichelte Linie beschreibt das im Tank vorhandene Luftvolumen.

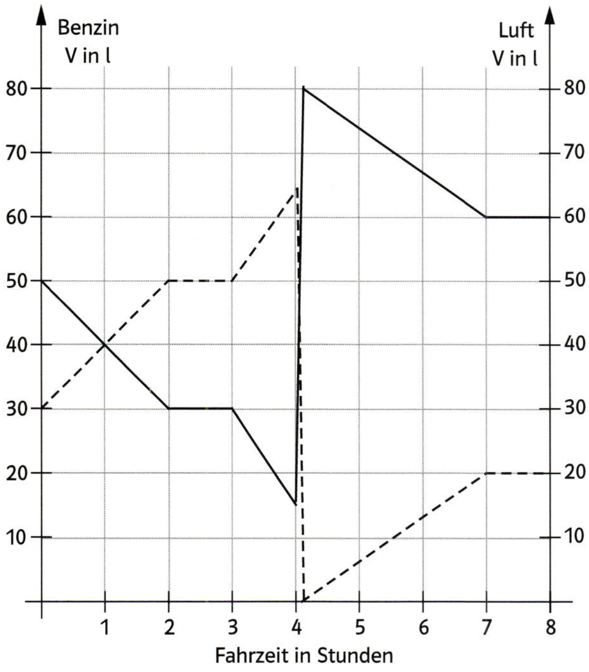

4 (4 VP)

Die Zehnerziffer der zweistelligen Zahl heiße z, die Einerziffer heiße e. Dabei gilt: $z, e \in \{1;\ 2;\ \ldots;\ 8;\ 9\}$.

Die ursprüngliche Zahl heißt dann $10 \cdot z + e$.

Vertauscht man die Ziffern der Zahl, so entsteht die Zahl $10 \cdot e + z$.

Die Quersumme der zweistelligen Zahl ist $z + e$.

Nun gilt:

(1) $10 \cdot z + e = 4 \cdot (z + e)$

(2) $10 \cdot e + z = 10 \cdot z + e + 18$

Vereinfachung der Gleichungen:

(1′) $10z + e = 4z + 4e \quad | -4z - 4e$

$6z - 3e = 0$

$2z - e = 0$

(2′) $10e + z = 10z + e + 18 \quad | -10z - e$

$-9z + 9e = 18 \quad | :(+9)$

$-z + e = 2$

Lösung des Gleichungssystems:

(1′) $2z - e = 0$

(2′) $-z + e = 2$

Addition der Gleichungen (1′) und (2′) ergibt: $z = 2$.

Einsetzen in (2′) führt auf $e = 4$.

Die ursprüngliche Zahl heißt somit 24.

5 (5 VP)

Die Ungleichungen werden zuerst so umgeformt, dass y allein auf der linken Seite des Ungleichzeichens steht. Beachte, dass bei der Multiplikation oder Division mit einer negativen Zahl die Richtung des Ungleichzeichens geändert werden muss.

(1) $x + y < 4 \quad | -x$

$y < -x + 4$

(2) $10x - 6y + 15 > 0 \quad | -10x - 15$

$-6y > -10x - 15 \quad | :(-6)$

$y < \frac{5}{3}x + \frac{5}{2}$

(3) $x - 4y < 4 \quad | -x$

$-4y < -x + 4 \quad | :(-4)$

$y > \frac{1}{4}x - 1$

Nun werden die Geraden g_1, g_2 und g_3 mit den Gleichungen $y = -x + 4$, $y = \frac{5}{3}x + \frac{5}{2}$ und $y = \frac{1}{4}x - 1$ gezeichnet.

Alle Punkte in den Halbebenen unterhalb von g_1 und zugleich unterhalb von g_2 und zugleich oberhalb von g_3 haben Koordinatenpaare, die Lösungen des Ungleichungssystems sind.

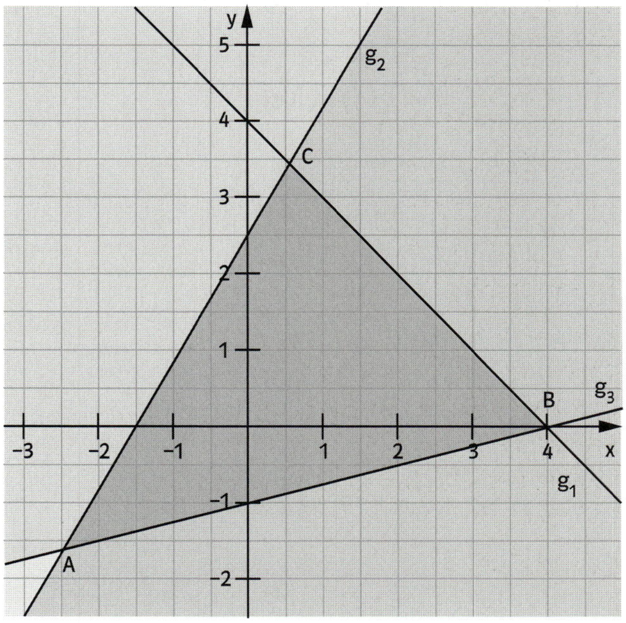

Genau die Punkte im Innern des Dreiecks ABC haben Koordinatenpaare, die allen Ungleichungen zugleich genügen.

Klassenarbeit 6.3

1 (3 + 3 VP)

a) (1) $\frac{3}{4}x - y = -\frac{5}{4}$

(2) $-x + 3y = \frac{5}{2}$

Multiplikation der Gleichung (1) mit 3:

(1′) $\frac{9}{4}x - 3y = -\frac{15}{4}$

(2) $-x + 3y = \frac{5}{2}$

Addieren der Gleichungen (1′) und (2):

(1″) $\frac{9}{4}x - x = -\frac{15}{4} + \frac{5}{2}$

$\frac{5}{4}x = -\frac{5}{4} \qquad | \cdot \frac{4}{5}$

$x = -1$

Einsetzen von x aus (1″) in (2):

(2′) $-(-1) + 3y = \frac{5}{2}$

$1 + 3y = \frac{5}{2} \qquad | -1$

$3y = \frac{3}{2} \qquad | :3$

$y = \frac{1}{2}$

Das Gleichungssystem hat die Lösung $\left(-1 \,|\, \frac{1}{2}\right)$.

b) (1) $x - \frac{x+1}{8} = y + \frac{9}{2}$

(2) $\frac{1}{4}(x-1) - 2y - \frac{9}{2} = 0$

Vereinfachung der Gleichungen:

(1) $x - (x+1)\cdot\frac{1}{8} = y + \frac{9}{2}$

$x - \frac{1}{8}x - \frac{1}{8} = y + \frac{9}{2}$

$\frac{7}{8}x - \frac{1}{8} = y + \frac{9}{2} \qquad | -y + \frac{1}{8}$

$\frac{7}{8}x - y = \frac{9}{2} + \frac{1}{8}$

$\frac{7}{8}x - y = \frac{37}{8}$

(2) $\frac{1}{4}(x-1) - 2y - \frac{9}{2} = 0$

$\frac{1}{4}x - \frac{1}{4} - 2y - \frac{9}{2} = 0 \qquad | + \frac{1}{4} + \frac{9}{2}$

$\frac{1}{4}x - 2y = \frac{1}{4} + \frac{9}{2}$

$\frac{1}{4}x - 2y = \frac{19}{4}$

Lösen des Gleichungssystems:

(1) $\frac{7}{8}x - y = \frac{37}{8}$

(2) $\frac{1}{4}x - 2y = \frac{19}{4}$

Multiplikation von Gleichung (1) mit (−2):

(1′) $-\frac{7}{4}x + 2y = -\frac{37}{4}$

(2) $\frac{1}{4}x - 2y = \frac{19}{4}$

Addition der Gleichung (2) zu (1′):

(1″) $-\frac{7}{4}x + \frac{1}{4}x = -\frac{37}{4} + \frac{19}{4}$

$-\frac{3}{2}x = -\frac{9}{2} \qquad | \cdot\left(-\frac{2}{3}\right)$

$x = 3$

Einsetzen von x aus (1″) in (2):

(2′) $\frac{1}{4}\cdot 3 - 2y = \frac{19}{4}$

$\frac{3}{4} - 2y = \frac{19}{4} \qquad | -\frac{3}{4}$

$-2y = 4 \qquad | :(-2)$

$y = -2$

Das Gleichungssystem hat die Lösung $(3 \,|\, -2)$.

2 (2 + 2 VP)

a) Die gegebene Gleichung $3x - 2y = 1$ hat die Lösung $\left(\frac{2}{3} \,|\, 0\right)$, wie man durch Einsetzen sofort erkennt. Eine zweite lineare Gleichung mit dieser Lösung ist z. B. $x + y = \frac{2}{3}$, wie man ebenfalls durch Einsetzen erkennt.

Bemerkung

Man findet eine solche Gleichung durch den Ansatz $ax + by = c$ und Einsetzen der gegebenen Werte von x und y. a, b, c kann man dann geeignet wählen. Beispielsweise wählt man Werte für a und b und berechnet damit den zugehörigen Wert für c. Dabei ist darauf zu achten, dass die neue Gleichung nicht nur durch Multiplikation mit einem beliebigen von Null verschiedenen Faktor aus der gegebenen Gleichung hervorgeht. In diesem Fall würden die zu den Gleichungen gehörenden Geraden aufeinander fallen und es gäbe unendlich viele Lösungen des Gleichungssystems.

b) Man kann z. B. die Gleichungen $x + y = 0$ und $2x - y = 3$ wählen.

Bemerkung

Beide Gleichungen haben offensichtlich die Lösung $(1 \,|\, -1)$, wie man durch Einsetzen bestätigen kann. Die zu den Gleichungen gehörenden Geraden sind verschieden und schneiden sich in einem Punkt. Daher gibt es nur die angegebene Lösung und keine weiteren.

3 (4 VP)

Die Schenkellängen werden mit a, die Länge der Basis wird mit c bezeichnet.

Bedingung für den Umfang:

$30\,\text{cm} = 2\cdot a + c$

Bedingung für die Seitenlängen:

$c = a + 3\,\text{cm}$

Somit:

(1) $2a + c = 30\,\text{cm}$

(2) $-a + c = 3\,\text{cm}$

Multiplikation der zweiten Gleichung mit 2:

(2′) $-2a + 2c = 6\,\text{cm}$

Addition der Gleichung (2′) zu (1):

(1′) $3c = 36\,\text{cm}$

$c = 12\,\text{cm}$

Einsetzen von c in (2):

$-a + 12\,\text{cm} = 3\,\text{cm}$

$a = 9\,\text{cm}$

Die Schenkel des Dreiecks sind 9 cm lang, die Basis hat die Länge 12 cm.

4 (4 VP)
Angenommen, es werden x Liter der 20%-igen und y Liter der 80%-igen Säure benötigt.
Bedingung für die Volumina der Säuren:
$x + y = 3$
In der 20%-igen Säure sind $\frac{20}{100} \cdot x$ Liter reine Säure, in der 80%-igen Säure entsprechend $\frac{80}{100} \cdot y$ Liter reine Säure.
Nach dem Zusammenschütten hat man (x + y) Liter 60%-ige Säure. Diese enthält $\frac{60}{100} \cdot (x + y)$ Liter reine Säure.
Bedingung für die Reinsäure-Anteile:
$\frac{20}{100} \cdot x + \frac{80}{100} \cdot y = \frac{60}{100} \cdot (x + y)$
Somit:
(1) $x + y = 3$
(2) $0{,}2x + 0{,}8y = 0{,}6x + 0{,}6y \quad | -0{,}6x - 0{,}6y$
$-0{,}4x + 0{,}2y = 0 \quad | \cdot (-5)$
$2x - y = 0$
Addition von (1) zu (2):
(2′) $3x = 3$
$x = 1$
Einsetzen von x aus (2′) in (1):
(1′) $1 + y = 3$
$y = 2$
Der Laborant muss 1 Liter der 20%-igen und 2 Liter der 80%-igen Säure verwenden.

5 (4 + 2 VP)

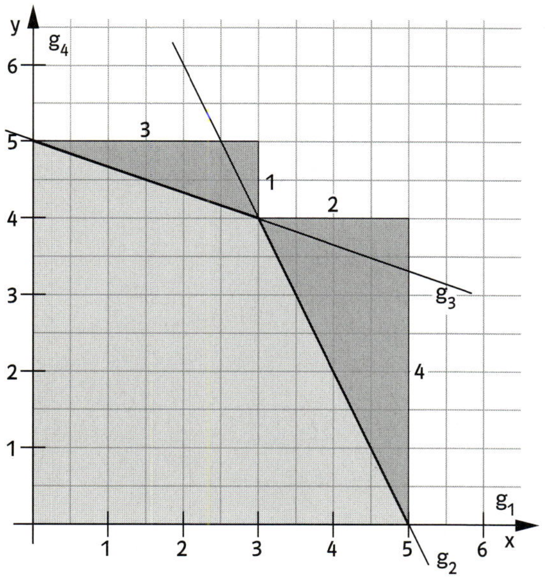

Bemerkung
Den y-Achsenabschnitt von g_2 kannst du z.B. folgendermaßen erhalten. Die Gleichung muss lauten: $y = -2x + n$. Da der Punkt (5 | 0) auf g_2 liegt, folgt durch Einsetzen seiner Koordinaten in diese Gleichung: $0 = -2 \cdot 5 + n$.
Folglich: $n = 10$.

Gleichungen der vier Geraden:
g_1: $y = 0$, $x \in \mathbb{Q}$ (x-Achse)
g_2: $y = -2x + 10$, $x \in \mathbb{Q}$
g_3: $y = -\frac{1}{3}x + 5$, $x \in \mathbb{Q}$
g_4: $x = 0$, $y \in \mathbb{Q}$ (y-Achse)
Die gefärbte Fläche liegt oberhalb von g_1, unterhalb von g_2, unterhalb von g_3 und rechts von g_4.
Daher lautet das Ungleichungssystem:
(1) $y > 0$
(2) $y < -2x + 10$
(3) $y < -\frac{1}{3}x + 5$
(4) $x > 0$
b) Wenn für Punkte im Koordinatensystem die Koordinatensumme mindestens 4 sein soll, so müssen die Koordinaten der Ungleichung $x + y \geq 4$ bzw. $y \geq -x + 4$ genügen.
Dazu wird die Gerade h mit der Gleichung $y = -x + 4$, $x \in \mathbb{Q}$, gezeichnet.
Die Koordinaten der Punkte oberhalb von h oder auf h genügen der Bedingung $y \geq -x + 4$.
Alle Punkte, die zugleich zu Lösungspaaren des Ungleichungssystems aus Teilaufgabe a) gehören, sind in der Abbildung dunkel gefärbt.

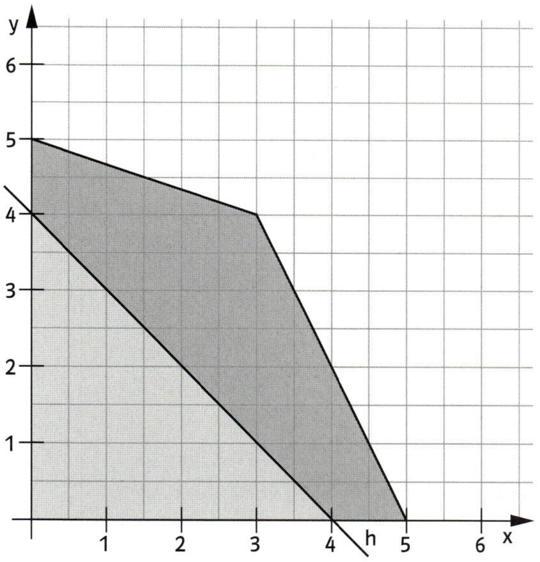

Klassenarbeit 6.4

1 (3 + 1 VP)
a) Einsetzen von $x = -\frac{1}{2}$ und $y = -\frac{1}{2}$ in die Gleichung:
$3\cdot\left(-\frac{1}{2}\right) - 5\cdot\left(-\frac{1}{2}\right) = -\frac{3}{2} + \frac{5}{2} = 1$
Die Aussage ist wahr. Daher ist das gegebene Zahlenpaar Lösung der Gleichung.
Einsetzen von $x = 4$ und $y = y_1$ und Auflösen nach y_1 ergibt:
$3\cdot 4 - 5\cdot y_1 = 1$
$12 - 5y_1 = 1 \quad | -12$
$-5y_1 = -11 \quad | :(-5)$
$y_1 = \frac{11}{5}$
Das Zahlenpaar $\left(4\,|\,\frac{11}{5}\right)$ ist Lösung der Gleichung.
Einsetzen von $x = x_1$ und $y = y_1$ und Auflösen nach y_1 ergibt:
$3x_1 - 5y_1 = 1 \quad | -3x_1$
$-5y_1 = 1 - 3x_1 \quad | :(-5)$
$y_1 = \frac{3}{5}x_1 - \frac{1}{5}$
Probieren mit kleinen ganzzahligen Werten für x_1 ergibt z. B.:
$x_1 = 2$
$y_1 = 1$
Das Zahlenpaar (2 | 1) ist eine Lösung der Gleichung.
b) Die zugehörige Gleichung kann als Gleichung einer Geraden durch die Punkte (0 | 1) und (4 | 3) aufgefasst werden.

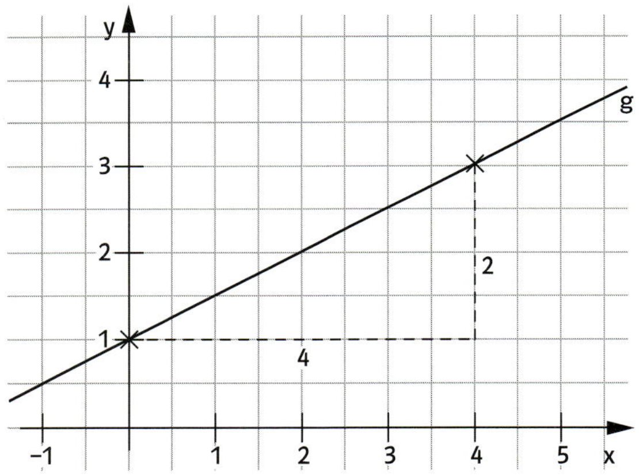

Für den x-Wert 0 ergibt sich der y-Wert 1. Vergrößern des x-Wertes um 4 ergibt eine Vergrößerung des y-Wertes um 2. Daher führt die Vergrößerung des x-Wertes um 1 zu einer Vergrößerung des y-Wertes um $\frac{1}{2}$. Die Gerade hat daher die Gleichung $y = \frac{1}{2}\cdot x + 1,\ x \in \mathbb{Q}$.

2 (4 VP)
Das Alter von Peter sei x Jahre, das Alter von Paul y Jahre.
Bedingung für den Altersunterschied:
$x + 5 = y$
Bedingung für die Summe der Alter:
$x + y = \frac{1}{2}\cdot 62$
Lösung des Gleichungssystems:
(1) $x - y = -5$
(2) $x + y = 31$
Addition von Gleichung (1) zu (2):
(2′) $2x = 26 \quad | :2$
$x = 13$
Einsetzen von x in (1) ergibt:
(1′) $13 - y = -5 \quad | -13$
$-y = -18 \quad | \cdot(-1)$
$y = 18$
Peter ist 13 Jahre alt, Paul ist 18 Jahre alt.

3 (5 VP)
Das Volumen des verwendeten reinen Orangensaftes sei x Liter, das Volumen des zugegebenen Mineralwassers sei y Liter.
Herstellung von 60 %-igem Orangensaftgetränk:
Vor dem Mischen sind x Liter reiner Orangensaft vorhanden, nach dem Mischen mit y Litern Mineralwasser sind in der Mischung $\frac{60}{100}\cdot(x + y)$ Liter reiner Orangensaft. An der Menge des Orangensaftes hat sich nichts geändert.
Bedingung:
$x = \frac{60}{100}\cdot(x + y)$
$x = 0{,}6x + 0{,}6y$
$0{,}4x - 0{,}6y = 0$
Herstellung von 40 %-igem Orangensaftgetränk:
Vor dem Mischen sind $\frac{x}{2}$ Liter reiner Orangensaft vorhanden, nach dem Mischen mit (y + 1) Litern Mineralwasser sind in der Mischung $\frac{40}{100}\cdot\left(\frac{x}{2} + y + 1\right)$ Liter reiner Orangensaft.
Bedingung:
$\frac{x}{2} = \frac{40}{100}\cdot\left(\frac{x}{2} + y + 1\right)$
$0{,}5x = 0{,}4(0{,}5x + y + 1)$
$0{,}5x = 0{,}2x + 0{,}4y + 0{,}4$
$0{,}3x - 0{,}4y = 0{,}4$
Lösung des Gleichungssystems:
(1) $0{,}4x - 0{,}6y = 0 \quad | \cdot 4$
(2) $0{,}3x - 0{,}4y = 0{,}4 \quad | \cdot(-6)$
(1′) $1{,}6x - 2{,}4y = 0$
(2′) $-1{,}8x + 2{,}4y = -2{,}4$
Addition von (1′) zu (2′):
(2″) $-0{,}2x = -2{,}4 \quad | :(-0{,}2)$
$x = 12$
Einsetzen von x aus (2″) in (1):
(1′) $0{,}4\cdot 12 - 0{,}6y = 0$
$4{,}8 - 0{,}6y = 0 \quad | -4{,}8$
$-0{,}6y = -4{,}8 \quad | :(-0{,}6)$
$y = 8$
Corinna verwendet 12 Liter Orangensaft und 8 Liter Mineralwasser zur Herstellung von 60 %-igem Orangensaftgetränk.

4 (4 + 5 VP)

a) Firma Tele A

Der Tarif ist linear. Wenn nicht telefoniert wird, muss nichts bezahlt werden. Daher ist die Grundgebühr 0,00 €. Da 100 Einheiten 19,00 € kosten, muss für jede Einheit $\frac{19}{100}$ € = 0,19 € bezahlt werden.

Firma Tele B

Für die ersten 10 Einheiten muss man einen festen Betrag von 5,00 € bezahlen. Ab der 11. Einheit und bis zur 60. Einheit ist der Tarif linear. In diesem Bereich kosten 50 Einheiten 5,00 €, jede Einheit also $\frac{5}{50}$ € = 0,10 €.

Ab der 61. Einheit ist der Tarif wieder linear. Allerdings kosten jetzt 40 Einheiten 8,00 €. In diesem Bereich muss für jede Einheit $\frac{8}{40}$ € = $\frac{1}{5}$ € = 0,20 € bezahlt werden.

Firma Tele C

Der Tarif ist konstant. Unabhängig von der Anzahl der telefonierten Einheiten muss man immer 12,00 € bezahlen. Man könnte also sagen: Grundgebühr 12,00 €, Einheitenpreis 0,00 €.

b) Firma Tele A

Gleichung des Graphen:

$y = 0{,}19 \cdot x$

Dabei ist x die Anzahl der telefonierten Einheiten und y die Maßzahl des Preises in Euro.

Firma Tele B

Gleichung des Graphen:

Das Bild zeigt, dass man die Gleichung des Graphen im Bereich von 10 Einheiten bis 60 Einheiten benötigt. Da es sich um eine lineare Gleichung handelt, gilt $y = mx + n$ mit noch unbekanntem m und n.

Da die Punkte $P(10\,|\,5)$ und $Q(60\,|\,10)$ auf der Geraden liegen, gilt:

(1) $5 = m \cdot 10 + n$

(2) $10 = m \cdot 60 + n$

Subtraktion der Gleichung (1) von (2):

(2′) $5 = 50 \cdot m$

$m = \frac{1}{10}$

Einsetzen von m aus (2′) in (1):

(1′) $5 = \frac{1}{10} \cdot 10 + n$

$5 = 1 + n$

$n = 4$

Die Gleichung lautet: $y = \frac{1}{10}x + 4$

Berechnung des Schnittpunkts der beiden Geraden

(1) $y = 0{,}19 \cdot x$

(2) $y = \frac{1}{10}x + 4$

Gleichsetzen ergibt:

$0{,}19x = \frac{1}{10}x + 4 \quad \left| -\frac{1}{10}x\right.$

$0{,}19x - \frac{1}{10}x = 4$

$0{,}19x - 0{,}10x = 4$

$0{,}09x = 4 \quad |:0{,}09$

$x = \frac{400}{9}$

$x = 44{,}44\ldots$

Ab der 45. Einheit ist der Anbieter Tele B günstiger als Tele A.

5 (2 VP)

Die Behauptung besagt, dass die Zahlen u und v so gewählt werden können, dass die Gleichungen

(1) $3x + uy = 1$

(2) $x - 2y = v$

dieselbe Gerade darstellen.

Um dies zu prüfen, versucht man, u, v so zu wählen, dass beide Gleichungen äquivalent sind.

Beibehalten der ersten Gleichung und Multiplizieren der zweiten Gleichung mit 3 ergibt:

(1) $3x + uy = 1$

(2′) $3x - 6y = 3v$

Vergleichen zeigt:

Wenn $u = -6$ und $v = \frac{1}{3}$ gewählt wird, dann sind die Gleichungen identisch, stellen also dieselbe Gerade dar.

Max Schlaumaier hat Recht.

Vorbemerkung zu den Jahrgangsarbeiten

Eine Jahrgangsarbeit enthält Aufgaben zu den verschiedenen Themenbereichen, die du in diesem Schuljahr kennen gelernt hast. Damit erhältst du die Möglichkeit zu überprüfen, wie gut du den Stoff verstanden hast. Die Arbeitszeit beträgt 45 Minuten. Trage deine Lösungswege und Ergebnisse auf den Aufgabenblättern ein.
Zur Korrektur verwendest du die ausführlichen Lösungen. Beachte die Verrechnungspunktezahlen zu jeder Teilaufgabe. Mit der Umrechnungstabelle auf Seite 10 kannst du dir eine Note geben und damit deinen Leistungsstand einschätzen.

1 (2 + 1 + 1 + 2 VP)

Einzelfahrschein Vor Fahrtantritt entwerten		
		unter 14
€		€
2,50	bis 2 Zonen	1,30
3,50	3 Zonen	1,80
4,50	4 Zonen	2,30
5,50	5 Zonen und mehr	2,80

Mehrfahrtenkarte (4 Fahrten)		
		unter 14
€		€
8,00	bis 2 Zonen	4,00
11,00	3 Zonen	5,50
14,00	4 Zonen	7,00
17,00	5 Zonen und mehr	8,50

In einem Omnibus-Verkehrsverbund kann man Einzel- und Mehrfahrtenkarten erwerben.

a) Herr Otto benötigt Fahrkarten für vier Zonen.
Wie viel Prozent spart er, wenn er sich eine Mehrfahrtenkarte statt vier Einzelfahrtenkarten kauft?

b) Um wie viel Prozent ist die Einzelfahrkarte für eine Fahrt bis zu zwei Zonen für einen Erwachsenen teurer als für ein Kleinkind?

c) Ist die Zuordnung *Anzahl der Zonen* → *Fahrpreis in Euro* eine Proportionalität?

d) Das Busunternehmen plant eine Anhebung der Preise für die Einzelfahrscheine für Erwachsene um 3,2 %, rundet aber auf den nächsthöheren glatten 10-Cent-Betrag auf.
Wie groß wäre dann die tatsächliche Preiserhöhung für eine Fahrt für vier Zonen?

2 (1 + 2 + 1 VP)
Ein Elektrizitätswerk berechnet seinen Stromabnehmern einen monatlichen Grundpreis und einen Verbrauchspreis. Grundpreis und Verbrauchspreis sind abhängig vom Jahresverbrauch in Kilowattstunden (kWh).

Tarif	Tarif 1	Tarif 2	Tarif 3
Jahresverbrauch	bis 1200 kWh	1201 bis 4800 kWh	ab 4801 kWh
Verbrauchspreis in Cent je kWh	17,95	15,95	14,95
Grundpreis in € je Monat	5,00	7,00	11,00

a) Familie Stromer bezieht im Jahr 2935 kWh.
Was kostet diese Stromlieferung?

b) Studentin Sparer erhielt eine Jahresrechnung von 180,91 €.
Wie viele Kilowattstunden hat sie verbraucht?

c) Schreibe für Tarif 3 eine Gleichung für die Zuordnungsvorschrift auf:
Jahresverbrauch in kWh → Gesamtpreis in €

3 (3 + 1 VP)

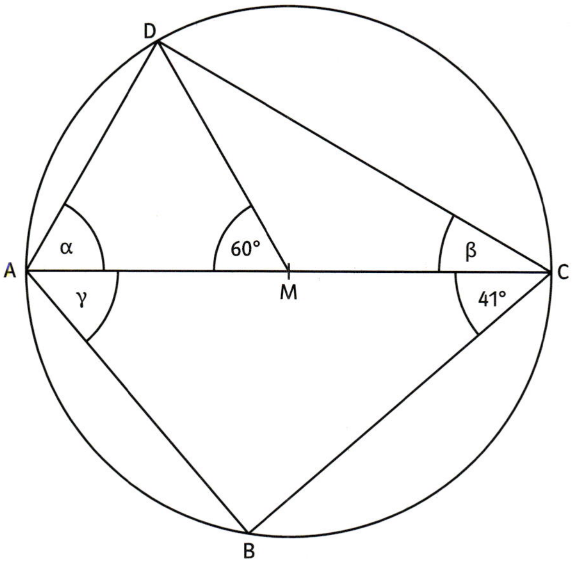

a) Die Punkte A, B, C und D liegen auf dem Kreis mit dem Mittelpunkt M.
Berechne die Winkelweiten α, β und γ.

b) Nun bewegt man B auf dem Kreis nach E so, dass die Gerade durch A und E parallel ist zur Geraden durch D und M.
Wie groß ist jetzt die Weite des Winkels ∢EAM?

4 (2 + 2 + 2 VP)

a) Löse das lineare Gleichungssystem.

(1) $2x + 5y = -\frac{2}{3}$

(2) $x - 2y = \frac{7}{6}$

b) Ein lineares Gleichungssystem aus zwei Gleichungen und zwei Unbekannten hat nur die Lösung (0 | 0).
Gib ein solches Gleichungssystem an.

c) Ein lineares Gleichungssystem aus zwei Gleichungen und zwei Unbekannten hat die Lösungen (0 | 1) und (4 | −1).
Gib alle Lösungen dieses Gleichungssystems an.

5 (4 VP)

Aus der Zeitung:

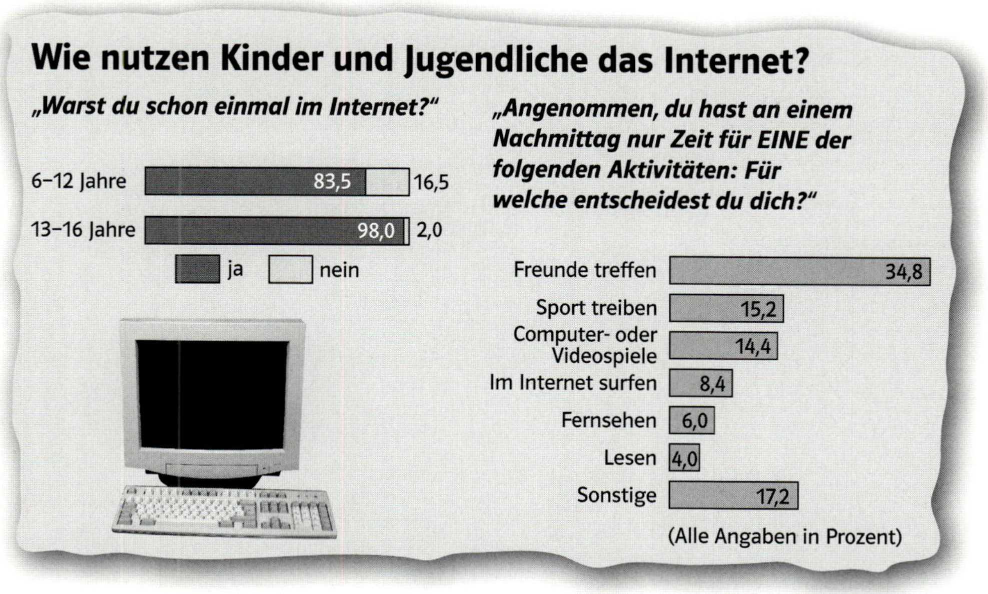

Welche der folgenden Aussagen sind auf Grund der Informationen aus der Zeitung wahr (w), falsch (f) oder unentscheidbar (u)? Kreuze an!

Aussage	w	f	u
1. Fast alle 13-16-Jährigen waren schon einmal im Internet.			
2. Weniger als ein Fünftel der 6–12-Jährigen waren noch nie im Internet.			
3. Mehr als ein Viertel der Befragten spielen oder surfen am Nachmittag.			
4. Die Hälfte der Befragten treffen sich mit Freunden oder treiben Sport.			
5. 58 % durchforsten das Web nach Informationen für die Schule.			
6. Von den Befragten bevorzugen 2 % mehr das Fernsehen gegenüber dem Lesen.			
7. 10 von 30 Schülern deiner Klasse treffen sich heute Nachmittag mit Freunden.			
8. Lesen ist die mit Abstand unbeliebteste Freizeitaktivität.			

Viel Erfolg!

1 (2 VP)
Die Tabelle gehört zu einer proportionalen Zuordnung $x \rightarrow y$.

x	5	10	A
y	6	B	42

Welches sind die Werte von A und B?

☐ A = 12 und B = 35
☐ A = 15 und B = 12
☐ A = 35 und B = 12
☐ A = 15 und B = 24
☐ Keine Antwort ist richtig.

2 (1 + 1 VP)
Welche Gleichungen gehören zu den abgebildeten Graphen g und h? Kreuze an!

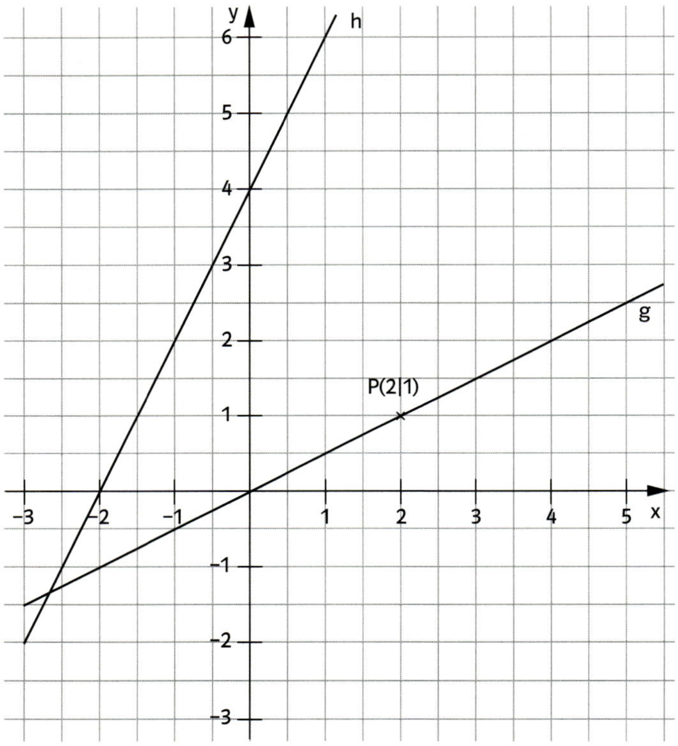

Graph g

☐ $y = \frac{1}{2}x + 1$
☐ $y = 2x$
☐ $y = 2x + 1$
☐ $y = \frac{1}{2}x$
☐ Keine Antwort ist richtig.

Graph h

☐ $y = 4x - 2$
☐ $y = 2x + 4$
☐ $y = -2x + 4$
☐ $y = 2x - 2$
☐ Keine Antwort ist richtig.

3 (3 VP)

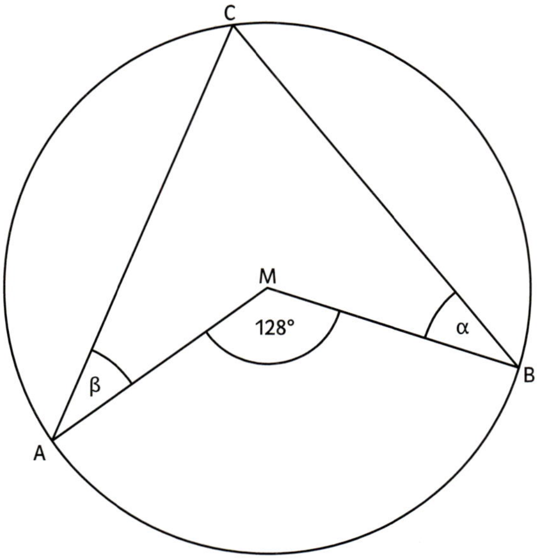

Berechne β, falls α = 35° gilt.

4 (4 VP)
Das Dreieck ABC soll gleichschenklig mit $\overline{AC} = \overline{BC}$ sein und den Kreis k mit dem Mittelpunkt M als Inkreis haben.
Konstruiere dieses Dreieck.

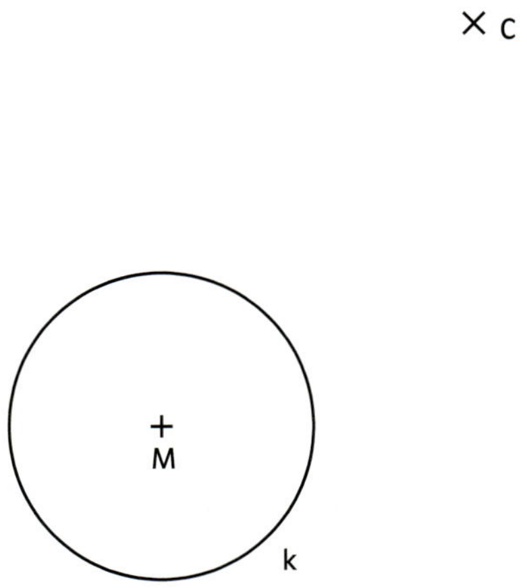

5 (2 + 2 + 2 + 2 VP)
Beim Kauf von Aktien verlangt eine Bank Gebühren. Diese Gebühren setzen sich aus einer Grundgebühr und einem prozentualen Anteil am Kaufpreis zusammen.

Gebührentabelle
- Bis zu einem Kaufpreis von 2000 € beträgt die Gebühr nur 9,90 €.
- Danach errechnet sich der Kaufpreis aus einer Grundgebühr von 4,90 € zuzüglich 0,25 % des Kaufpreises.
- Die Maximalgebühr beträgt 59,90 € je Kauf.

a) Herr Spar kauft Aktien für 1500,00 €.
Wie hoch ist die Gebühr? Welcher Prozentsatz des Kaufpreises ist dies?

b) Welches ist der kleinste Kaufpreis, bei dem 59,90 € Gebühr bezahlt werden muss?

c) Frau Risk erwirbt Aktien für 13 200 €.
Wie hoch ist die Gebühr bei diesem Kauf?

d) Zeichne den Graphen zur Zuordnung *Kaufpreis* → *Gebühr* für Kaufpreise von 0 € bis 25 000 €.

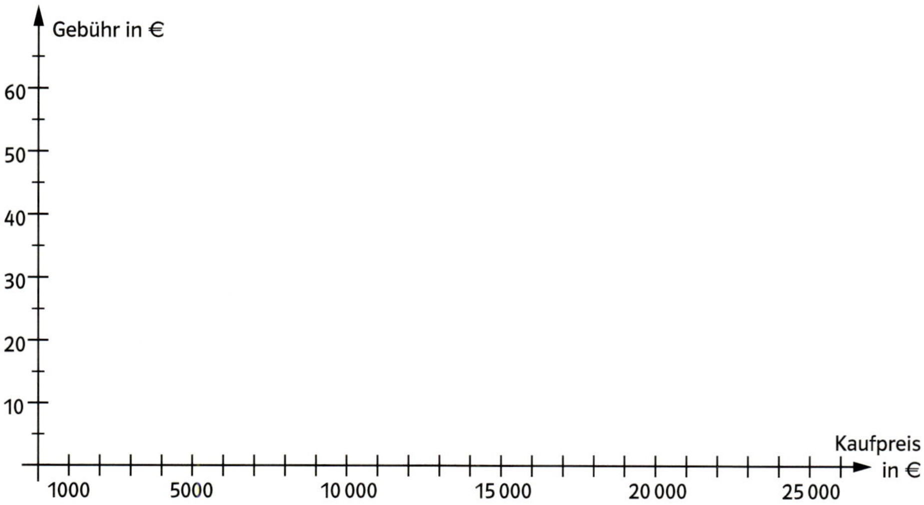

6 (2 + 3 VP)
In einem Beutel befinden sich fünf rote und drei grüne Kugeln.
a) Du ziehst eine Kugel heraus, notierst ihre Farbe „R" (für Rot) oder „G" (für Grün) und legst sie wieder in den Beutel zurück. Anschließend verfährst du noch einmal genauso.
Mit welcher Wahrscheinlichkeit hast du zwei rote Kugeln gezogen?
Mit welcher Wahrscheinlichkeit war die erste Kugel grün und die zweite Kugel rot?

b) Nun ziehst du wieder nacheinander zwei Kugeln, legst aber die gezogene Kugel nicht mehr in den Beutel zurück.
Zeichne ein Baumdiagramm und notiere für alle Ergebnisse die entsprechenden Wahrscheinlichkeiten.

Viel Erfolg!

1 (3 VP)
In einer Schulklasse erhalten 10 % der Schüler in Mathematik die Note „sehr gut" und 30 % die Note „gut".
Welche der folgenden Behauptungen sind wahr (w) oder falsch (f)? Kreuze an.

Behauptung	w	f
90 % der Schüler erhalten nicht die Note „sehr gut".		
40 % aller Schüler erhalten mindestens die Note „gut".		
Die Klasse hat 28 Schüler.		
Der Notendurchschnitt aller Schüler mit „sehr gut" oder „gut" ist 1,50.		
Weniger als ein Drittel aller Schüler erhalten die Note „gut".		

2 (2 + 2 VP)
Max und Moritz werfen abwechselnd eine Münze. Derjenige soll gewinnen, bei dem zuerst „Zahl" oben liegt. Max beginnt. Zeichne ein Baumdiagramm zur Beantwortung der Fragen.
Mit welcher Wahrscheinlichkeit gewinnt Moritz, wenn er zum ersten Mal wirft?
Mit welcher Wahrscheinlichkeit kommt Moritz ein zweites Mal zum Werfen?

3 (2 + 2 VP)

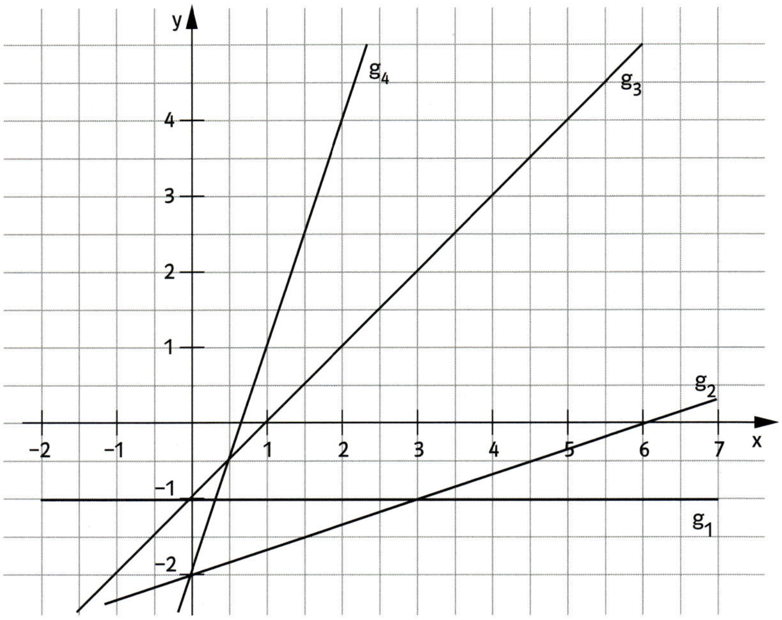

a) Welcher Graph gehört zu den gegebenen Gleichungen? Kreuze an.

	g_1	g_2	g_3	g_4
$y = -x$				
$y = 3x - 2$				
$y = \frac{3}{2}x + 3$				
$y = x - 1$				
$y = -2x + 3$				
$y = \frac{1}{3}x - 2$				
$y = -1$				
$y = x + 1$				

b) Gib die Gleichung einer linearen Zuordnung an, deren Graph durch P(3 | 3) und Q(1 | 0) geht.

4 (2 + 1 VP)

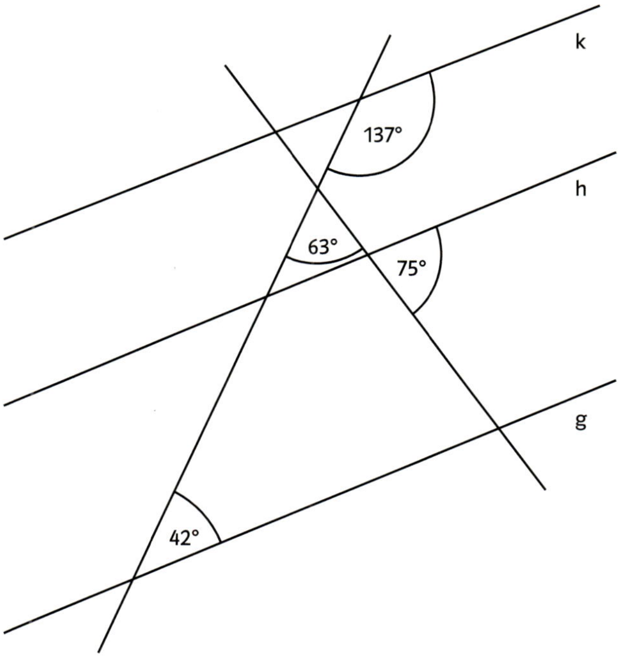

a) Weise nach, dass die Geraden g und h parallel sind.

b) Untersuche, ob die Geraden g und k parallel sind.

5 (1 + 1 + 1 + 2 + 2 VP)

Wer fährt, trinkt nicht.
Wer trinkt, fährt nicht.
Bereits geringe Mengen Alkohol beeinträchtigen die Fahrtüchtigkeit beachtlich. Alkohol verringert die Reaktionsfähigkeit, führt zur Einengung des Gesichtsfeldes und verzögert die Anpassung des Auges an wechselnde Lichtverhältnisse.
Der Abbau von Alkohol im menschlichen Körper erfolgt sehr langsam. Als Faustregel kann gelten: In einer Stunde nimmt die Blutalkoholkonzentration um etwa 0,1 Promille ab.

Getränke	Menge	Alkoholmenge
Wein	0,25 l	30 g
Sekt	0,10 l	15 g
Bier	0,33 l	16 g
Bier	0,50 l	24 g
Korn	0,02 l	6 g
Cognac	0,02 l	10 g

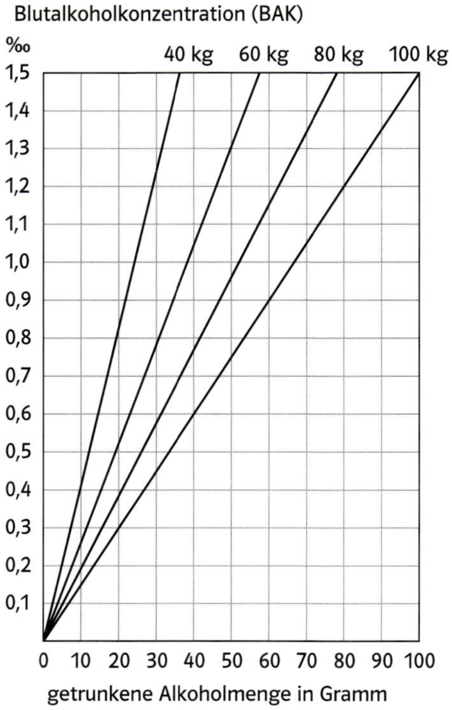

a) Herr Kleiner (80 kg) und sein Freund (100 kg) trinken nach Feierabend noch rasch je zwei Bier (0,5 l) und zwei Korn.
Wie hoch ist die Blutalkoholkonzentration bei beiden?

b) Ein 19-Jähriger (60 kg) überlegt, ob er nach dem Disco-Besuch und zwei Cola mit Cognac noch mit dem Auto heimfahren darf. Ab 0,3 Promille will er nicht mehr selbst fahren.

c) Nach dem Genuss von zwei Viertellitern Wein kann man bereits mehr als 0,8 Promille Blutalkoholkonzentration haben. Zeige dies.

d) Gib die Zuordnungsvorschrift
Alkoholmenge in Gramm → Blutalkoholkonzentration in Promille
für eine 100 kg schwere Person an.

e) Herr Kleiner hat nach einem durchzechten Abend eine Blutalkoholkonzentration von 1,5 Promille.
Gib die Zuordnungsvorschrift
Zeit in Stunden → Blutalkoholkonzentration in Promille
für den Abbau des Alkohols bei Herrn Kleiner an.

6 (2 + 1 VP)

a) Zwei Geraden sind durch ihre Gleichungen gegeben:

g: $y = -\frac{2}{3}x + 3, \quad x \in \mathbb{Q}$

h: $x - 2y = 1, \quad x \in \mathbb{Q}$

Berechne den Schnittpunkt der Geraden.

b) Gib eine Gleichung einer Geraden k an, die parallel zu h aber von h verschieden ist.

Viel Erfolg!

1

Punkte:

Einzelfahrschein
Vor Fahrtantritt entwerten

€		€
2,50	bis 2 Zonen	1,30
3,50	3 Zonen	1,80
4,50	4 Zonen	2,30
5,50	5 Zonen und mehr	2,80

Mehrfahrtenkarte
(4 Fahrten)

€		€
8,00	bis 2 Zonen	4,00
11,00	3 Zonen	5,50
14,00	4 Zonen	7,00
17,00	5 Zonen und mehr	8,50

In einem Omnibus-Verkehrsverbund kann man Einzel- und Mehrfahrtenkarten erwerben.

a) Herr Otto benötigt Fahrkarten für vier Zonen.
Wie viel Prozent spart er, wenn er sich eine Mehrfahrtenkarte statt vier Einzelfahrtenkarten kauft?

Der Preis von vier Einzelfahrscheinen ist der Grundwert: $G = 4 \cdot 4{,}50\,€ = 18{,}00\,€$.
Der Preis der Mehrfahrtenkarte ist der Prozentwert: $W = 14{,}00\,€$.

Prozentsatz: $p\,\% = \frac{W}{G} \cdot 100\,\%$

$p\,\% = \frac{14{,}00\,€}{18{,}00\,€} \cdot 100\,\%$

$p\,\% \approx 77{,}8\,\%$

Herr Otto spart etwa 22,2 %. 2 ☐

b) Um wie viel Prozent ist die Einzelfahrkarte für eine Fahrt bis zu zwei Zonen für einen Erwachsenen teurer als für ein Kleinkind?

Der Preis für die Kinderfahrkarte ist der Grundwert: $G = 1{,}30\,€$.
Der Preis für die Erwachsenenfahrkarte ist der Prozentwert: $W = 2{,}50\,€$.

Prozentsatz: $p\,\% = \frac{W}{G} \cdot 100\,\%$

$p\,\% = \frac{2{,}50\,€}{1{,}30\,€} \cdot 100\,\%$

$p\,\% \approx 192{,}3\,\%$

Der Preis für die Erwachsenenfahrkarte ist etwa 92,3 % höher als der Preis für die Kinderfahrkarte. 1 ☐

c) Ist die Zuordnung *Anzahl der Zonen → Fahrpreis in Euro* eine Proportionalität?

Punkte:

Wenn diese Zuordnung eine Proportionalität wäre, dann müsste der Fahrpreis bei doppelter Anzahl der Zonen auch doppelt so hoch sein. Dies ist nicht der Fall, denn zwei Zonen kosten für einen Erwachsenen 2,50 €, vier Zonen aber nicht 2 · 2,50 €, sondern nur 4,50 €.
(Entsprechendes gilt bei den Fahrkarten für Kinder und auch bei Mehrfahrtenkarten.) 1 ☐

d) Das Busunternehmen plant eine Anhebung der Preise für die Einzelfahrscheine für Erwachsene um 3,2 %, rundet aber auf den nächsthöheren glatten 10-Cent-Betrag auf.
Wie groß wäre dann die tatsächliche Preiserhöhung für eine Fahrt für vier Zonen?

Der Preis eines Einzelfahrscheins für vier Zonen ist der Grundwert: G = 4,50 €.
Prozentsatz: p % = 103,2 %.
Der vorläufige neue Preis ist der Prozentwert:

$W = \frac{G}{100} \cdot p$

$W = \frac{4{,}50\,€}{100} \cdot 103{,}2$

$W = 4{,}64\,€$

Auf Grund der Rundung auf den nächsthöheren 10-Cent-Betrag ergibt sich der Endpreis 4,70 €.
Mit G = 4,50 € und W = 4,70 € – 4,50 € = 0,20 € folgt für den Prozentsatz:

$p\,\% = \frac{W}{G} \cdot 100\,\%$

$p\,\% = \frac{0{,}20\,€}{4{,}50\,€} \cdot 100\,\%$

$p\,\% \approx 4{,}4\,\%$

Die tatsächliche Preiserhöhung beträgt etwa 4,4 %. 2 ☐

2

Punkte:

Ein Elektrizitätswerk berechnet seinen Stromabnehmern einen monatlichen Grundpreis und einen Verbrauchspreis. Grundpreis und Verbrauchspreis sind abhängig vom Jahresverbrauch in Kilowattstunden (kWh).

Tarif	Tarif 1	Tarif 2	Tarif 3
Jahresverbrauch	bis 1200 kWh	1201 bis 4800 kWh	ab 4801 kWh
Verbrauchspreis in Cent je kWh	17,95	15,95	14,95
Grundpreis in € je Monat	5,00	7,00	11,00

a) Familie Stromer bezieht im Jahr 2935 kWh.
Was kostet diese Stromlieferung?

Die Preisermittlung erfolgt nach Tarif 2.

$P = 2935\,kWh \cdot 15{,}95\,\frac{ct}{kWh} + 7{,}00\,€$

$P = 468{,}13\,€ + 7{,}00\,€$

$P = 475{,}13\,€$

Familie Stromer muss 475,13 € bezahlen. 1 ☐

b) Studentin Sparer erhielt eine Jahresrechnung von 180,91 €.
Wie viele Kilowattstunden hat sie verbraucht?

Würde die Studentin nach Tarif 2 bezahlen, so müsste sie mindestens 1201 kWh verbraucht haben.
Preis für diese Menge:

$P = 1201\,kWh \cdot 15{,}95\,\frac{ct}{kWh} + 7{,}00\,€$

$P = 198{,}56\,€$

Da ihre Rechnung niedriger ist, muss sie tatsächlich nach Tarif 1 bezahlen. Dann gilt für die Anzahl x der Kilowattstunden:

$180{,}91\,€ = x \cdot 17{,}95\,ct + 5{,}00\,€$

$175{,}91\,€ = x \cdot 0{,}1795\,€$

$x = \frac{175{,}91\,€}{0{,}1795\,€}$

$x = 980$

Die Studentin hat 980 Kilowattstunden verbraucht. 2 ☐

c) Schreibe für Tarif 3 eine Gleichung für die Zuordnungsvorschrift auf:
Jahresverbrauch in kWh → Gesamtpreis in €

Angenommen, ein Kunde verbraucht x Kilowattstunden im Tarif 3.
Dann gilt für den Preis P:

$P = x \cdot 0{,}1495\,€ + 11{,}00\,€,\ x \in \mathbb{N},\ x \geq 4801$ 1 ☐

3

Punkte:

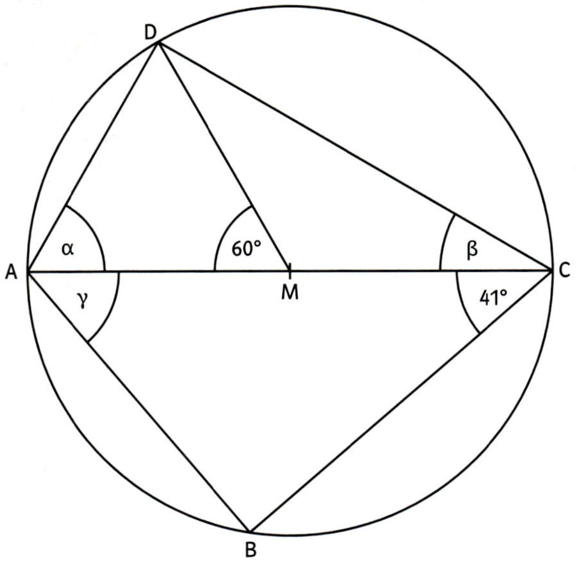

a) Die Punkte A, B, C und D liegen auf dem Kreis mit dem Mittelpunkt M.
Berechne die Winkelweiten α, β und γ.

Die Punkte A und D liegen auf dem Kreis um M: $\overline{AM} = \overline{DM}$ (Kreisradius). Das Dreieck AMD ist daher gleichschenklig.
In jedem gleichschenkligen Dreieck sind die Basiswinkel gleich weit:
$\alpha = \sphericalangle MAD = \sphericalangle ADM$.
Mit dem Winkelsummensatz im Dreieck AMD folgt daraus:

$$\alpha + \alpha + 60° = 180°$$
$$2\alpha = 120°$$
$$\alpha = 60°$$

Die Punkte A und C liegen auf einem Kreisdurchmesser des Kreises durch A. Nach dem Satz von Thales gilt: $\sphericalangle ADC = 90°$.
Mit dem Winkelsummensatz im Dreieck ACD folgt:

$$\alpha + \beta + 90° = 180°$$
$$60° + \beta + 90° = 180°$$
$$\beta = 30°$$

Entsprechend gilt: $\sphericalangle CBA = 90°$.
Somit:

$$\gamma + 90° + 41° = 180°$$
$$\gamma = 49°$$

3 ☐

b) Nun bewegt man B auf dem Kreis nach E so, dass die Gerade durch A und E parallel ist zur Geraden durch D und M.
Wie groß ist jetzt die Weite des Winkels ∢EAM?

Wenn E auf dem Kreis so liegt, dass (AE) || (DM) gilt, so sind die Winkel ∢DMA und ∢EAM Wechselwinkel an Parallelen und daher gleich weit. Folglich: ∢EAM = 60°.

1 ☐

4

Punkte:

a) Löse das lineare Gleichungssystem.

(1) $2x + 5y = -\frac{2}{3}$

(2) $x - 2y = \frac{7}{6}$

Multiplikation der Gleichung (2) mit (−2):

(1) $2x + 5y = -\frac{2}{3}$

(2′) $-2x + 4y = -\frac{7}{3}$

Addition von (1) zu (2′) ergibt (2″):

(1) $2x + 5y = -\frac{2}{3}$

(2″) $9y = -3$

$y = -\frac{1}{3}$

Eingesetzt in (2):

$x - 2\cdot\left(-\frac{1}{3}\right) = \frac{7}{6}$

$x + \frac{2}{3} = \frac{7}{6}$

$x = \frac{7}{6} - \frac{2}{3}$

$x = \frac{1}{2}$

Die Lösung ist $\left(\frac{1}{2}\,|\,-\frac{1}{3}\right)$. 2 ☐

b) Ein lineares Gleichungssystem aus zwei Gleichungen und zwei Unbekannten hat nur die Lösung (0 | 0).
Gib ein solches Gleichungssystem an.

Hier gibt es beliebig viele Lösungen.
Beispiel:

(1) $x - y = 0$

(2) $x + y = 0$ 2 ☐

c) Ein lineares Gleichungssystem aus zwei Gleichungen und zwei Unbekannten hat die Lösungen (0 | 1) und (4 | −1).
Gib alle Lösungen dieses Gleichungssystems an.

Wenn ein solches Gleichungssystem zwei Lösungen hat, dann hat es sogar beliebig viele. Alle Lösungen müssen die Gleichung der Geraden durch (0 | 1) und (4 | −1) erfüllen.
Die Geradengleichung hat die Form $y = m\cdot x + n,\ x\in\mathbb{Q},\ m, n\in\mathbb{Q}$.
Für $x_1 = 0$ *muss sich* $y_1 = 1$ *ergeben:*

$y_1 = m\cdot 0 + n$

$1 = n$

Somit: $y = m\cdot x + 1$

Für $x_2 = 4$ *muss sich* $y_2 = -1$ *ergeben:*

$-1 = m\cdot 4 + 1$

$-2 = m\cdot 4$

$m = -\frac{1}{2}$

Die Gleichung der Geraden heißt $y = -\frac{1}{2}x + 1,\ x\in\mathbb{Q}$.
Das gesuchte Gleichungssystem beschreibt zwei zusammenfallende Geraden. Daher gilt z.B.:

(1) $y = -\frac{1}{2}x + 1$

(2) $2y = -x + 2$ 2 ☐

Punkte:

5

Aus der Zeitung:

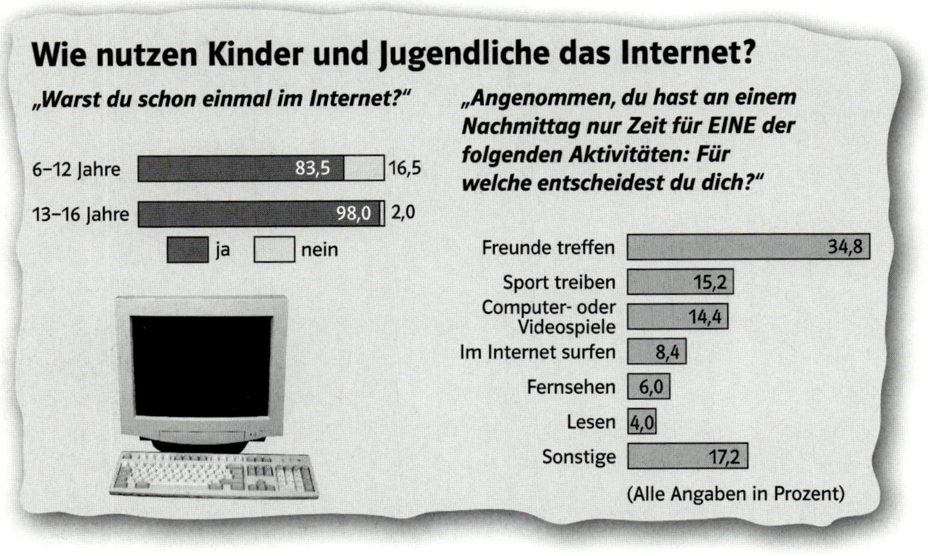

Welche der folgenden Aussagen sind auf Grund der Informationen aus der Zeitung wahr (w), falsch (f) oder unentscheidbar (u)? Kreuze an!

Aussage	w	f	u
1. Fast alle 13-16-Jährigen waren schon einmal im Internet.	X		
2. Weniger als ein Fünftel der 6–12-Jährigen waren noch nie im Internet.	X		
3. Mehr als ein Viertel der Befragten spielen oder surfen am Nachmittag.		X	
4. Die Hälfte der Befragten treffen sich mit Freunden oder treiben Sport.	X		
5. 58 % durchforsten das Web nach Informationen für die Schule.			X
6. Von den Befragten bevorzugen 2 % mehr das Fernsehen gegenüber dem Lesen.		X	
7. 10 von 30 Schülern deiner Klasse treffen sich heute Nachmittag mit Freunden.			X
8. Lesen ist die mit Abstand unbeliebteste Freizeitaktivität.			X

Begründungen

1. *98 % der 13–16-Jährigen waren schon einmal im Internet. Dies sind fast alle!*
2. *16,5 % der 6–12-Jährigen waren noch nie im Internet. Dies sind weniger als 20 % oder ein Fünftel.*
3. *14,4 % + 8,4 % = 22,8 % spielen oder surfen. Dies sind weniger als 25 % oder ein Viertel. Die Behauptung ist daher falsch.*
4. *34,8 % + 15,2 % = 50,0 % treffen sich mit Freunden oder treiben Sport. Dies ist die Hälfte der Befragten.*
5. *Da man nicht weiß, wie viele derer, die im Internet surfen, für die Schule recherchieren, ist diese Aussage unentscheidbar.*
6. *Wenn 6 % Fernsehen und 4 % Lesen bevorzugen, so sind das 50 % mehr Befragte, die Fernsehen! Die Behauptung ist daher falsch. (Hier darf man nicht „Prozent" und „Prozentpunkte" verwechseln.)*
7. *Etwa ein Drittel der großen Anzahl von Befragten treffen sich mit Freunden. Ob das auch ein Drittel deiner Klasse tun, ist nicht entscheidbar.*
8. *Es gibt einen hohen Prozentsatz mit der Antwort „Sonstige". Darunter könnten viele Aktivitäten sein mit weniger als 4,0 % wie bei „Lesen". Daher ist die Aussage nicht entscheidbar.*

4 ☐

Punkte:

1

Die Tabelle gehört zu einer proportionalen Zuordnung $x \rightarrow y$.

x	5	10	A
y	6	B	42

Welches sind die Werte von A und B?

- ☐ A = 12 und B = 35
- ☐ A = 15 und B = 12
- ☒ A = 35 und B = 12
- ☐ A = 15 und B = 24
- ☐ Keine Antwort ist richtig.

2 ☐

2

Welche Gleichungen gehören zu den abgebildeten Graphen g und h? Kreuze an!

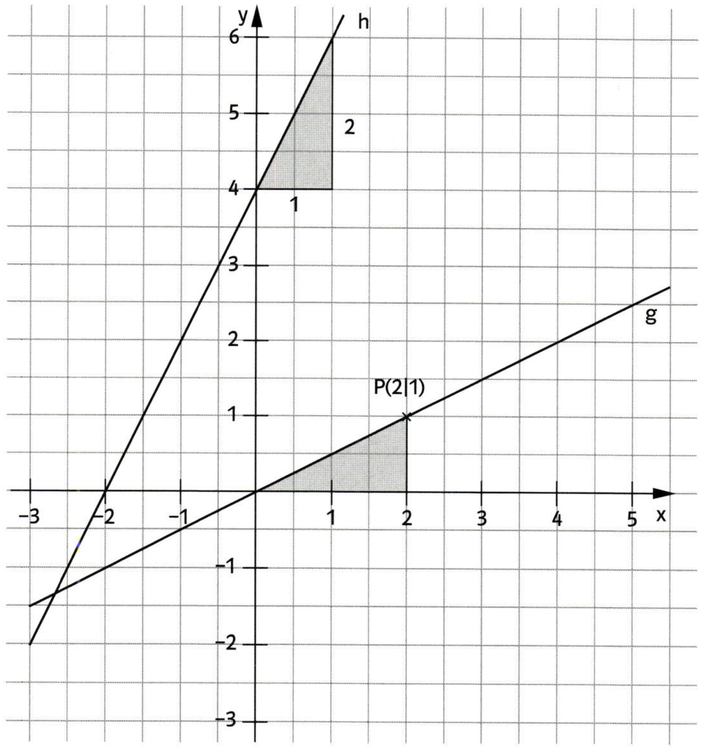

Graph g

- ☐ $y = \frac{1}{2}x + 1$
- ☐ $y = 2x$
- ☐ $y = 2x + 1$
- ☒ $y = \frac{1}{2}x$
- ☐ Keine Antwort ist richtig.

Graph h

- ☐ $y = 4x - 2$
- ☒ $y = 2x + 4$
- ☐ $y = -2x + 4$
- ☐ $y = 2x - 2$
- ☐ Keine Antwort ist richtig.

1 ☐

1 ☐

3

Punkte:

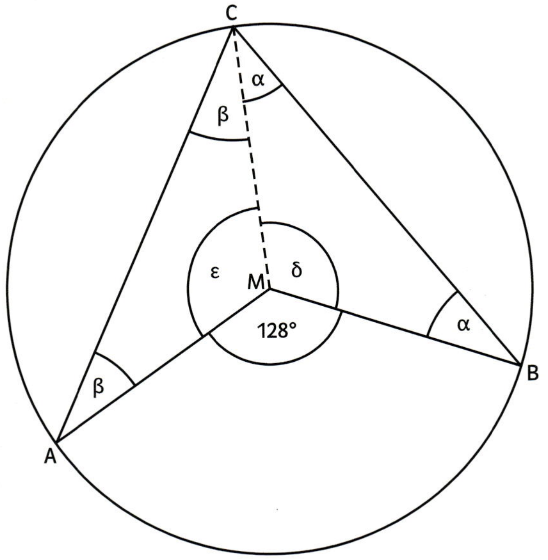

Berechne β, falls α = 35° gilt.

Das Dreieck MBC ist gleichschenklig mit $\overline{MB} = \overline{MC}$ (Kreisradius). In gleichschenkligen Dreiecken sind die Basiswinkel gleich weit. Daher: $\sphericalangle MCB = \alpha$.
Mit dem Winkelsummensatz ergibt sich im Dreieck MBC:

$$2 \cdot \alpha + \delta = 180^\circ$$
$$\delta = 180^\circ - 2 \cdot \alpha$$
$$\delta = 180^\circ - 2 \cdot 35^\circ$$
$$\delta = 180^\circ - 70^\circ$$
$$\delta = 110^\circ$$

Der Vollwinkel bei M hat die Weite 360°.
Somit:

$$\delta + \varepsilon + 128^\circ = 360^\circ$$
$$110^\circ + \varepsilon + 128^\circ = 360^\circ$$
$$\varepsilon + 238^\circ = 360^\circ$$
$$\varepsilon = 122^\circ$$

Das Dreieck AMC ist ebenfalls gleichschenklig und daher $\sphericalangle ACM = \beta$.
Mit dem Winkelsummensatz im Dreieck AMC folgt:

$$2 \cdot \beta + \varepsilon = 180^\circ$$
$$2 \cdot \beta + 122^\circ = 180^\circ$$
$$2 \cdot \beta = 58^\circ$$
$$\beta = 29^\circ$$

3 ☐

Punkte:

4

Das Dreieck ABC soll gleichschenklig mit $\overline{AC} = \overline{BC}$ sein und den Kreis k mit dem Mittelpunkt M als Inkreis haben.
Konstruiere dieses Dreieck.

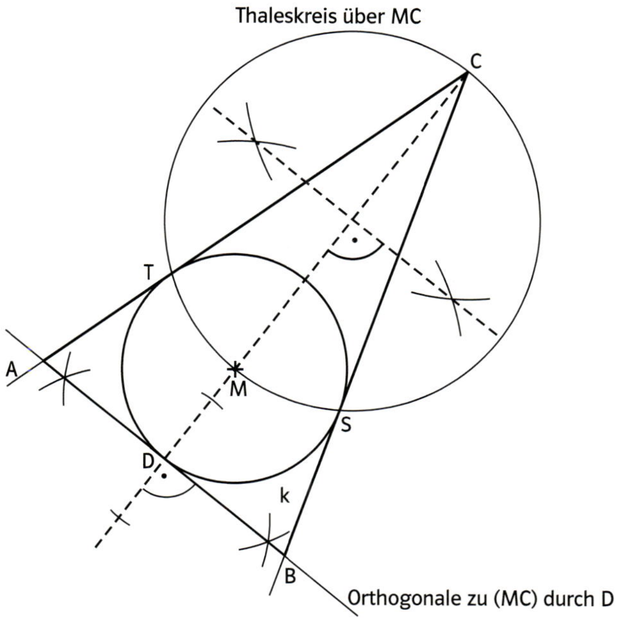

4 ☐

5

Beim Kauf von Aktien verlangt eine Bank Gebühren. Diese Gebühren setzen sich aus einer Grundgebühr und einem prozentualen Anteil am Kaufpreis zusammen.

Gebührentabelle
- Bis zu einem Kaufpreis von 2000 € beträgt die Gebühr nur 9,90 €.
- Danach errechnet sich der Kaufpreis aus einer Grundgebühr von 4,90 € zuzüglich 0,25 % des Kaufpreises.
- Die Maximalgebühr beträgt 59,90 € je Kauf.

a) Herr Spar kauft Aktien für 1500,00 €.
Wie hoch ist die Gebühr? Welcher Prozentsatz des Kaufpreises ist dies?

Da Herr Spar für weniger als 2000 € Aktien kauft, beträgt seine Gebühr 9,90 €.
Grundwert: $G = 1500\,€$ *(Kaufpreis)*
Prozentwert: $W = 9{,}90\,€$ *(Gebühr)*
Prozentsatz: $p\,\% = \frac{W}{G} \cdot 100\,\%$

$p\,\% = \frac{9{,}90\,€}{1500\,€} \cdot 100\,\%$

$p\,\% = 0{,}66\,\%$

Die Gebühr beträgt 0,66 % des Kaufpreises.

2 ☐

Punkte:

b) Welches ist der kleinste Kaufpreis, bei dem 59,90 € Gebühr bezahlt werden muss?

Bei einem Kaufpreis x €, der höher ist als 2000 €, wird die Gebühr (in €) mit der Formel g = 4,90 + 0,25 % von x berechnet.
Bei einer Maximalgebühr von 59,90 € folgt daraus:

$59{,}90 = 4{,}90 + 0{,}25\,\%$ von x

$55{,}00 = \frac{0{,}25}{100} \cdot x$

$5500 = 0{,}25 \cdot x$

$22\,000 = x$

Ab einem Kaufpreis von 22 000 € wird die Maximalgebühr fällig. 2 ☐

c) Frau Risk erwirbt Aktien für 13 200 €.
Wie hoch ist die Gebühr bei diesem Kauf?

Gebühr g (in €) für einen Kaufpreis von 13 200 €

$g = 4{,}90 + 0{,}25\,\%$ von $13\,200$

$g = 4{,}90 + \frac{0{,}25}{100} \cdot 13\,200$

$g = 4{,}90 + 33$

$g = 37{,}90$

Frau Risk muss 37,90 € Gebühren zahlen. 2 ☐

d) Zeichne den Graphen zur Zuordnung *Kaufpreis* → *Gebühr* für Kaufpreise von 0 € bis 25 000 €.

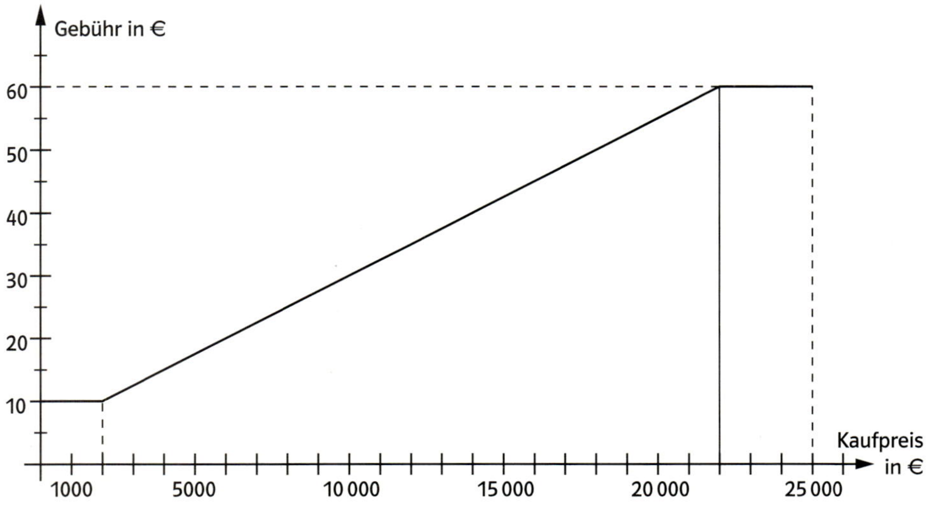

2 ☐

Punkte:

6

In einem Beutel befinden sich fünf rote und drei grüne Kugeln.

a) Du ziehst eine Kugel heraus, notierst ihre Farbe „R" (für Rot) oder „G" (für Grün) und legst sie wieder in den Beutel zurück. Anschließend verfährst du noch einmal genauso.
Mit welcher Wahrscheinlichkeit hast du zwei rote Kugeln gezogen?
Mit welcher Wahrscheinlichkeit war die erste Kugel grün und die zweite Kugel rot?

Fünf von acht Kugeln sind rot (R), drei sind grün (G). Beim einmaligen Ziehen ist die Wahrscheinlichkeit für das Ziehen einer roten Kugel $p(R) = \frac{5}{8}$, *für das Ziehen einer grünen Kugel* $p(G) = \frac{3}{8}$.
Da die Kugel nach der Ziehung zurückgelegt wird, gilt bei jeder Ziehung: $p(R) = \frac{5}{8}$, $p(G) = \frac{3}{8}$.
Die Pfadregel ergibt:

$p(RR) = \frac{5}{8} \cdot \frac{5}{8}$

$p(RR) = \frac{25}{64}$

$p(GR) = \frac{3}{8} \cdot \frac{5}{8}$

$p(GR) = \frac{15}{64}$

Mit der Wahrscheinlichkeit $\frac{25}{64}$ *zieht man zwei rote Kugeln, mit der Wahrscheinlichkeit* $\frac{15}{64}$ *zuerst eine grüne und dann eine rote Kugel.* 2 ☐

b) Nun ziehst du wieder nacheinander zwei Kugeln, legst aber die gezogene Kugel nicht mehr in den Beutel zurück.
Zeichne ein Baumdiagramm und notiere für alle Ergebnisse die entsprechenden Wahrscheinlichkeiten.

Nach dem ersten Zug einer roten Kugel sind nur noch vier von sieben Kugeln rot, Daher ist die Wahrscheinlichkeit für das Ziehen einer zweiten roten Kugel nur noch $\frac{4}{7}$. *Nach dem ersten Zug einer grünen Kugel sind nur noch zwei von sieben Kugeln grün. Die Wahrscheinlichkeit für das Ziehen der zweiten grünen Kugel ist daher nur noch* $\frac{2}{7}$. *Die anderen Wahrscheinlichkeiten an den Zweigen für den zweiten Zug erhältst du durch Ergänzen zu 1.*
Baumdiagramm

1. Zug *2. Zug* *Wahrscheinlichkeit*

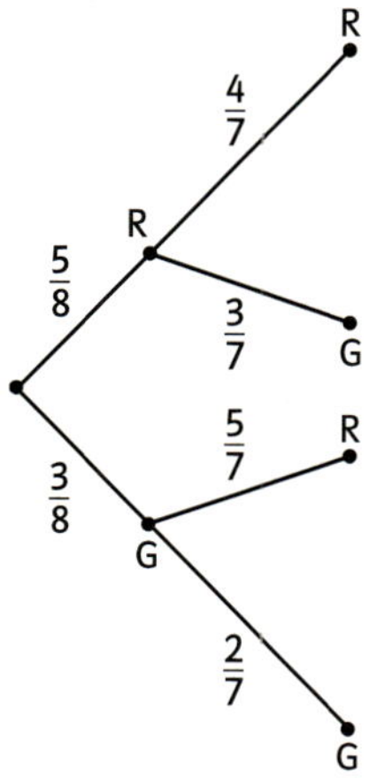

$p(RR) = \frac{5}{8} \cdot \frac{4}{7} = \frac{5}{14}$

$p(RG) = \frac{5}{8} \cdot \frac{3}{7} = \frac{15}{56}$

$p(GR) = \frac{3}{8} \cdot \frac{5}{7} = \frac{15}{56}$

$p(GG) = \frac{3}{8} \cdot \frac{2}{7} = \frac{3}{28}$

3 ☐

Punkte:

1

In einer Schulklasse erhalten 10 % der Schüler in Mathematik die Note „sehr gut“ und 30 % die Note „gut“.
Welche der folgenden Behauptungen sind wahr (w) oder falsch (f)? Kreuze an.

Behauptung	w	f
90 % der Schüler erhalten nicht die Note „sehr gut“.	X	
40 % aller Schüler erhalten mindestens die Note „gut“.	X	
Die Klasse hat 28 Schüler.		X
Der Notendurchschnitt aller Schüler mit „sehr gut“ oder „gut“ ist 1,50.		X
Weniger als ein Drittel aller Schüler erhalten die Note „gut“.	X	

Wenn von 28 Schülern 10% die Note „sehr gut“ haben, müssten dies 2,8 Schüler sein. Dies zeigt, dass die Antwort falsch sein muss. 3 ☐

2

Max und Moritz werfen abwechselnd eine Münze. Derjenige soll gewinnen, bei dem zuerst „Zahl“ oben liegt. Max beginnt. Zeichne ein Baumdiagramm zur Beantwortung der Fragen.
Mit welcher Wahrscheinlichkeit gewinnt Moritz, wenn er zum ersten Mal wirft?
Mit welcher Wahrscheinlichkeit kommt Moritz ein zweites Mal zum Werfen?

Die Wahrscheinlichkeiten für „Kopf“ bzw. „Zahl“ sind beide gleich $\frac{1}{2}$. Beachte, dass Max beginnt!
Zeichne nur die wesentlichen Teile des Baumdiagramms!

Baumdiagramm

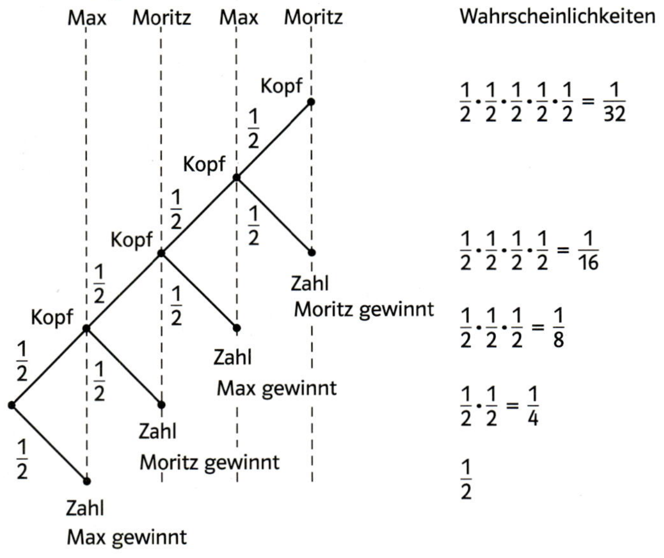

2 ☐

Wenn Moritz zum ersten Mal wirft, gewinnt er mit der Wahrscheinlichkeit $\frac{1}{4}$.
Moritz kommt ein zweites Mal zum Werfen, wenn Max auch bei seinem zweiten Wurf „Kopf“ wirft.
Dies ist mit der Wahrscheinlichkeit $\frac{1}{2}\cdot\frac{1}{2}\cdot\frac{1}{2} = \frac{1}{8}$ der Fall. 2 ☐

3

Punkte:

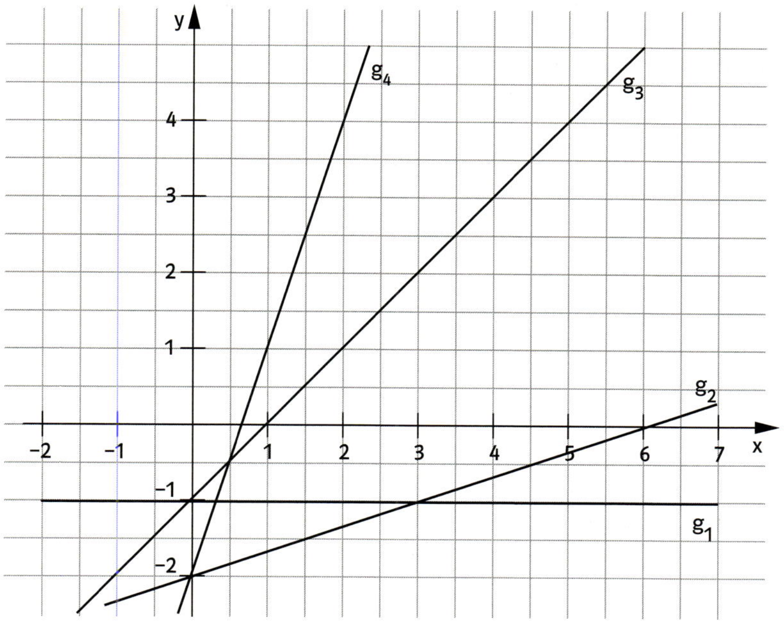

a) Welcher Graph gehört zu den gegebenen Gleichungen? Kreuze an.

	g_1	g_2	g_3	g_4
$y = -x$				
$y = 3x - 2$				X
$y = \frac{3}{2}x + 3$				
$y = x - 1$			X	
$y = -2x + 3$				
$y = \frac{1}{3}x - 2$		X		
$y = -1$	X			
$y = x + 1$				

2 ☐

b) Gib die Gleichung einer linearen Zuordnung an, deren Graph durch P(3 | 3) und Q(1 | 0) geht.

Der Graph einer linearen Zuordnung liegt auf einer Geraden. Die Gleichung der Geraden sei $y = m \cdot x + n,\ x \in \mathbb{Q},\ m, n \in \mathbb{Q}$. *Da P(3 | 3) auf der Geraden liegt, gilt:*

(1) $3 = m \cdot 3 + n$

Da Q(1 | 0) auf der Geraden liegt, gilt:

(2) $0 = m \cdot 1 + n$

Lösung des Gleichungssystems:

(1) $3m + n = 3$

(2) $m + n = 0$

Multiplikation von Gleichung (2) mit (– 1):

(1) $3m + n = 3$

(2') $-m - n = 0$

Addition von Gleichung (1) zu (2'):

(2'') $2m = 3$

$m = \frac{3}{2}$

Eingesetzt in (2):

$n = -\frac{3}{2}$

Die Gleichung der Geraden lautet $y = \frac{3}{2}x - \frac{3}{2},\ x \in \mathbb{Q}$.

2 ☐

4

Punkte:

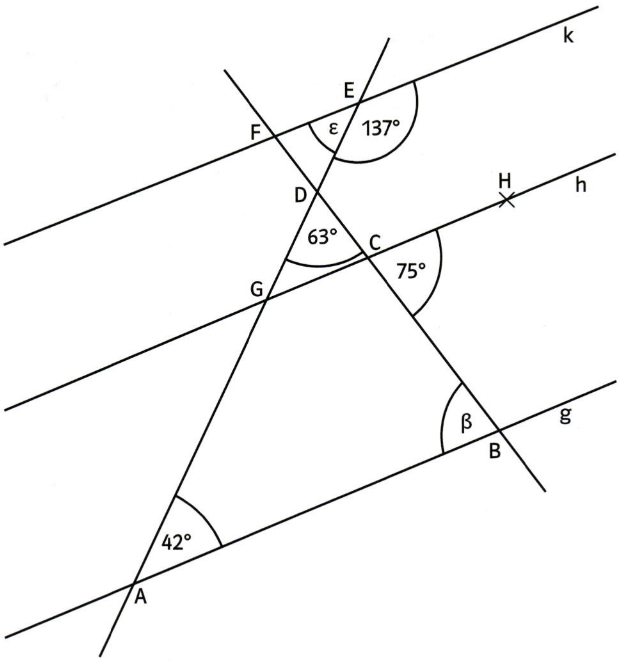

a) Weise nach, dass die Geraden g und h parallel sind.

Im Dreieck ABD gilt mit dem Winkelsummensatz:

$42° + \beta + 63° = 180°$

$\beta + 105° = 180°$

$\beta = 75°$

Die Winkel ∢CBA und ∢BCH haben die gleiche Weite $\beta = 75°$ und sind Wechselwinkel an den Geraden g und h. Folglich sind g und h parallel.
Das war zu zeigen. 2 ☐

b) Untersuche, ob die Geraden g und k parallel sind.

Der Winkel ∢FED ist Nebenwinkel zum Winkel der Weite 137°.
Daher gilt: $\varepsilon = 180° - 137° = 43°$.
Die Winkel ∢FED und ∢BAE sind Wechselwinkel an den Geraden g und k. Da die Winkelweiten jedoch verschieden sind, sind die beiden Geraden g und k nicht parallel. 1 ☐

5

Punkte:

Wer fährt, trinkt nicht.
Wer trinkt, fährt nicht.
Bereits geringe Mengen Alkohol beeinträchtigen die Fahrtüchtigkeit beachtlich. Alkohol verringert die Reaktionsfähigkeit, führt zur Einengung des Gesichtsfeldes und verzögert die Anpassung des Auges an wechselnde Lichtverhältnisse.
Der Abbau von Alkohol im menschlichen Körper erfolgt sehr langsam. Als Faustregel kann gelten: In einer Stunde nimmt die Blutalkoholkonzentration um etwa 0,1 Promille ab.

Getränke	Menge	Alkoholmenge
Wein	0,25 l	30 g
Sekt	0,10 l	15 g
Bier	0,33 l	16 g
Bier	0,50 l	24 g
Korn	0,02 l	6 g
Cognac	0,02 l	10 g

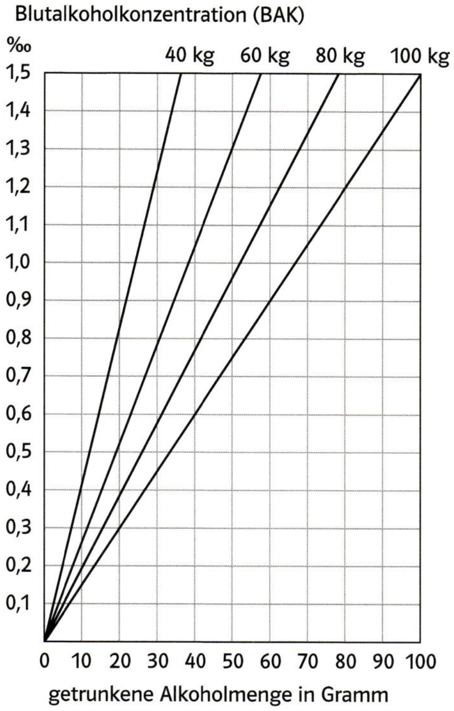

a) Herr Kleiner (80 kg) und sein Freund (100 kg) trinken nach Feierabend noch rasch je zwei Bier (0,5 l) und zwei Korn.
Wie hoch ist die Blutalkoholkonzentration bei beiden?

Jeder der beiden hat 1,0 l Bier und zwei Korn getrunken. Daher hat jeder eine Alkoholmenge von 2 · 24 g + 2 · 6 g = 60 g aufgenommen (vgl. Tabelle).
Das Diagramm zeigt: Herr Kleiner hat eine BAK von 1,15 ‰, sein Freund hat 0,9 ‰. 1 ☐

b) Ein 19-Jähriger (60 kg) überlegt, ob er nach dem Disco-Besuch und zwei Cola mit Cognac noch mit dem Auto heimfahren darf. Ab 0,3 Promille will er nicht mehr selbst fahren.

Zwei Cognac enthalten 2 · 10 g = 20 g Alkohol. Das Diagramm zeigt, dass der 19-Jährige damit mehr als 0,5 ‰ BAK hat. Er darf nicht mehr selber fahren. 1 ☐

Punkte:

c) Nach dem Genuss von zwei Viertellitern Wein kann man bereits mehr als 0,8 Promille Blutalkoholkonzentration haben. Zeige dies.

Zwei Viertelliter Wein enthalten 2·30 g = 60 g Alkohol. Alle Personen mit 100 kg Körpergewicht oder weniger haben damit bereits sogar eine BAK von 0,9 ‰ und mehr. 1 ☐

d) Gib die Zuordnungsvorschrift
Alkoholmenge in Gramm → Blutalkoholkonzentration in Promille
für eine 100 kg schwere Person an.

Der Graph der Zuordnung liegt auf einer Geraden. Bei einer Alkoholmenge von 100 g ist die Blutkonzentration 1,5 ‰. Die Zuordnungsvorschrift lässt sich durch die Gleichung

$$BAK = \frac{1}{100} \cdot 1{,}5\,‰ \cdot x$$

beschreiben, wobei x die Maßzahl der in Kilogramm angegebenen Masse der Person ist. 2 ☐

e) Herr Kleiner hat nach einem durchzechten Abend eine Blutalkoholkonzentration von 1,5 Promille.
Gib die Zuordnungsvorschrift
Zeit in Stunden → Blutalkoholkonzentration in Promille
für den Abbau des Alkohols bei Herrn Kleiner an.

Gemäß der angegebenen Faustregel kann man von einer Abnahme um 0,1 ‰ je Stunde rechnen. Daher hat die Zuordnungsvorschrift die Gleichung

$$BAK = 1{,}5\,‰ - 0{,}1\,‰ \cdot y\,,$$

wobei y die Anzahl der Stunden bedeutet, die seit dem Alkoholgenuss verstrichen sind. 2 ☐

6

Punkte:

a) Zwei Geraden sind durch ihre Gleichungen gegeben:

g: $y = -\frac{2}{3}x + 3, \quad x \in \mathbb{Q}$

h: $x - 2y = 1, \quad x \in \mathbb{Q}$

Berechne den Schnittpunkt der Geraden.

Lösung des Gleichungssystems mit dem Einsetzungsverfahren:

(1) $y = -\frac{2}{3}x + 3$

(2) $x - 2y = 1$

Einsetzen der rechten Seite von (1) in (2):

(2') $x - 2 \cdot \left(-\frac{2}{3}x + 3\right) = 1$

$x + \frac{4}{3}x - 6 = 1$

$\frac{7}{3}x - 6 = 1$

$\frac{7}{3}x = 7$

$x = 3$

Eingesetzt in (1):

(1') $y = -\frac{2}{3} \cdot 3 + 3$

$y = 1$

Der Schnittpunkt von g und h ist S(3 | 1). 2 ☐

b) Gib eine Gleichung einer Geraden k an, die parallel zu h aber von h verschieden ist.

Die Gerade k hat z.B. die Gleichung $x - 2y = 2, \ x \in \mathbb{Q}$.
Allgemein kann man jede Gerade mit der Gleichung $x - 2y = t, \ x \in \mathbb{Q}, \ t \in \mathbb{Q}, \ t \neq 1$, wählen. 1 ☐

Bildquellenverzeichnis

S. 12:	*© Tomus Verlag, aus: Tips & Tricks, Pauker Raus!*
S. 16:	*GLOBUS Infografik, Hamburg*
S. 31.1:	*Deutsche Post World Net, Bonn*
S. 31.2:	*Deutsche Post World Net, Bonn*
S. 32:	*IMAGO (Bernd Müller), Berlin*
S. 51:	*Klett-Archiv, Stuttgart*
S. 59:	*Schwaneberger Verlag GmbH, Unterschleißheim*
S. 62.1:	*Deutsche Post World Net, Bonn*
S. 62.2:	*Deutsche Post World Net, Bonn*
S. 71:	*Deutsches Museum, München*
S. 90.1:	*Elsner, Gert, Stuttgart*
S. 90.2:	*MEV, Augsburg*
S. 90.3:	*Ingram Publishing, Tattenhall Chester*
S. 111:	*MEV, Augsburg*

Nicht in allen Fällen war es uns möglich, den uns bekannten Rechteinhaber ausfindig zu machen. Berechtigte Ansprüche werden selbstverständlich im Rahmen der üblichen Vereinbarungen abgegolten.